U0449988

山东中医药大学"高校示范马院""马克思主义与中医药软实力研究基地"资金资助出版

高等职业院校
大学生法治教育研究

房玉春 著

Gaodeng Zhiye Yuanxiao
Daxuesheng Fazhi Jiaoyu Yanjiu

中国社会科学出版社

图书在版编目（CIP）数据

高等职业院校大学生法治教育研究／房玉春著 . —北京：中国社会科学出版社，2019.10
ISBN 978-7-5203-5130-0

Ⅰ.①高… Ⅱ.①房… Ⅲ.①社会主义法制—法制教育—教学研究—高等职业教育 Ⅳ.①G641.5

中国版本图书馆 CIP 数据核字（2019）第 202595 号

出 版 人	赵剑英
责任编辑	田　文
责任校对	张爱华
责任印制	王　超

出　　版	中国社会科学出版社
社　　址	北京鼓楼西大街甲 158 号
邮　　编	100720
网　　址	http://www.csspw.cn
发 行 部	010-84083685
门 市 部	010-84029450
经　　销	新华书店及其他书店
印　　刷	北京君升印刷有限公司
装　　订	廊坊市广阳区广增装订厂
版　　次	2019 年 10 月第 1 版
印　　次	2019 年 10 月第 1 次印刷
开　　本	710×1000　1/16
印　　张	15.25
字　　数	243 千字
定　　价	69.00 元

凡购买中国社会科学出版社图书，如有质量问题请与本社营销中心联系调换
电话：010-84083683
版权所有　侵权必究

前　言

改革开放四十年来，在中国共产党的领导下，经过全国人民共同努力拼搏，我国社会方方面面经历了翻天覆地的深刻变化，并且仍在经历着历史性的变革。在伟大的民主法治建设过程中，从"人治"到"法制"，从"法制"到"法治"，中国法治建设逐步走向完备、趋向成熟。中国共产党十八届四中全会确立的"全面依法治国"基本方略，使中国法治建设犹如破茧重生，在经历了艰难曲折的探索后开始踏上建设中国特色社会主义法治国家的伟大征程。

教育强则国强，高等教育是一个国家发展水平和发展潜力的重要标志，肩负着培养社会主义建设者和接班人的重大任务，而高职教育是高等教育的重要组成部分。在当今国家经济创新、产业创新的关键时刻，我们对高职教育的发展和高技能人才的需求比以往任何时候都强烈。高职学生的法治素养如何，将直接关系着法治中国的前途和命运。对这一特定群体开展专门性的法治教育，既是促进高职教育事业兴旺发达的"民心工程"，也是高教改革、办好人民教育的"希望工程"，更是提高全民法律素养、建设法治社会的"战略工程"。

高职教育是现代社会变革的晴雨表。随着我国社会政治、经济、文化和社会的日益进步，高职教育也在不断地变化，高职法治教育已成为我国当代法治教育的重要组成部分，高职法治教育的发展历程也成为中国法治建设的历史缩影。但是不可否认，当前我国高职法治教育存在许多不容忽视的问题。那么，我国高职法治教育当前真实的状况是什么？存在问题的深层次原因是什么？我们又该如何持续改进和完善高职法治教育工作机制？怎么样才能最终构建适合我国国情的、有中国特色的社会主义高职院校法治教育体系？总结历史、立足现实,展望未来,这些都是急需我们深入研究努力解决的。

围绕上述问题,本书以社会主义法治理论为指导,运用文献分析、实践调研、定性分析、系统分析等研究方法,通过厘清高职法治教育及其相关概念的学理内涵,梳理改革开放以来高职法治教育的发展历程,调研分析当前高职法治教育存在的问题和原因,在探讨高职法治教育的原则和目标的基础上,尝试提出改进高职法治教育的具体对策和建议。

首先,厘清概念是科学研究的基础。作为一种思维形式,正确的概念可以对事物进行准确地界定和表述,可以更精炼地描述事物的本质和属性。通过对"法治"与"法制"、"法制教育"与"法治教育"相关概念的比较分析,挖掘出这些概念背后不同的认知和理念,比较不同的价值观和价值导向。与高职法治教育相关的还有几组概念如"法学教育""道德教育""思想政治教育"等,从学科属性、教育内容、教育目标等角度分析,它们与高职法治教育之间有密切联系,互为补充和借鉴,当然也有一定的差异。

从纵向研究的角度,通过阶段划分的途径对高职教育、法治教育进行历史梳理,旨在考察高职法治教育的发展演变轨迹,从历史演进、时代背景、教育政策、实践做法等方面比较分析,以重大历史事件为标志,把三十多年来的高职法治教育发展历程划分为萌芽期(1980—1985)、确立期(1986—1997)、快速发展期(1998—2004)、全新发展期(2005年至今)。通过提炼具体的指标体系,从历史的角度认识我国高职法治教育的经验和教训,更有利于深入分析高职法治教育的现状与问题。

在横向研究方面,对当今高职法治教育现状全面考察,通过对全国十五所高职院校的2000名学生调查问卷的梳理、一百多位法律教师、一百多位用人单位主管的大规模全方位的访谈调研,辅之以文献资料整理等方法,对高等职业院校法治教育存在的问题及原因进行深入分析。针对当前高职院校法治教育存在的一些误区,如定位与普通高校趋同、教学手段创新不足、相关人员对法治教育认识不到位等,通过数据整理归纳、结合实地调研分析,多角度探寻阻碍高职法治教育发展的根源。

纵横结合、抚今追昔、立足现实，我们努力从新的视角探求高等职业院校法治教育创新的目标和原则。坚持围绕学生、关照学生、服务学生的主旨，从以人为本的理念出发，结合我国高职学生的实际情况和职业教育的特点，提出掌握法律知识、提升法治能力、培养法治精神、促进全面发展的法治教育目标。遵循高职教育的规律，尝试提出坚持教育目标的终极性与阶段性相结合、教育内容开放性与教育方式多样性相统一的原则。

理论上的探索十分必要，但更为关键的问题是，在深刻总结高职法治教育三十多年成功经验和深刻教训的基础上，在全面把握高职法治教育现状的前提下，进一步探求改进高职法治教育的策略。不论是顶层设计、管理机制，还是高职法治教育的方法、内容等方面我们都应扩展思路，增加可操作性对策。如在教育内容方面，普及法律基础知识的同时，要有针对性地进行专业法律教育及就业、创业法律素质培养。在扩展教育途径方面，要发挥高职法律基础课教育主阵地的作用，加强法律对高职各专业学科的渗透，打造学校教学、企业实训、家庭教育、社会影响的立体全方位教育环境。整合法治教育的管理体系，健全法治教育领导体制、完善法治教育规章制度、提高法治教育队伍水平、拓展多元化的评估模式，打造现代高职法治教育的协同创新机制。具体到探索高职法治教育方法，从单一灌输式向讨论式等多种方法转变，从封闭式教学向开放式教学转变，从单纯传授知识向专题式项目化教学等多种教学模式转变。

做好高职法治教育工作要"因事而化、因时而进、因势而新"。不论是十九大以来党中央多次强调"法治教育"，还是2019年国务院出台《职业教育改革实施方案》对推进高职教育提出全新设想，种种迹象都已表明，我国高职法治教育迎来黄金发展期。全面深刻地对高职法治教育的研究分析，对于高职院校法治教育承上启下、继往开来的发展无疑具有重大的理论价值和现实意义。

目 录

绪 论 ……………………………………………………………（1）
 一 研究缘起及研究意义 ……………………………………（1）
 二 研究成果及评述 …………………………………………（5）
 三 研究的目标内容、思路方法及创新之处 ………………（21）

第一章 高等职业院校法治教育的学理分析 …………………（29）
 第一节 法治教育与法治国家的关系 ……………………（29）
  一 民众法治品质是实现法治国家的关键 ………………（29）
  二 法治教育是提升民众法治品质的主要途径 …………（33）
  三 高等职业院校大学生是我国法治教育的重要群体 …（36）
 第二节 法治教育与相关概念的比较 ……………………（38）
  一 "法治"与"法制" ……………………………………（40）
  二 法治教育与法学教育 …………………………………（41）
  三 法治教育与法制教育 …………………………………（43）
  四 法治教育与道德教育 …………………………………（44）
  五 法治教育与思想政治教育 ……………………………（46）
 第三节 高等职业院校法治教育的基本理论 ……………（47）
  一 高等职业院校法治教育的概念界定 …………………（47）
  二 高等职业院校法治教育的地位和作用 ………………（49）
  三 高等职业院校法治教育的特点 ………………………（52）

第二章　我国高等职业院校法治教育的历史演变 …………… （55）

第一节　我国高等职业教育的发展历程 ………………… （55）
一　高等职业教育创立阶段（1986—1992） ……………… （56）
二　高等职业教育确立阶段（1993—1998） ……………… （57）
三　高等职业教育快速发展阶段（1999—2011） ………… （59）
四　高等职业教育全新发展阶段（2012年至今） ………… （62）

第二节　改革开放以来我国法治教育的发展历程 ……… （65）
一　由"法制"向"法治"的转变 …………………………… （66）
二　由"法制教育"向"法治教育"的转变 ………………… （70）
三　"法制教育"到"法治教育"对高等职业院校法治
教育的启示 ……………………………………………… （75）

第三节　我国高等职业院校法治教育的发展历程 ……… （79）
一　高等职业院校法治教育萌芽阶段（1980—1985） …… （79）
二　高等职业院校法治教育确立阶段（1986—1997） …… （81）
三　高等职业院校法治教育快速发展阶段
（1998—2004） ………………………………………… （84）
四　高等职业院校法治教育全新发展阶段
（2005年至今） ………………………………………… （87）

第三章　高等职业院校法治教育的实证研究 ………………… （91）

第一节　高等职业院校法治教育的基本情况 …………… （91）
一　实证调研基本情况介绍 ………………………………… （92）
二　对高等职业院校学生法律素养的问卷分析 ………… （97）
三　对高等职业院校法治教育状况的问卷分析 ………… （104）

第二节　高等职业院校法治教育的成绩与问题 ………… （115）
一　高等职业院校法治教育取得的重要成果 …………… （115）
二　高等职业院校法治教育存在的主要问题 …………… （117）

第三节　高等职业院校法治教育存在问题的原因分析 …… （126）

一　办学理念不清导致高职法治教育目标偏差……………（126）
　　二　功利主义价值取向导致高职法治教育边缘化………（128）
　　三　办学定位不准导致高职法治教育缺乏
　　　　职业针对性……………………………………………（130）
　　四　法治建设总体水平不高影响了高职法治教育的
　　　　实效性…………………………………………………（133）

第四章　高等职业院校法治教育的目标与原则……………（135）
第一节　我国高等职业院校法治教育的目标………………（135）
　　一　高等职业院校法治教育基本目标:掌握法律
　　　　基础知识………………………………………………（135）
　　二　高等职业院校法治教育直接目标:提升学生
　　　　法律能力………………………………………………（139）
　　三　高等职业院校法治教育核心目标:培养学生
　　　　法治精神………………………………………………（141）
　　四　高等职业院校法治教育终极目标:促进学生
　　　　全面发展………………………………………………（146）

第二节　高等职业院校法治教育实施的原则………………（149）
　　一　终极性目标与阶段性目标相结合…………………（150）
　　二　开放的教育内容与多样的教育方式相结合………（152）
　　三　法律基础课堂教学与法治教育实践相结合………（154）
　　四　法治教育专业性与高职教育职业性相结合………（157）

第五章　高等职业院校法治教育的改进建议………………（159）
第一节　建构高等职业院校法治教育内容体系……………（159）
　　一　强化基础法律素质教育……………………………（160）
　　二　开展职业法律素质教育……………………………（161）
　　三　重视就业创业法治教育……………………………（163）

第二节 拓展高等职业院校法治教育途径 …………… (166)
  一 完善法律必修课加选修课的课程体系 …………… (166)
  二 扩展法治教育向职业教育的渗透途径 …………… (168)
  三 打造学校企业家庭社会的立体教育环境 ………… (172)
第三节 整合高等职业院校法治教育管理体系 ……… (177)
  一 完善高等职业院校法治教育的政策法规 ………… (178)
  二 改进高等职业院校法治教育的领导体制 ………… (179)
  三 提高高等职业院校法治教育的师资力量 ………… (181)
  四 健全高等职业院校法治教育的规章制度 ………… (185)
第四节 改进创新高等职业院校法治教育方法 ……… (188)
  一 丰富高等职业院校法治教育的课程教学法 ……… (188)
  二 完善高等职业院校法治教育的实践教学法 ……… (191)
  三 落实多元化的高等职业院校法治教育评价方法 … (196)
  四 探索高等职业教育特色的法治教育项目化
    教学法 …………………………………………… (199)

附　录 …………………………………………………… (206)

参考文献 ………………………………………………… (219)

后　记 …………………………………………………… (230)

绪　　论

　　法律的权威源自人民的内心拥护和真诚信仰，正如卢梭曾言："一切法律之中最重要的法律，既不是铭刻在大理石上，也不是刻在铜表上，而是铭刻在公民的内心中。"① 要实现全面依法治国的宏伟目标，就必须加强法治教育，树立社会主义法治意识，使人民成为法治的坚定拥护者、自觉遵守者、真诚信仰者。高等职业院校学生作为社会经济发展的重要后备力量，是社会主义法制宣传教育的重要群体，加之高职院校具备适合法治教育的环境，因此，高职学生既需要也有可能提高其法治教育水平。"高校立身之本在于立德树人。"② 高职法治教育对提高学生思想道德修养有重要意义。当前，学界对于高职法治教育的研究逐步深入，从课程定位的反复探讨，到法治与德治的结合的课程体系建设，多层次全方位的研究成果日趋丰富。但透过现象看本质，高职教育仍然存在许多不容忽略的问题，高职法治教育之路任重道远。

　　一　研究缘起及研究意义

　　法治教育是法治社会建立的重要基础，也是高等职业院校进行立德树人教育的重要组成部分。在社会主义法治建设实践中，对社会主义法治重要建设力量的高职院校大学生进行法治教育，既符合中央依法治国和以德治国相结合的治国理念，又可以有效地推动高职教育的

---

① ［法］卢梭：《社会契约论》，何兆武译，商务印书馆2005年版，第70页。
② 习近平：《把思想政治工作贯穿教育教学全过程　开创我国高等教育事业发展新局面》，《人民日报》2016年12月9日第1版。

内涵式改革，具有重要的理论和现实价值。

（一）研究缘起

党的十八大以来，国家高度重视高等职业教育的发展，2012年党的十八大提出要"加快发展现代职业教育"，2014年隆重召开全国职业教育工作会议颁发《国务院关于加快发展现代职业教育的决定》，2019年2月国务院印发《国家职业教育改革实施方案》，通过一系列重大举措对我国高职教育进行了系统谋划、顶层设计、全面部署。国家上上下下高度重视高等职业教育的发展，全面提升高职学生的综合素养，为实现"两个一百年"奋斗目标和中华民族伟大复兴提供智力支撑。同时，随着依法治国政策的全面推进，党的十八届四中全会提出要"深入开展法治宣传教育，把法治教育纳入国民教育体系"，强调全面加强法治教育，增强学生法治观念，树立法治意识。从高职在国民教育的地位提升到法治教育纳入国民教育体系，都预示着我国高等职业院校的法治教育在中华人民共和国成立七十周年之际迎来快速发展的春天。

但是，当前高等职业院校的法治教育也面临着巨大的挑战。一方面，市场经济、全球化和社会宏观环境的变化，高职院校法治教育所处的社会大环境已发生巨大改变；另一方面，高等教育大众化的背景下，高职大学生思想活动的独立性、差异性也日益明显，这在一定程度上影响了法治教育的实际效果。

因此，积极探索有效的方式和途径，加强高职教育过程中法治精神的培养，形成常态化、长效化的高职法治教育机制有重要的理论和现实价值。

（二）研究意义

经过近四十年的探索，已经在中国高等教育体系中占有半壁江山的高职教育，开始进入建设现代职业教育的新常态。在当前全面依法治国的大背景下，在稳定规模扩展的基础上，应该把高职院校的资源配置和工作重心转移到内涵建设上来，努力提高高职学生教育质量，既重视技能的培养，又重视以思想教育、法治教育为核心的综合素养的提升。因此，加强高职院校学生法治教育的研究有重要的时代意义。

绪　论

1. 理论意义

第一，研究高等职业院校大学生法治教育有利于促进我国高校法治教育理论的丰富和发展。我国高校法治教育从20世纪改革开放初期发展至今，经过近四十年的探索改革，其理论基础和学科体系建设都已逐渐成熟，成为我国法治建设的重要推动力量。但是，不可否认高校法治教育在实施过程中还存在许多需要具体细化研究的问题。比如作为高校重要组成部分的高职院校大学生的法治教育，因为高职学生自身的新特点、社会法律问题的新状况都出现很大变化，迫切需要我们对高职法治教育的理念、体制、方法等方面进行有针对性的分析和研究，这也必将对中国高职院校法治教育研究的思路和素材产生新的积极的影响。

第二，研究高等职业院校法治教育有利于高职院校思想政治教育理论的创新和完善。当前的主流思想认为，高等职业院校的法治教育属于高职思想政治教育体系的一部分，也是提高高职学生思想道德修养的主要方法之一。进一步研究高职院校的法治教育，在一定程度上也是在新时期、新的社会发展背景下对高职思想政治教育理论的扩展，既完善了高职院校的思想政治教育理论体系，在很大程度上，又增强了整个思想政治教育学科的科学性。

第三，研究高等职业院校法治教育有利于高职教育理论的科学创新。职业教育的不同学科之间有着极为密切的联系，高职法治教育课程在提升高职学生的整体素养以及促进高职学生的专业技能提升等方面，都有重要作用。本文在分析高职法治教育的历史发展进程、发展现状及困境，分析高职法治教育存在问题的深层次原因等方面的基础上，在探寻改进高职法治教育的方法措施时，既可以借助高职教育的相关理论为手段和工具，也可以推动高职教育整体理论水平的提高。整个研究过程，在实现增强高职法治教育实效性的目标的同时，职业教育其他相关学科的科学理论在此过程中也必然会得到丰富和完善。

2. 现实意义

第一，加强高职院校法治教育，是高职大学生健康成长的需要。现代高职教育把培养全面发展的高素质的技能型人才作为办学目标，在提升高职院校学生的综合素质的过程中，法律素质教育必将发挥更加积极、更加重要的作用。高职院校学生正处于青春期,世界观、价值观、人生观尚未完全定型,而当前社会信息技术高速发展,QQ、微信、VR、AR等新的沟通交流以及娱乐方式已经逐步走入高职院校学生的日常生活,甚至已经成为他们的主流生活模式。而与此同时,高职院校学生长期脱离家长视线,家庭的监护既不及时也不到位;以"90后"、甚至"00后"为主体的高职学生有主见、有个性,高职院校的教育理念尚未与之同步;社会的管理等方面也没有完全做到与时俱进,这都给高职院校学生的成长环境留下了很大的真空地带,也在很大程度上增大了高职法治教育的难度。在这种情况下,为高职学生提供有针对性的、喜闻乐见的法治教育课程,就显得尤为迫切。只有这样,才能专业素养与法律素养兼顾,既促使高职院校学生遵法、守法,提高他们维护自身合法权益的能力,又帮助高职院校学生提升综合素质,实现高职院校学生的全面发展,让法治在促进高职院校学生健康成长方面发挥更加重要的基础作用。

第二,加强高职院校法治教育,是预防高职学生违法犯罪和提升高职学生维权能力的需要。不学法、不懂法是导致高职院校学生走上犯罪道路的主要根源,通过向高职院校学生普及法律知识,进而引导他们逐步增强法治意识,帮助他们养成法治信仰。这样,广大高职院校学生就能够在日常学习工作中做到学法、守法、护法、维法,不但能够防止高职院校学生违法犯罪,进而鼓励大学生同违法犯罪行为作斗争,增强权利意识,维护个人合法权益。

第三,加强高等职业院校法治教育,是促进高等职业教育健康发展的需要。虽然我国高等职业教育经过短短几十年发展已经取得了巨大的成就,为国家改革开放和经济创新提供了重要的人才支持,成为高等教育不可忽略的半壁江山。但不可否认,由于教育理念不成熟、教育资源不均衡等多方面原因,高职法治教育在教育总体实效和全面发展上还急需进一步加强。加强高等职业院校法治教育可以为高职院校依法治校、加强管理工作提供一定的支持。本文通过对高等职业院校法治教育全面深入的研究,希望能促进高职院校职业教育在办学理念、制度措施等方面不断改革和完善。

二 研究成果及评述

从20世纪七八十年代开始，对于高职教育以及法治教育的研究就开始逐渐丰富起来，尤其是伴随着我国高职教育的萌芽、确立、发展以及我国法治建设理论和实践的发展，关于我国高等职业院校的法治教育研究成果日益增多，研究的深度、广度也日益扩展。研究的主要内容出现从高职法治教育被高校法治教育包含到逐渐重视高职教育特点，突出高职法治教育特色。虽然尚有一些问题和不足，但为我们进一步系统研究做了良好的铺垫。

（一）国外研究成果综述

虽然，国外并没有"高等职业院校法治教育"的说法，但西方一些国家关于"法治"及"法治教育"的理论研究和实践探索的起步却比我们早，有些国家关于职业教育的理念和经验也比较成熟，都取得了丰硕的成果，值得我们学习借鉴。

第一，西方的教育家、思想家们关于人的全面发展的学说和主张。古希腊的苏格拉底认为人应该成为"接近于神性的完善的人"，他的学生柏拉图认为理想之人是"品质和谐存在的人"。文艺复兴到工业革命时期，夸美纽斯主张通过广泛、全面的知识的教育使人们的智慧得到全面的发展。裴斯泰洛齐受法国启蒙思想的影响，主张教育应培养人独立思考等各项潜在的能力，使人成为全面和谐发展的天才。到了20世纪70年代，罗杰斯等提出教育要培养情知合一的人即"完整的人"学说。

第二，马克思主义经典作家关于人的全面发展的学说。马克思认为人是一切社会关系的总和，认为"人以一种全面的方式，就是说，作为一个总体的人，占有自己的全面的本质"[①]。马克思关于人的全面发展的理论是个广泛的概念，既包括人类整体，又具体指每个个人；既指每个人社会关系的提升，也包括能力和个性的全面发展；既是人们体力和脑力的发展，也是精神和文化的进步。马克思全面发展的学说对我国高等教育改革起到了重要的指导作用，对我国高职法治

---

① 《马克思恩格斯全集》第3卷，人民出版社2002年版，第303页。

教育的影响也越来越直接、越来越深刻。列宁关于法治教育的思想，反映了法治教育对民众素质提高的重要促进作用："但只有法律是不够的。必须有大量的教育工作、组织工作和文化工作，这不能用法律迅速办到，这需要进行长期的巨大的努力。"① 列宁关于民主法治的思想理念，为当下我们开展法治建设、加强法治教育提供了宝贵的历史借鉴。

第三，关于人的全面发展与职业教育关系的理论探讨。20 世纪 70 年代，西方一些国家基于职业教育重技能培训的片面性提出"全面发展"的教育理念。1972 年，隶属于联合国教育、科学及文化组织的国际教育发展委员会在《学会生存》中指出，为人们投入日常生活和实际工作做准备的教育，应该更多地关注如何把青年人培养成具有多种适应能力的全面人才，不断地开发他的潜能，使得他能够跟得上持续改进的生产方式以及不断变化的工作条件，而不是仅仅关注他是否具备了某一项手艺或某一种专业实践。② 受此影响，部分发达国家结合"岗位工种"的能力本位课程的理念缺陷，开始对传统的职业教育进行了反思和反省，如美国在 1982 年提出的"佩代亚计划"，认为学校教育理应做到帮助学生发展个性，并致力于帮助学生从自我发现、承担社会责任、未来就业三方面做准备。③ 到 1996 年，在向联合国教育、科学及文化组织提交的报告（《教育——财富蕴藏其中》）中，国际世纪教育委员会明确指出，终身教育的主要目标就是塑造人格、发展个性、激发潜能。④ 2010 年，经济合作与发展组织在报告（《为职业而学：职业教育与培训》）中强调，职业教育必须关注学生的终生发展，在关注技能培养的同时还应关注学生的综合素养与能力。

---

① 《列宁选集》第 3 卷，人民出版社 2012 年版，第 766 页。
② 联合国教科文组织国际教育发展委员会（编著）：《学会生存：教育世界的今天和明天》，上海师范大学外国教育研究室（译），上海译文出版社 1979 年版，第 259 页。
③ 周明星：《论职业教育的出发点问题——兼评职业教育的三种基本理念》，《职业技术教育》（教科版）2003 年第 25 期。
④ 联合国教科文组织总部中文科译：《教育——财富蕴藏其中》，教育科学出版社 1996 年版，第 89 页。

第四，关于终身教育思想。保罗·朗格朗是西方比较系统地提出终身教育思想的教育家，他认为终身教育"包括了从生命运动一开始到最后结束这段时间的不断发展，也包括了教育发展过程中各方面与连续的各个阶段之间的紧密而有机的内存联系"①。传统的只要掌握一定知识和技能就可以满足终生需要的观念已经过时，飞速发展的现代社会不仅仅需要高端专业型的技能人才，更要求各类人才还具备较强学习能力，可以通过终身学习不断完善自我。因此，在现代教育体系中，包括法治教育、道德教育、人文教育在内的通识教育必将占据更加重要的位置。现代教育理念的发展和完善也必须跟上社会发展和教育实践进步的步伐，努力构建以包括法治教育、道德教育、人文教育在内的通识教育为基础，以专业技能为特长的教育体系。唯有如此，才有可能把学生培养为具有较强学习能力、能够不断提升完善自我的学习型人才，而不仅仅是只具备某项专业技能的人才。也只有这样，学生毕业走上社会以后，才能根据社会的发展与进步，根据企业的需要，通过继续学习，不断提升完善自我，让自己始终与社会、企业的发展同步。

总之，西方相关教育理论中不论是关于人的全面发展的理论探索，还是法治教育对人的全面发展、终身教育的重要性的研究，对于我国高职法治教育都有很大的启发作用。他们重视法治教育工作，重视职业教育过程中提升学生包括法律素质在内的整体素养，职业教育目标明确，法治教育内容丰富实用，教育途径多元开放，教育方法灵活隐蔽，重视法治精神与学生人格的培养，这都值得我们学习借鉴。

（二）国内研究成果综述

作为一种教育类型，高等职业教育首先具有高等教育的基本特性，其培养对象是大学生类型之一的高职学生，教育目标包括要培养高职学生具有高等教育所要求的基本素养。高等职业教育决不应仅仅教给学生专业技能，还必须引导他们深刻了解当代社会，掌握社会发

---

① ［法］保罗·朗格朗：《终身教育引论》，周南照、陈树清译，中国对外翻译出版公司1985年版，第15页。

展规律、知晓国家法律法规。高职法治教育既有高校法治教育的共性，又有高职教育所决定的自身特点，这就决定了高职法治教育研究也必然是高校法治教育研究的共性和高职法治教育研究个性的有机结合。作为我国法治教育体系中的一部分，高职法治教育研究包含有广泛的内容，可以从研究历程、研究焦点、研究成果等多角度论述。

1. 高等职业院校法治教育研究发展历程

我国高职法治教育的理论研究是伴随着我国高职教育从起步到成熟的过程，也是改革开放以来我国普法宣传教育日渐成熟的缩影。从20世纪80年代至今，根据其政策背景、研究特点、代表文献，可以把高职法治教育的发展过程分为以下三个阶段。

第一，起步阶段（1986—1997）。改革开放初期，我国法治建设刚刚起步，党和国家开始认识到法治教育的重要性，自上而下采取一系列措施推广法律法规的宣传教育，在"一五""二五"两次五年普法宣传教育轰轰烈烈展开的大背景下，中央多次颁发文件，要求加强对高校大学生的法治教育。不但强调对大学生进行法治教育的必要性，要求全国的高校都必须开设法律基础课程，并将其列为高等学校非法学专业学生的公共必修课，对教学内容、学时、师资、教材、实施步骤都进行了具体的指导性规定。与此同步，1985年5月27日颁布的《中共中央关于教育体制改革的决定》，第一次提出"积极发展高等职业技术院校"的策略，高等职业教育在我国国民教育体系中的地位正式确立。此后，经过十多年的起步探索，高职教育逐渐成熟，成为高等教育体系重要组成部分。高职法治教育在中央自上而下的法治教育推广过程中，在高职教育逐步壮大的过程中，顺势而为，取得了初步的研究成果。

这一阶段的初期，法治教育研究还停留在起步状态，有表面化和形式化的不足，多数研究还局限在法治教育的必要性、教育内容的探索上。[1] 尤其针对高等职业院校的法治教育研究更是少之又少，目前可以找到最早的研究资料是题为《职工大学要积极开展法制教育》

---

[1] 罗辉雄、刘献军：《必须重视和加强对大学生进行法制教育》，《高等教育研究》1986年第3期。

的文章，从职工大学进行法制教育的必要性、法制教育的课程设置、法制教育的内容三个方面探索了职业院校法制教育工作的开展。① 到90年代初，与高校大学生法治教育相关的研究以及论文逐步增多，研究内容逐渐丰富。有些学者已经将视线从法治教育的必要性转移到具体法治目标的探索②，也有学者开始探索高校法治教育存在的问题与不足。③

但毕竟，在初步发展时期，高职教育尚处起步阶段，受办学水平和教育理念的局限，高职法治教育的专业特色彰显不足，还处在模仿普通高等教育，刚刚开始探索高职特色的阶段。对法治教育的建设性的改革建议也比较少。尤其是依据法治教育对象不同而专门针对高职法治教育的研究处于萌芽阶段，高等职业院校的法治教育的研究被包含于普通高校的法治教育研究中。高职法治教育尚无成熟系统的研究理论，只是对工作实践的初步探索总结，所以从1986—1997年这一时期关于高职大学生法治教育的研究成果十分有限，根据这些特点，我们将其定义为起步阶段。

第二，初步发展阶段（1998—2004）。到了20世纪90年代末21世纪初，我国高校法治教育经过十几年的实践探索，不但积累了一定的经验方法，而且教育效果日渐凸显，尤其随着中宣部、教育部印发通知（《关于普通高等学校"两课"课程设置的规定及其实施工作的意见》），即"98方案"开始实施，《法律基础》课程正式成为高等院校的公共必修课。④ "98方案"对高职高专的教学内容和教学课时都进行了明确规定，高职法治教育成为高校教育体制的重要组成部分，法治教育在高职教育体系中有了明确规范的实施地位。2002年《关于加强青少年学生法制教育工作的若干意见》和2003年《普通高等学校"两课"教学基本要求》的颁布，标志着高校法治教育的

---

① 徐德智：《职工大学要积极开展法制教育》，《北京成人教育》1986年第2期。
② 陈大文：《谈谈大学生法律意识教育》，《思想教育研究》1997年第5期。
③ 曹士贞、徐丽：《论高校法制教育现状及对策》，《长春金融高等专科学校学报》1998年第4期。
④ 教育部思想政治工作司：《加强和改进大学生思想政治教育重要文献选（1978—2014）》，知识产权出版社2015年版，第179—181页。

重要性被进一步强化，高职法治教育的地位进一步提高。

　　这一时期，高职院校法治教育的特点：一是研究范围开始扩大，从法治教育的途径探索、教育内容丰富到教育目标的改进，对法治教育的方方面面都开始涉及。比如有学者已经开始认识到互联网技术对高职法治教育的影响，提出利用专业技能课进行法治教育的渗透。① 二是研究领域有较大扩展。不同领域的学者开始关注高职法治教育的性质，法治教育与德育教育的关系是学者们争论的焦点之一。有学者认为，高职法治教育已经逐渐形成独立的教育体系，在计划、课时、师资、教材四个方面已经落实。② 而有的学者认为，法律基础课是对学生进行思想政治教育的公共必修课。③ 随着"05方案"的出台，高校法治与德育有机结合的关系在教育实践中确定下来。三是随着高等教育改革的深入进行，对法治教育的针对性的研究逐渐加强。从理工科院校法治教育、农业院校法治教育到高职法治教育，法治教育的研究愈来愈细化和具体化，高职法治教育的独特性已开始引起学者们的关注。如有学者提出高职院校应该利用自身特有的教育条件和培养优势有目标有针对性地加强对学生的法律意识培养。④

　　第三，深入发展阶段（2005年至今）。随着我国高等教育改革的深入进行，作为高等教育重要组成部分的高职教育已经成为满足快速发展的经济对人才需求的重要教育途径。从2005年《关于大力发展职业教育的决定》颁布到2019年《国家职业教育改革实施方案》，都表明我国高职教育已经进入快速发展期。"05方案"颁布，法律基础课与思想道德修养课被合为一门课，这标志着法律基础课正式成为高等院校思想政治理论课的重要组成部分。⑤ 我国职业院校法治教育在全国高校大学生法治教育的大发展以及我国职业教育大进步的背景

---

① 郭尚花：《谈加强大学生的法治教育》，《中国高教研究》1999年第3期。
② 王卫东：《浅析高职学生法律素质的培养与提高》，《职业技术教育研究》2003年第6期。
③ 张新平：《法律基础课教学改革的初步实践与设想》，《思想政治教育研究》1998第11期。
④ 喻靖文：《论高职生的法律意识培养》，《孝感职业技术学院学报》2001年第11期。
⑤ 教育部思想政治工作司：《加强和改进大学生思想政治教育重要文献选编（1978—2014）》，知识产权出版社2015年版，第293页。

下进入了深入发展阶段。从此，我国高职院校的法治教育研究蓬勃发展，适应新时期特点和发展要求的相关论文开始如雨后春笋般发表。因此，我们将这一研究阶段称为深入发展阶段。

可以说，第三阶段是高职法治教育科研成果大收获的时期。首先，研究内容更丰富，研究视野更广阔。如有学者提出基于职业性的教育目标，高职法治教育必须解决好两个问题：一是从政策依据上赋予法治教育体系独立完整的独立地位；二是教学方法上引入实践教学模式。[①] 其次，研究内容科研课题更加务实。有学者针对高职教育以就业为导向的教育特点，提出采用"355"模式的可行性，尝试通过提高学生的就业法律意识以达到提升高等院校学生就业质量的目标。[②] 最后，对高职法治教育的研究深入性加强，不但由教育现象研究转入到理论探索，而且由理论分析转为反思及启示，从更深层次的原因探究高职法治教育问题现象背后的深层次根源，针对高职教育的特色对高职法治教育的发展提出了建设性的意见和建议。如有学者提出提升法治教育实效，系统培育以法治信仰为价值导向的校园法治文化；[③] 有学者建议在依法治国新的教育环境下，应该把握高职院校的教育特点，分析高职院校法治教育的现状与问题，对高职法治教育工作进行再思考，把培养学生法律思维定位为当前法治教育工作的目标导向，培育具有法律思维的高素质人才，促进高等职业院校的内涵发展；[④] 还有学者提出依据章程治理学校是高职院校依法办学重要突破口。[⑤]

2. 高职法治教育研究的焦点范畴

三十多年来，关于高职法治教育研究积累了一些经验，也面临许

---

① 韩世强：《基于"依据"与"方法"视角的高职法制教育研究》，《教育与职业》2005年第35期。

② 艾红梅、刘荣华：《高校就业法制教育"335"模式探究》，《教育与职业》2012年第1期。

③ 丘丽丹：《法治文化视野中的高职院校治理现代化改革》，《教育理论与实践》2017年第30期。

④ 房玉春、张同胜：《高等职业院校法治教育目标探析》，《高教学刊》2016年第4期。

⑤ 邓小华：《论高等职业院校章程的精神构建》，《中国职业技术教育》2018年第9期。

多新问题和新情况，学者们围绕高职法治教育的课程性质、教育目标、教育内容等问题展开了讨论，既总结了以往的成功经验和做法，又依据新的形势任务和实践要求提出创新建议。总结概括，学者们对高职法治教育的研究聚焦于以下几点。

第一，关于高职法治教育的性质。自高校法治教育确立以来，有关法治教育性质的争议从未停止。在实践中，对这个问题不同的看法，主要有：（1）高校法治教育主要是法律知识的教育，性质上属智育范畴。① （2）高校法治教育是公民教育的一部分。高校法治教育对于公民教育而言非常重要，不仅是公民教育的重要内容，也是公民教育的重要环节。② （3）高校法治教育应该独立于德育体系，因为德育本身无法完全涵盖法治教育内容。③ 把法治教育的内容变相为德育的内容，是缺少理论依据的，法治教育与道德教育保持独立的地位。④ 法治教育被作为学校道德教育一分支的做法，实际是取消了法治教育的独立地位。应该构建一个独立的法治教育体系，而不是成为道德教育的附属。⑤

其实早在1995年12月28日，国家颁布了《关于加强学校法制教育的意见》，已经指出了高校法治教育是高校德育的一部分，其担负的职责不仅是法律知识的传授，而且是法律素质的全面提升。2002年10月21日教育部、司法部、中央综治办以及共青团中央联合印发了《关于加强青少年学生法制教育工作的若干意见》，意见指出："学校法制教育是学校德育的重要内容。"⑥ 因此无论是教育界还是法律界，关于法治教育的认识是：我国高校法治教育确实具有德育属

---

① 陈大文：《谈谈大学生法律意识教育》，《思想教育研究》1997年第5期。
② 刘颖：《公民教育中的法制教育及其价值研究》，博士学位论文，武汉理工大学，2010年，第95页。
③ 张宝成：《影响大学生法律意识培养的因素》，《内蒙古师范大学学报》（哲社版）2006年第2期。
④ 黄云霞：《大学生法制教育存在的问题及对策研究》，《教育理论与实践》2007年第3期。
⑤ 韩世强：《试析我国高校法制教育模式的重构》，《经济与社会发展》2004年第3期。
⑥ 教育部思想政治工作司：《加强和改进大学生思想政治教育重要文献选编（1978—2014）》，知识产权出版社2015年版，第238页。

性，是高校思想政治教育的范畴。当前，高职院校的法治教育成为思想政治教育的重要组成部分，是顺应社会发展需要的结果，起到增强高职学生思想道德修养水平，塑造高职学生良好社会人格，提升整个社会思想道德水平的作用。

第二，关于高职法治教育的目标。目前争论的焦点主要有：（1）开展高职院校法治教育的目的就是为了向学生普及法律知识。①（2）开展法治教育，设立"法律基础"课程，目的就是为了让学生知法守法，预防大学生犯罪。②（3）开展高职院校法治教育的目的，就是为培养学生的社会主义法律意识。③（4）开展高职院校法治教育的目的，是为了提升学生的法律素质。④通过让学生掌握马克思主义法学的基本理论和基本观点，了解和掌握宪法以及相关法律的基本精神和内容，全面提升大学生的法律素质。（5）法制教育承担培养公民责任的任务，提高公民规范层面的法律修养。⑤了解和掌握法律只是前提和基础，自觉守法、主动用法（即信仰法）才是我们开展法治教育的终极目标。（6）开展高职院校法治教育的目的，是促进学生素质的全面提高，通过道德教育和法制教育的结合，人的全面发展才是其终极价值目标。⑥（7）当前和今后一个时期培养大学生的社会主义法治思维是法治教育的一个重要任务。⑦（8）从知、情、意三个维度构建法治教育引导机制，引导学生，形成自觉懂法、守法、用法进而践行社会主义核心价值观的理想信念。⑧

其实，作为法治教育一部分的高职法治教育的目标是随着时代、

---

① 陈大文：《谈谈大学生法律意识教育》，《思想教育研究》1997年第5期。
② 李艳馨：《高校法制教育研究》，陕西人民教育出版社2011年版，第48页。
③ 郑咏霆：《论高校学生法律意识的培养》，《法学评论》1986年第5期。
④ 王斌：《法律基础》，江西高校出版社2003年版，第112页。
⑤ 宋婷：《回溯与反思：新中国成立以来高校法制教育历程研究》，南开大学出版社2014年版，第30页。
⑥ 顾相伟：《高校道德教育与法制教育的发展、关联与融合》，《思想教育研究》2012年第1期。
⑦ 陈大文、孔鹏皓：《论大学生社会主义法治思维的培养》，《思想理论教育导刊》2015年第1期。
⑧ 王立军、田谧：《高职院校"校园贷"法律教育引导机制三维构建——以河北省为例》，《河北法学》2019年第1期。

社会背景、国家政策指向的变化而不断变化的。正如某学者观点，法治教育的目标不是一成不变的，应根据职业教育重在实用、以社会需求为导向的特点，以社会和市场的需求不断调整职业院校法治教育的目标。① 高职法治教育培养目标的这种变化反映了我国法治教育理念的改进，我们不但要让高职学生知法、守法，更重视培养其用法、信法、护法的自觉意识，最终提高民众整体性法律素养。这一重大转变是国家治理方式从人治到法治转型的结果，是历史发展的必然选择，标志着党和国家治理水平的提升。

第三，关于高职法治教育的内容。学者们围绕着法律基础知识灌输、法律意识培养、法律能力塑造等方面展开了对高职法治教育内容的讨论，提出了各种不同的观点。主要论点有：（1）对高职学生应该加强社会主义法治理念教育。正如黄文艺认为法治教育的内容应该依据树立正确的法治观念，培养法律思维习惯，增强依法办事能力的目标来设置调整。②（2）高职法治教育存在的主要问题。具体体现在法治内容德育附属化、各年级教育的重复化以及法学知识专业化，要推动高校法治教育改革，首先就要有针对性的实现法治教育内容的优化与整合。③（3）高等职业院校法治教育还要做到与时俱进，适时调整教学内容。朱国良认为，法治教育应全面扩展到立法、执法、司法、守法全过程，不但宣传法治理念，传授法律规范，还应培养法治思维，坚定法律信仰。④（4）高职院校可以根据学生不同的专业背景，根据学生实际需要，有侧重地讲解不同的部门法，建构具有个性化的、针对性的、实用化的法治教育课程体系。⑤

经过学者们的探讨分析，我们可以看出法治教育是一个牵扯到教

---

① 樊成刚：《高职院校法律专业教育的课程体系构建》，《教育与职业》2015年第10期。
② 黄文艺：《论高校社会主义法治理念教育》，《思想理论教育导刊》2010年第5期。
③ 董翼：《大学生法治教育存在的问题及对策思考》，《思想理论教育》2016年第3期。
④ 朱国良：《在大学生中积极推进法治宣传教育的若干思考》，《思想理论教育导刊》2015年第2期。
⑤ 房玉春：《高等职业院校法制教育的问题与对策研究》，《教育教学论坛》2016年第18期。

育价值观引导、教育政策导向、具体制度设计的综合系统,高职法治教育是以高职学生为教育对象,由教育目标、教育内容、教育手段等诸多元素组成的教育体系,是与时代变化、专业需求紧密联系的法律相关知识传授、法律意识培养的教育体系,高职法治教育内容应该具有高职特色和时代特点。

第四,关于高职法治教育现状及原因的分析。针对高职法治教育的现状及问题,许多研究者都通过各种形式的实证调研进行分析。研究者们通过面对面的访谈,再结合实实在在的调查数据全面分析了高职院校法治教育在当前面临的主要困境及其造成这些困难的主要根源。还有一些学者对高等职业院校法治教育存在的大学生法治观念落后于时代要求、高校作为大学生法治教育的主阵地作用不显著、大学生法治教育的育人合力未成体系等方面进行了实证调研。①

(1)"说起来重要,做起来次要,忙起来不要"的现象仍然持续存在,法治教育还没有得到足够的重视。王树荫教授认为:"全体国民所受教育的内容,大体可以分为四个层次:一是意识形态教育,即思想政治理论教育;二是法律、法规、制度、路线、方针、政策教育;三是文化知识教育;四是技能教育。后两者大多数老百姓有自觉,不用党和政府操更多的心;意识形态教育费尽心思效果欠佳;需要加强的是第二个层次。"②(2)功利主义的价值取向影响了法治教育的效果。高宝立指出,一些高职院校更多的关注学校发展的规模和速度,在培养目标的确立、价值取向的明确等方面出现了偏差。③(3)法律教育的功能发挥缺失法治文化的社会环境。④(4)法治教育还在一定程度上难以摆脱社会物质生活条件的限制。⑤我国还处在社会主义初级阶段,某些法律规定因为经济基础的决定性,在现实生活

---

① 刘冰:《高职院校法制教育存在的问题及对策分析——以唐山市高职院校为例》,硕士学位论文,河北师范大学,2012年。
② 王树荫:《深入开展法治宣传教育》,《北京党史》2014年第6期。
③ 高宝立:《高等职业院校的人文教育问题研究》,博士学位论文,厦门大学,2007年,第30页。
④ 张文显:《法治的文化内涵——法治中国的文化建构》,《吉林大学社会科学学报》2015年第4期。
⑤ 孙正聿:《哲学通论》,辽宁人民出版社1998年版,第256—257页。

中的实现还有一定的难度，还只是一种社会理想。（5）高等职业院校法治教育与专业教育脱节，导致培养的应用型人才法律素质不高，社会对职业院校大学毕业生综合素质评价不高。①

虽然，高职法治教育经过三十多年的探索发展，取得了一定的成绩，但由于历史发展阶段的限制、教育观念的局限、社会法治大环境的影响，高职法治教育还存在许多问题，不但阻碍了高职教育的内涵发展，还影响全面实现法治社会的进度。因此，我们必须转变教育思想，更新法治观念，不断加强法治教育研究，持续深化高职法治教育改革。

第五，关于高职法治教育教学方法及途径。面对高职法治教育实效性不足、教育质量亟待提高的现状，探索改进高职院校法治教育的方法及途径是学者们和高职法律专业教师关注最多的问题，主要有以下几类比较有代表性的观点。

（1）调整和完善高等职业院校法治教育的教学方式。不断丰富学生的学习渠道和途径，充分利用第二课堂以及学生的业余、碎片化时间，开展学生喜闻乐见的、具有较强针对性和参与性的法律实践活动；结合实际，制订有操作性的教学计划；加大骨干教师的培养力度，持续提升提高教师队伍素质；与时俱进，不断完善和丰富教学方法；针对学生特点，采取学生乐于接受的考试形势和方法；一把手亲自抓，创造良好的法治教育环境；突出实践性、实用性，组织、吸引学生主动参加实践教学活动。②还有学者建议高职院校应强调实践教学，关注法治实践活动中的学生主体地位，凸显实践理性。③另外，也有研究者提出，要积极开展法治教育互联网、移动网教学的研究和实践，充分利用好互联网、移动网等学生爱用、常用的新媒介，做好学生的法治教育，弥补传统教育方式的不足。④还有研究者主张，积极利用传统道德文化资源，加大学生法治教育力度。⑤

---

① 储战平：《职业技术学院法制教育的探讨》，《河北职业技术学院学报》2007年第4期。
② 陈大文：《谈谈大学生法律意识教育》，《思想教育研究》1997年第5期。
③ 吴午东：《高职法律教育应走"实践理性"之路》，《成人教育》2015年第15期。
④ 赵婷：《微时代背景下大学生法制教育研究》，九州出版社2014年版，第80页。
⑤ 禄慧、陈晋胜：《我国高校法治理念教育内容之重构——基于中国优秀传统法律文化与社会主义法治理念的暗合之思考》，《教育理论与实践》2015年第15期。

(2) 创建良好的高等职业院校法治教育环境。有学者指出，必须充分利用好大学课堂、主流传媒等主阵地，加强对大学生的法治教育，将道德教育与法治教育紧密结合；不但充分利用大学校园环境，还要走出校园，开辟第二课堂。① 部分研究者还提出以下主张，比如把大学生的基础文明教育和法治教育结合起来；要努力让大学生养成过硬的心理素质；要推动民主和法制的建设，创建与法治社会相适应的社会环境，等等。

(3) 坚持法治教育的综合性和系统性，借助与其他相关专业教育的结合提升提高法治教育的水平，推动法治教育目的的实现。比如借助与素质教育的结合，提升法律素养的教学水平；借助与德育教育的结合，提升法律信仰的教学水平；借助与专业教育的结合，提升法律专业性的教学水平；借助与实践教育的结合，提升法律实践的教学水平。学界特别就法治教育和道德教育紧密结合的观点已经形成共识。徐继超、郑永廷认为道德教育与法治教育相结合，是他律与自律的结合，是惩罚与激励的结合，是普遍性要求与层次性要求的结合，是现实性规范与理想性追求的结合。② 陈大文认为，以德治国与依法治国有机结合的崭新理论，给高等院校道德教育与法治教育相结合提供了理论基础。③

(4) 学习、借鉴境外法治教育的先进经验。有学者通过分析、比较中外两国不同的法治教育体系，指出在理论方面，我们可以学习实用主义教育思想以及人本主义教育思想；在实践方面，学习、尝试并不断完善"三位一体"（学校、家庭、社会）的法治教育模式。④ 车雷提出应借鉴英国法治教育经验，有效利用社会法律资源进行实践教

---

① 王康康、徐延平：《强化大学生道德教育与法制教育的探讨》，《内蒙古师范大学学报》（教育科学版）2009年第9期。
② 徐继超、郑永廷：《论公民道德教育与法制教育的功能互补》，《中山大学学报》（社会科学版）2004年第3期。
③ 陈大文：《关于大学生道德教育与法制教育有机结合的探讨》，《思想理论教育导刊》2011年第3期。
④ 汪蓓：《中日青少年法治教育改革比较研究》，《新疆师范大学学报》（哲学社会科学版）2016年第1期。

学。① 俞军、张泽强通过研究美国高校法治教育，认为从三方面推进我国高校法治教育的改革和发展：一是从价值塑造上实现全面发展与以人为本的结合；二是在教育方式和内容创新上实现理论与实践的有机统一；三是在资源利用上开发优秀的教育资源以形成教育合力。②

总结概括，以上观点主要集中在，深化高职法治教育改革、改善校园法治教育环境，加强实践教学、整合法治教育与道德教化等方面，这些教学方法的探讨为本文提供了进一步研究的基础和改进思路。但当前高职法治教育具体途径的探索还处于理论论证、方法探讨的阶段，缺少实务论证，尚有许多方面需要发展完善。

（三）主要成就及不足

经过多年的努力，高职法治教育工作取得了一些成绩，积累了一些经验，探索了一些规律，表明我国高职法治教育在一个相对较为稳定的状态下平稳前进。但是不可否认，高职法治教育的研究尚处于起步阶段，还有一些问题急需改进和完善，某些方面研究的不足已经影响了整个高职法治教育工作的顺利开展。

1. 主要成就

第一，对于高职法治教育的理论研究由浅入深，相关研究成果逐渐增多。"98方案"实施以来，《法律基础》课程正式列为大学生的公共必修课以后，高等职业院校对于法治教育的理论研究也就正式提上了日程。最初，相关研究还仅仅局限于课程设置、教案设计等内容；后来，逐步拓展到法治教育的目的、方式、渠道等更深层次的领域。随着国外相关理论的引进，加之国内学者们对于法治教育的理论研究由浅入深，关于高职法治教育研究的理论成果越来越丰富。

第二，对于法治教育的研究方法日趋多样化。随着对高职法治教育的理论研究由浅入深，研究方法也与时俱进，突破了"从理论到理论"的单一化模式，实现了研究方法的多元化。不同研究者根据其工作环境、研究方向、研究条件的不同，在开展法治教育研究

---

① 车雷：《英国的学校法制教育及其启示》，《教育探索》2011年第11期。

② 俞军、张泽强：《美国高校法制教育的经验及其启示》，《当代教育理论与实践》2012年第12期。

的过程中立足于不同的角度，采用了不同的研究方法。纯理论型的研究者，更倾向于从规范研究的角度，采用文献整理的方法；高职院校的实践型研究者，更倾向于从经验总结的角度，采用实践调研的方法。尤其一些熟悉高职教育的实践型学者借用高职专业的研究方法探讨高职法治教育的改进策略，为高职法治教育的改进提供了新的研究思路。

第三，对于法治教育的研究内容趋于专注化。起初，研究者往往面对整个高等院校法治教育进行泛泛的研究，往往更关注于纯理论的探讨，比如高校开展法治教育的目的、必要性以及方法途径，等等。现在，学者们不仅仅关注"全"，而且开始关注"专"，除了研究普通高等院校与高职院校法治教育的共性之外，还针对高等职业院校法治教育特点开始探寻高职法治教育特殊之处，并且侧重于就其中的一项内容研究深、研究透，比如关于高职法治教育目的的研究，比如针对高职法治教育的实践教学研究，比如高职法治教育互联网时代的网络教学研究等。

2. 问题与不足

第一，对基础概念缺乏统一、规范的定义。在法治研究过程中，由于受到大背景、大环境以及研究者个人的认识等影响，先后出现极易混淆的一些基础概念，如法制教育、法治教育、法律教育、法律意识教育、法律素质教育等。学者们在科研过程中对这些基础概念缺乏统一、规范的定义，对于它们之间的相互关系以及区别也没有一致的认识。概念的统一和规范是开展研究的基础和前提，这种混沌的现象最终阻碍了对法治教育更深入规范的研究。

第二，教学经验总结的多，理论研究的深度和广度亟待提高。作为法治教育研究主体的一个重要组成部分，高职院校的法律教师，局限于他们的本职工作，在开展法治教育研究时，往往更多地关注于教学经验的总结，关注于实践性的操作层面，而没有实现从实践到理论的提升。就研究内容而言，关于高职法治教育的重要性和意义、高职法治教育的教学方法、诸如教学课程改革等问题研究重复，而对于高职院校法治教育的内在发展规律、法治教育的教学模式、法治教育的创新途径等研究相对缺乏，仍需要在基础理论以及实践探索上进一步提升和改进。

第三，缺少对高职法治教育史学方面的研究梳理。高等职业院校法治教育缺失是大家公认的事实，对缺失原因的研究往往还局限于高等职业院校内部办学师资力量薄弱和外部社会大环境法治失约等方面，但从高等职业院校发展历程、办学背景来考察法治教育缺失的原因却少有人做。高职法治教育是在一定的时空条件下进行的，但当前的研究成果基本没有涉及其发展历程的论述："对于我国原有的关于法治观念的研究还仅仅是在法制史的领域里，作为大学生法治教育的内容之一，但并没有将之运用到法治教育的研究中，更没有把它们作为大学生法治教育研究的基础和历史条件。"[①] 所以，对高职法治教育在不同历史阶段的政策制度、教育实践、相关理念等方面的发展演进历程，是目前研究的空白点。

第四，针对高职特殊性的法治教育研究相对薄弱。与普通高校教育比较，我国高等职业院校法治教育的理论研究尚处空白。比如，本人于2019年8月6日在中国知网上以"法治教育"或含"法制教育"为主题进行核心期刊检索，有1866篇文章，但以"高职法治教育"进行检索，只有6篇；对硕士博士论文以"大学生法治教育"或含"大学生法制教育"，检索结果有223篇，但以"高职法治教育"或含"高职法制教育"进行检索，检索结果仅有8篇硕士论文，没有博士论文研究成果。高职法治教育研究的薄弱状态与党和国家大力发展职业教育的形势不符，与日益增长的职业院校办学规模不符，更与我国全面建设法治中国的要求不符。

即便已有的研究，也大多沿袭了普通高校的研究模式，对高职教育特殊性的关注远远不够。高职教育的职业性和实践性决定了高职法治教育在教育目标、教育内容、教育方法等多方面的特殊性，而已有的研究关注到高等职业教育法治教育与普通高等学校法治教育的共性和普遍性，却有意无意忽略了其个性和特殊性，对高职与普通高校法治教育的不同少有比较性研究。高等职业院校是高等教育的一部分，

[①] 颜湘颖：《大学生法治教育研究综述：主要观点与若干反思》，《当代青年研究》2016年第3期。

它与普通高等教育相比较,既有共性,也有特性。研究高等职业院校的法治教育不可能不借鉴已有的普通高等学校法治教育的研究成果,但同时又不能照搬这些成果,而应该是在比较鉴别的基础上,结合其特殊性,有针对性地提出高等职业院校法治教育的目的、内容、方法和途径等。

正是通过对现有的各阶段研究成果的梳理反思,我们认识到对高职法治教育进行深度全面研究尚处于我国法治教育研究的薄弱地带,无论是对高职法治教育的发展演变历程的历史分析,还是对高职法治教育现状的全面深度调研,许多方面还有一定的欠缺。基于当前法治教育研究的现状,在当今全面协调推进"四个全面"战略布局的大背景下,本文从推动高职院校法治教育发展的角度出发,以培养"全面发展的高素质技能人才"为责任,本着继承与创新并举的理念,力图从"职业教育与法治教育的关系"等薄弱方面进行大胆突破,在思想政治教育以及法学教育、职业教育的专业范畴内攻关我国"高等职业院校法治教育"这个题目,举全力、问难题、寻真理,力争为建设中国特色的高等职业院校法治教育体系贡献一己之力。选择这样的研究课题对于研究者本人来讲,既是机遇,更是挑战。

三 研究的目标内容、思路方法及创新之处

习近平总书记指出:"我们要弘扬社会主义法治精神,努力培育社会主义法治文化,让宪法家喻户晓,在全社会形成学法尊法守法用法的良好氛围。"① 为了实现"全面依法治国"的总目标,选择高职院校的学生作为具体研究对象,通过对高等职业院校法治教育相关理论的梳理,采用从历史到现实的研究思路,找出高职法治教育存在的问题,探寻改进的有效对策,提高全民法律素养,实现全面建设法治社会的伟大理想。

(一)研究的目标内容

为了全面实现小康社会的建设目标,不论是当前推进法治社会建

---

① 习近平:《在首都各界纪念现行宪法公布施行30周年大会上的讲话》,人民出版社2013年版,第10页。

设，还是从长远促进经济和社会协调发展，在依法治国和以德治国紧密结合的治国大背景下，紧紧抓住高职法治教育这个基础环节，优先发展，可以更好地提高法治社会发展水平。理论的梳理或者实践的探索最终的研究目标都是为了推进高职法治教育的改进，提高高职学生的法律素养。

1. 拟实现的目标

整理我国高职法治教育的发展历程，总结其经验教训，分析高职法治教育存在的深层次问题，构建全面系统的法治教育根本任务的实现路径和工作机制，从而达到切实提高高职大学生的法律素养、培养全面型的合格的高素质人才。

首先，梳理分析我国高等职业院校法治教育的发展演变过程。对改革开放后四十年来高职法治教育的不同阶段进行分析阐述，根据各阶段的社会发展背景、国家教育政策的演进、具体教育实践的探索改进等方面的特点，提炼出高职法治教育的基本经验和历史教训。希望既能弥补当前高职法治教育研究缺乏对其发展历程与脉络轨迹系统把握的空白，又能从历史发展的角度，理解当前高职法治教育存在的问题背景，探寻高职法治教育改进的方向和思路。

其次，全面把握高等职业院校法治教育存在的问题及其根源。由于当代大学生是在改革开放的时代背景下成长起来的，尤其高职院校逐步开放的办学环境，影响高职院校大学生法律素质的原因是多方面的，不仅仅是社会重视度不够、师资力量不强，还涉及社会变革时的大环境影响、媒体舆论的误导、不良社会思潮的冲击等诸多因素。只有全面系统地梳理出高等职业院校法治教育存在的问题原因，才能对症下药，提升高职院校大学生法治教育水平。因此，要全面准确把握高职院校大学生法治教育存在的问题及其原因不但有一定难度而且还很关键。

最后，探寻适合高等职业院校法治教育的对策和工作机制。当前，学界对高校法治教育任务的实现对策和工作机制的研究取得了一定的成果，为深入系统的探讨高等职业院校法治教育工作机制提供了研究思路和材料支撑，但这些研究往往局限于对普通高校法治教育过程中某个环节或某个方面的研究。随着社会对职业教育的重视及提升高职大学生法律素养的要求和期待的提高，对切实提高高等职业院校法治教育质量的研究成果的需求将越来越迫切。因此，探索如何建立全面的、有内在关联的、能够相互支撑的高等职业院校法治教育的可行路径和工作机制系统将是本文的关键。

2. 研究主要内容

本文基于协调推进"四个全面"战略布局的大背景，从当前国家大力发展职业教育的大环境下出发，对开展高等职业院校法治教育研究的目的、意义以及必要性进行了探讨。对法治教育的基本概念进行了梳理和规范，通过分析总结高职院校法治教育模式、内容及方法等方面的理论与实践，回顾高等职业院校法治教育的历史进程，借鉴西方先进的教育理念，针对当前高职法治教育存在的亟待改进的问题，有针对性地提出了完善我国高等职业院校法治教育的意见和建议。全书共分为以下六部分。

绪论部分，主要介绍论题的背景和研究的意义，对相关研究文献进行梳理，对研究目的、方法、思路和步骤以及可能的创新进行介绍。目前，国家在完成上层设计，确立了建设社会主义法治国家的宏伟目标之后，目前最现实、最紧迫的任务就是，通过对公民开展法治教育，进而建构法治国家所需要的主体基础，而大学生是法治教育的重点对象，是国家未来的建设者，而且是建设者中的主力军，他们的法治素质直接决定了关系未来中国的法治建设。进一步分析，在我国高校办学规模中占有半壁江山的高等职业院校，随着国家经济的快速发展和职业教育进入快车道发展的新常态，探讨适合高等职业院校的法治教育也应提上日程。

第一章，对高等职业院校法治教育的理论论证。首先，对核心概念"法治"的理论渊源的阐述；分析法治与法制的区别与联系；同时结合法制教育、法学教育、道德教育以及思想政治教育的概念与本质，探讨了它们与法治教育在概念、内涵以及本质内容上的联系与区别；高等职业法治教育的培养目标及教育功能。其次，通过分析高等职业教育的培养目标有别于普通高等教育，它培养的主要是在生产、管理、服务第一线的高级技术应用型人才，与其他教育类型相比，高等职业教育具有职业性、技术性和实践性等显著特征，这些特征决定了高等职业院校法治教育的教学内容、教学特征都应遵循自身的规律，具有与普通高校法治教育不同的内容和功能。高等职业教育是实现人的全面发展的有效形式，法治教育又是实现人的全面发展的主要途径。在教育内容方面，针对高职教育的特点和学生发展的需求，应该在加强法律基础知识传授的基础上，培养契约精神、强化权益意识、提高法律能力。

第二章，高等职业院校法治教育的发展历程回顾。我国高职法治教育绝不是"海市蜃楼"凭空发展的，而是在我国高职教育三十年发展改革和新中国法治教育不断改进的过程中，各种社会力量共同推进的成果。从社会发展历程的视角分析，我国的高职教育是国家经济发展、社会进步的产物。在依法治国背景下兴起、发展起来的高职法治教育，有其独立的发展进程。依据我国高职法治教育发展历程中重大的历史事件，把其分为四个历史阶段，萌芽阶段（1980—1985）、确立阶段（1986—1997）、快速发展阶段（1998—2004）、高职法治教育全新发展新阶段（2005年至今），并对四个阶段的特点、取得的成绩与存在的问题进行了分析，为全面深刻的理解当前我国高职法治教育提供了历史依据。

第三章，对高等职业院校法治教育现状进行了全面的调研。通过向高职学生发放调查问卷、向高职师生以及多家用人单位的一对一的访谈，通过全面详细的数据汇总分析，对高等职业法治教育存在的问题原因进行深入研究。当前一些高职院校法治教育开展过程中存在一些误区，如高职院校法治教育的教学定位与普通高校趋同，缺乏高职针对性；高职法治教育教学模式创新不足，缺少借鉴高职专业实践教学的模式；管理部门、教师队伍对法治教育的理念落后于社会发展需要等。这些问题的存在与社会发展阶段的局限、职业院校师资力量有限等原因有关，但主要是高等职业院校对法治教育的认识不到位，如唯技术主义思想、功利主义的思想，一味追求规模与效益的思想，这些教育理念在某种程度上束缚了高等职业院校法治教育的快速发展。

第四章，分析论证高等职业院校法治教育创新的目标和原则。依据以人为本及全面发展的理念，借鉴世界上成熟的先进的教育理论，并且根据我国高职学生的实际情况和职业教育的特点，确定了掌握法律基础知识的基本目标、提升法律能力的直接目标、培养学生法治精神的核心目标以及促进学生全面发展的终极教育目标，推动探索教育内容的丰富和开放，教育方式的有效多样。同时，创新法治教育的原则，力争实现终极性目标与阶段性目标相结合、开放的教育内容与多样的教育方式相结合、法律基础课教学与法律教育实践相结合、法治教育专业性与高职教育职业性相结合的原则。

第五章，本章从教育内容、教育途径、管理体系和教育方法四个方面探索了高等职业院校法治教育的创新之路。一是在法治教育的内容方面，要在普及法律基础知识的基础上，突出对学生专业诉求的回应和满足，有针对性地进行专业法律教育及就业、创业法律素质培养。二是在教育途径方面，要发挥高职法律基础课教育主阵地的作用，加强法律对高职各专业学科的渗透作用，打造学校教学、企业实训、家庭教育、社会影响的立体全方位教育环境。三是整合高等职业院校法治教育的管理体系，健全法治教育领导体制、完善法治教育规章制度、提高法治教育队伍水平、拓展多元化的评价机制。四是探索高职法治教育方法，从单纯灌输式转变为讨论式多种方法，从封闭式教学转变为开放式教学，从单纯传授知识转变为专题式、项目化教学。

（二）研究的思路方法

从研究方法论的一般层面来说，本文是以实证研究为主，并力求做到规范研究与实证研究有机结合，采取了思想政治教育学、法学、教育学、社会学等多学科综合的方式，历史研究与实证调研结合的方法，从理论概念分析到发展历程梳理，再通过全面的问卷调查数据分析，探寻原因，论证目标原则，提出改进建议。

1. 研究思路

首先，系统梳理法治教育的相关理论，为研究高等职业院校法治教育的功能奠定理论基础。其次，以职业教育发展的历史考察为经，以新中国改革开放以来法治教育的发展阶段研究为纬，综合探索高职院校法治教育的发展历程和改革的经验教训。再次，通过对高等职业院校的学生、教师、学习管理等多方面的深入实证调研，审视当前我国高等职业院校法治教育的现状、剖析其存在的问题以及深层的原因,以期为我国高等职业院校法治教育改革提供有益的启示。最后,以前期研究成果为指导,思索高等职业院校法治教育的根本任务、目标和原则,探寻科学系统的教育路径、丰富和完善与高职院校学生相匹配的、适合其职业发展需要的法治教育内容,构建中国特色的高等职业院校法治教育体系。

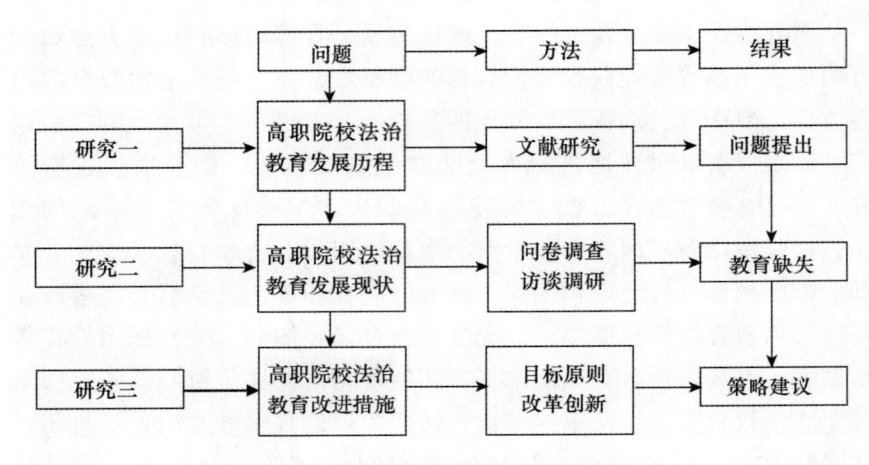

图0-1 本书研究内容与思路

2. 研究方法

第一,调查研究法。通过选取 15 个高职院校的 2000 名大学生为调查问卷的发放对象、对 160 名高职法治教育教师和 130 名高职毕业生就业单位的相关主管的深入访谈,实地考察高职院校大学生的法律素质和培育的实际状况,以实证分析和规范分析得出的准确数据,为高职法治教育的研究提供了真实的数据支撑。

第二,文献解读法。本书不仅通过对法治教育的经典文献、相关专著、各类核心期刊等各种重要文献进行翔实的分析和阐发,梳理、考证了我国高等职业法治教育三十年历程,而且广泛阅读党和国家的重要文献,充分了解法治教育领域学术界与政策实务层面的研究状况和动态,为高等职业院校法治教育改革建议的可行性提供理论支撑。

第三,比较分析方法。本书将注重比较分析方法的应用,不但在横的方面对国内外职业教育、法治教育理论进行对比研究，而且从纵的方面对高职法治教育的不同阶段的发展背景、阶段重点和特点、成就与不足的对比，揭示矛盾，寻找差异，从不同的角度对高职法治教育进行全方位、多层次的综合研究，力争达到整合创新高职院校法治教育的目的。

第四，历史研究法。本书首先对我国高职教育的历史发展轨迹进行描述，结合我国法治教育政策措施的演变，分析梳理了我国高职法治教育的发展脉络。通过历史研究法，既勾勒出我国高职法治教育研究的发展变化，又从对高职法治教育的发展历程的描述和分析中，探寻其发展规律，为我国高职法治教育改进提供切实有效的参考依据。

（三）研究的创新之处

本书站在高职法治教育发展历程的角度，回顾和分析了高等职业院校法治教育三十年的基本脉络和总体进程，从思想政治教育的视角对高等职业院校法治教育进行了系统梳理，总结职业法治教育的成功经验，大体勾勒出我国高等职业法治教育的发展轮廓。

第一，研究视角的创新。本书从高职法治教育发展历史的角度分析现状与问题的根源。当前国内关于高校法治教育的研究探索大多是一线教师教学类的探索，局限于对普通高校法治教育过程中某个环节或某个方面的研究，缺少对法治教育进行史学方面的研究。古今中外，法治教育都在一定的历史背景下进行的，都有其不同的国家政策、教育实践，全面研究法治教育就应该对其相关范畴进行必要的史学方面的梳理。尤其高职法治教育历史，更是没有得到研究学者的足够关注。本研究通过分析高职教育的发展变革历程，结合我国法治教育变革的历史背景，全面梳理了我国高职法治教育的发展脉络，分析概括了各个发展阶段的大事件和特点，为准确认识判断现阶段我国高职法治教育的问题以及其未来发展趋势奠定基础。

第二，研究对象的创新。以往关于法治教育的研究成果还局限于以当时社会形势下普通高校的法治教育为研究对象，并不能有针对性的指导新形势下高职院校的法治教育。我国高职法治教育与普通高等学校的法治教育有共性、普遍性的一面，也有个性、独特性的一面。而当前教育理论界对高职法治教育的研究，大多套用普通大学法治教育的模式，没有突出高等职业院校法治教育的个性、独特性。高等职业院校独特的培养目标、教育教学方式、专业和课程设计，决定了其法治教育的独特的职业性特征。本研究视角创新就在于突出了高等职业院校法治教育的特色，并对高职法治教育的目标、内容、特点、实施方式与途径进行了深化研究，克服现有研究的一般性。

  第三，研究方法的创新。法治教育缺失是我国高等职业院校改革发展过程中的一个突出问题。由于我国高等职业教育发展起步相对较晚，有关高职法治教育研究也相对比较落后，对高职法治教育的研究大多还局限于个别学校、某个地区的小范围的论证。本研究的运用定性与定量相结合的方法，对我国高职院校的法治教育现状、问题进行全面描述和深度分析，调查问卷调查涉及全国15个省（市）中有代表性的15所高等职业院校的2000名学生，以及23个城市中的160名高职教师、130名用人单位的老总或人力资源部门人员为问卷调查对象。如此大范围调查得到的第一手数据和对调查结果的科学处理，保证了研究结果的准确性和可信度，为进一步的深入研究提供了数据基础。

第一章　高等职业院校法治教育的学理分析

高职大学生作为社会的一分子，是建设法治国家、全面实现法治中国的主力军。他们是一个特殊的社会群体，是处于高等教育学习阶段的具有自身特点和学习专业特色的大学生。只有对他们进行有效的法治教育，鼓励他们积极参与到法治社会的建设中，才能不断加快法治国家的建设步伐。那么，法治教育是什么？与之相关的一些重要又易混淆的概念如何准确区分？高职法治教育的概念和特点是什么？这些看似简单的问题实际上关系到研究对象和研究范围的准确科学的界定。因此，在开篇之际，首先要对这些基础而又重要的概念进行阐释和界定。

第一节　法治教育与法治国家的关系

简单地说，法治国家"就是指主要依靠体现公平正义的法律来治理国家与管理社会，从而使权力和权利得以合理配置的社会状态"[①]。法治国家的建设是一个系统、复杂的系统工程。恰如孙晓楼所说："一国法律教育的得失，有关于国家法治的前途。"[②] 法治教育是实现法治国家的重要途径，是建设法治国家的支撑和动力。

一　民众法治品质是实现法治国家的关键

社会主义法治国家作为国家治理模式的一种崭新类型，是人类文

[①] 公丕祥：《法理学》，复旦大学出版社2016年版，第138页。
[②] 孙晓楼：《法律教育》，中国政法大学出版社1997年版，第6页。

明在社会发展过程中的新体现,是法治在新的历史时期和社会形态中的传承和发展,是中国共产党领导中国人民探寻治国理政方略的经验总结,更是我国社会主义法治建设的最新成果。

近代以来,中华民族就一直在追寻治国方略的道路上孜孜以求,最终探寻的焦点聚集于"法治"。我国数千年的封建传统,"法"即"律","法"是封建帝王统治百姓的工具而已,深厚的人治传统在中国有根深蒂固的影响。作为一个有深厚传统的国家,法治建设的每一个进步都来之不易,从中华人民共和国成立初到党的十九大,中国法治建设经历了多个重要节点。中华人民共和国成立之初,制定了一系列社会主义法律制度,"据不完全统计,从新中国成立到'文化大革命'前的17年间就颁布了1500件重要的法律、法规"[1]。尤其新政府推行人民政治协商会议制度、颁布五四宪法及相关民主法律,为新中国法治建设奠定了良好的基础。可惜"文化大革命"十年动乱,我国刚刚建设的社会主义法律制度受到无情的摧毁,但"无法无天"的社会动乱,也使人们更加深刻地认识到"法治"的重要性:国家要实现长治久安,必须依靠"法治"。

改革开放以后,中国的法治进程全新开始。1978年12月,邓小平同志在十一届三中全会前夕的中央工作会议上提出"有法可依、有法必依、执法必严、违法必究"十六字原则,并强调:"为了保障人民民主,必须加强法制。"[2] 从此吹响了社会主义法制建设和依法治国的号角。20世纪80年代初,邓小平还创造性地提出"两手抓都要抓、两手都要硬"的发展思想,即"一手抓经济建设,一手抓精神文明建设"。不论是"十六字"原则还是"两手抓"的基本策略,不但表述通俗易懂,而且在内涵上与法治理念一脉相承,在事实上推动了社会主义法治理念的加速形成。1980年,邓小平在中共中央工作会议上,再一次明确指出:社会主义民主与社会主义法制是不可分的。[3] 1982年颁布的新宪法提出:国家维护社会主义法制的统一和尊

---

[1] 邢国忠:《社会主义法治理念教育研究》,中国社会科学出版社2011年版,第46页。
[2] 《邓小平文选》第2卷,人民出版社1994年版,第146页。
[3] 同上书,第359页。

严，标志着我国的法治建设进入了一个新的阶段。1997年9月，根据社会主义现代化建设跨世纪发展的新要求，党的十五大正式把"依法治国"确立为中国共产党治国理政的基本方略。1999年3月，"依法治国"被正式写入宪法，"法治"从党的指导精神上升到国家意志。2011年，中国法治建设进入新的阶段，有中国特色的法律体系宣布建成。

但是，有了健全的社会主义法律体系并不等于建立了法治中国。判断是否实现了法治中国，还是要看法律在国家、社会以及公民眼中所处的地位，是"依法而治"（rule of law），而不仅是把法律当作统治社会的工具，仅仅"以法而治"（rule by law）。当今乃至历史上任何一个国家或王朝，都有自己的法律体系，但有法律体系的国家或王朝未必就可以称自己为法治国家。我国在展开大规模的社会主义法律制度建设后，仍然经历了一段很长的把法治作为治国基本方略的曲折的过程，依法治国不仅需要健全的法律制度，更需要严格地执行和遵守。社会的发展不仅需要法律来约束，更需要法律来促进。1997年9月，党的十五大首次提出：建设社会主义法治国家。从"法制"到"法治"的转变，标志着我国法治理念的重大改进，是对依法治国方针的进一步深化。

依法治国是一场意义深远的伟大社会变革，终将成为国家政治、经济、文化、社会事务、国际交往等各个方面活动的根本保障。2014年，党的十八届四中全会提出建设中国特色社会主义的法治体系。从2011年"法律体系"建成到2014年"法治体系"转变，代表着我们党的一次伟大思想变革，反映出我们党在治国理政理念方面的重大跨越，这是认识上的跨越、理念上的跨越，也必将带来实践上的跨越。不仅标志着我们国家将要在法律制度层面加强建设，更是预示着中国将会从深层次的执政理念上坚定不移地沿着"法治"的道路前进。

建设法治中国的目标不可能一蹴而就，理想很丰满，现实很骨感。我国法治建设日新月异，社会主义法制体系日趋完善，但社会上贪污腐败案件层出不穷，有法不依、执法不到位的现象依然存在，甚至是知法犯法的案例也不在少数，老百姓对国家法治建设的进步并没有切身的感受和获得感。日趋完备的法律为何没有让法治社会离我们越来越近?

关键在于人。恩格斯曾指出人是社会领域的决定因素:"无论历史的结局如何,人们总是通过每一个人追求他自己的、自觉预期的目的来创造他们的历史,而这许多按不同方向活动的愿望及其对外部世界的各种各样作用的合力,就是历史。"① 同样,在法治社会的建设过程中,人也是起到主导作用的。"人既是法律或法治的需要主体,也是法律或法治的运作主体。"② 在法治社会的建设过程中,人是立法者,是执法者,是司法者,也是守法者。法治的进程,或步履维艰、停滞不前;或大步向前、攻坚克难,决定因素在于人的法治品质。

民众的法治品质是实现法治社会的思想基础。正如伯尔曼所说:"确保遵从规则的因素如信任、公正、可靠性和归属感,远较强制力更为重要。法律只在受到信任,并且因而并不要求强制力制裁的时候,才是有效的。"③ 真正内心信仰法治的民众,才会遵守法律,信任法律,维护法治社会所需要的法治秩序。而缺少法律信仰,缺少法治品质,"法治"是不会自动由纸面的法律条文转变为法治社会要求的民众的行为模式和内心信仰。"如果一个国家的人民缺乏一种赋予这些制度以真实生命力的广泛的现代心理基础,如果执行和运用着这些现代制度的人,自身还没有从心理、思想、态度和行为方式上都经历一个向现代化的转变,失败和畸形发展的悲剧结局是不可避免的。"④

有着深厚封建专制传统的中国正在全面宣传实施依法治国的国策,是政府主导、从上而下推行的后发型法治国家。而西方原发型法治国家,是伴随着市民社会的成熟,已有近四百年的历史,二者有着截然不同的社会治理理念和法律传统理念。中华民族几千年的文化传

---

① 《马克思恩格斯选集》第4卷,人民出版社2012年版,第254页。
② 柯卫:《当代中国法治的主体基础——公民法治意识研究》,法律出版社2007年版,第10页。
③ [美]伯尔曼:《法律与宗教》,梁治平译,生活·读书·新知三联书店1991年版,第43页。
④ [美]英格尔斯:《走向现代化》,载徐学初等编《世纪档案——影响20世纪世界历史进程的100篇文献》,中国文史出版社1996年版,第435页。

统，特别是在基层社会里面，是不太提倡用法律办事的，即使是当前在乡村社会里，邻里之间产生了矛盾、发生了冲突，首先想到的是找邻居、亲戚或朋友来评理，而不是诉诸法律。这与西方特别是美国社会凡事凭法律办事，哪怕是父子之间也信法律不讲人情的社会理念，完全不是一回事。不可否认，从某种意义上讲，法律制度代表了一种精神价值，一种长远的历史传统。但问题在于它往往存在于西方原发型国家的传统，与我们的历史传统和文化传统相矛盾、相冲突。因此，必须从民众的心理入手，在全面实施依法治国的实践中，大力培养民众的法治理念，树立法治思维，养成依法办事的行为习惯，确立对法律权威的信仰，法治才可能真正体现其价值。

因此，建构法治国家所需要的主体基础、培养民众的法治素养，就成为我国法治建设历史进程中无法回避的一个重要节点和环节，而且这一节点和环节必将经历一个漫长且异常艰难的时间过程。

二　法治教育是提升民众法治品质的主要途径

如何才能让民众具备与法治社会相适应、相匹配的法律素养？答案就是实施法治教育。法治是历史发展过程中出现的一种社会治理模式，但是，这种治理模式的实现不是自发出现，而是社会多方面综合因素生成的结果，其中一项必不可少的条件就是民众具有符合法治要求的品质。这就必须有以广大民众为教育对象、以提升民众的法律素养为目的的教育活动。

提升民众素质的手段不止一种，但教育是其中最最有效的一种。正如马克思在《资本论》中对教育的评述，通过生产劳动和智育、体育相结合的方式开展的现代教育是造就全面发展的人的唯一方法。① 现代教育不仅要提高民众的生产水平，更重要的是解决提升民众综合素质的问题，而实现法治中国目标最根本的矛盾在人，因此，建设法治社会也只能通过教育——法治教育——来实现。正如孟德斯鸠所说："要接受最好的法律，人民的思想准备是如何必要的。"②

---

① 《马克思恩格斯选集》第2卷，人民出版社2012年版，第230页。
② ［法］孟德斯鸠：《论法的精神》（上），商务印书馆1961年版，第303页。

法治离不开教育，是因为人们对于法治不是生而知之。理论上讲，人的行动是由存在于自身头脑里的带有主观能动性质的所谓理性理念决定的。因此，要想建成法治社会，就要让法治观念深入每个个体的心和脑。现实是，任何观念都是后天形成的，这自然也包括法治观念。"合格的民主公民需要由教育尤其是学校教育而产生，这是人们的共识。"① 因此，要想让民众积极主动参与法治建设，就必须开展法治教育，通过多种法治理论和法治实践的灌输，在他们的潜意识里逐步建立起法治理念。不开展法治教育，不去主动影响和干预民众内在理念的形成，就无法培养出高素养的法治民众，也就难以实现规模化的、高效的法治实践。

由于受到几千年传统文化的影响，长期以来我国民众关于法治的知识和理念几乎为零，即使了解，基本也处于"守法、不犯法"的初级阶段，根本谈不上法治知识和法治理念。回顾中国漫长的历史，国家的治理一直是法与理并重，国家层面有完备的法律体系，但基层社会的治理主要依靠氏族体系和伦理道德。法律是统治阶层控制国家的统治工具，并没有真正教化于民、深入人心。随着清政府闭关锁国的政策被西方列强的坚船利炮打破，一方面西方法治思想开始强行渗入中国；另一方面也有极少数国人走出国门到西方留学，但真正能接触到法律知识，真正能受到法治思想启蒙的人是极少数，法治的影响力十分有限。当时之中国，内忧外患，民不聊生，能解决温饱已是广大民众之幸。不要说法治，就连教育和健康，他们都无暇顾及。中华人民共和国成立后，特别是改革开放以后，为了迅速恢复正常的社会秩序，在全社会广泛开展了法制宣传活动，有效的帮助广大老百姓掌握了基础的法律知识，也推动了我们国家的社会主义法制建设。要实现法治中国的目标，不仅要逐步完善健全各种法律制度，建立"法治体系"，而且要对公民进行法治观念上的教育，引导全社会树立法治意识。

"中国现代化法治不可能只是一套细密的文字法规加一套严格的

---

① 檀传宝：《公民教育引论》，人民出版社2011年版，第255页。

第一章　高等职业院校法治教育的学理分析

司法体系，而是与亿万中国人的价值、观念、心态以及行为相联系的。"① 作为一个高素质的法治社会公民，必须具有较高的法律素养；实现社会主义法治社会的建设目标，必须培养民众全面法治观念的养成。十八大以来，在总结几十年我国法治建设的经验教训的基础上，不但提出全面依法治国的目标，而且认识到法治教育的重要性，采取一系列措施强化法治教育。2014年我国设立宪法宣传日，习近平作出重要指示："要深入开展法制宣传教育，在全社会弘扬社会主义法治精神，传播法律知识，培养法律意识，在全社会形成宪法至上、守法光荣的良好氛围。"② 十八届四中全会更是站在全面推进依法治国全局和战略的高度，准确确定法治宣传教育工作的地位，明确提出法治宣传教育要更深入、更持久，要进一步突出法治宣传教育在全面推进依法治国中的基础地位和基础作用。

法治离不开教育，还因为法治的多样化和特殊性。作为人类社会发展到一定阶段，为了维护个人的权益而要求社会必须让渡一部分权利，这种社会尝试和政治实践，决定了法治具有鲜明的时代特性，不同时期有不同的法治模式；也决定了法治具有鲜明的地理特色，不同的国家、不同的地域的法治模式也不尽相同。正如列宁所说："教育工作者和共产党这个斗争的先锋队的基本任务，就是帮助培养和教育劳动群众，使他们克服旧制度遗留下来的旧习惯、旧风气，那些在群众中根深蒂固的私有者的习惯和风气。"③ 法治的多样化和特殊性，决定了只有通过教育，才能让民众认识法治的多样性和丰富性，充分地学习和分析借鉴多样化的法治建设经验，深入地分析、理解和批判不同的法治模式背后的社会基础，综合创新创建适合于本国的法治模式。

习近平总书记在十八届四中全会上强调坚持中国特色社会主义法治建设："全面推进依法治国，必须从我国实际出发，同推进国家治理体系和治理能力现代化相适应，既不能罔顾国情、超越阶段，也不

---

① 苏力：《法治及其本土资源》，中国政法大学出版社1996年版，第163页。
② 中共中央宣传部：《习近平重要讲话读本》，学习出版社、人民出版社2014年版，第84页。
③ 《列宁选集》第4卷，人民出版社2012年版，第303页。

能因循守旧、墨守成规。"① 因此，我们应该打造有中国特色的社会主义法治教育体系，根据我国实际国情，既要突出中国特色，汲取传统中国文化的精华，又要借鉴西方优秀的法治文明成果，采取科学有效的手段强化法制宣传教育。在实施法治教育的过程中，首先要坚持党的领导，尊重人民的主体地位，通过法治教育，提高民众的法治知识和法治理念，帮助他们了解我们国家国情的复杂性，认识到我们国家进行中国法治建设的特殊性。这样既有利于民众对我国法治建设的全面了解和认识，又有利于法治建设的理性发展，从而使全国人民齐心协力共同推进社会主义法治国家建设。

三 高等职业院校大学生是我国法治教育的重要群体

法治重在遵守和执行，"天下之事，不难于立法，而难于法之必行"。如果公民不具备法治意识，再完备的法律体系也不可能得到有效的执行；如果公民具备较强的法治意识，哪怕是法律体系不那么健全，也终会走向健全。政治家必须把法治建设的目光落在民众身上。法律最终是为人服务的，法治建设是围绕人展开的，制定法律离不开人，宣传法律离不开人，执行法律也离不开人。因此，培养人民的法治意识，尤其是塑造青年人的法治意识，对切实实现法治社会尤为重要。柏拉图举例说："如果孩子们从一开始做游戏起就能借助于音乐养成法律的精神，而这种守法精神又反过来反对不法的娱乐，那么这种守法精神就会处处支配着孩子们的行为，使他们健康成长。一旦国家发生什么变革，他们就会起而恢复固有的秩序。"②

法治教育应该也必须面向全体社会成员，但是由于在法治体系建设工作中，不同的群体、不同的个体承担着不同的责任和义务，有的要承担立法者的角色，有的要承担法治宣传者的角色，有的要承担执法者的角色。因此，对于不同群体和个体法治素养的要求也就有所不同。对于将要在法治体系建设中承担更多责任和义务的群体和个人，也必然是当前法治教育的重点培养对象。

---

① 《十八大以来重要文献选编》（中），中央文献出版社2016年版，第186页。
② ［古希腊］柏拉图：《理想国》，商务印书馆1986年版，第140页。

第一章 高等职业院校法治教育的学理分析

大学生就是这样一个群体。之所以把大学生作为法治教育的重点，原因在于他们将成为我国民主法治建设的主力军，在法治社会建设中发挥重要作用：第一，大学生是未来的立法者。当前人大代表的文化层次要求越来越高，今天的大学生有可能就是未来的立法者，将要承担起整个国家法制体系建设中的重中之重——立法工作。"立善法于天下，则天下治；立善法于一国，则一国治。"而加强对大学生的法治教育，可以推动科学立法、民主立法，使法律真正保障民众权益，实现良法善治。第二，大学生将要承担未来执法工作和司法工作。根据我国公务员法，绝大部分公务员岗位都要求公开考试竞聘，专科学历将是最低要求，可以说，对大学生的法治教育就是对未来执法者的教育，可以提高执法者的资质、强化执法者程序意识，确保法律公正、有效的实施。第三，大学生是依法治国的主要参与者。党的十八届四中全会《决定》提出建立更加严密的法律监督体系，要对法治运行进行全方位的监督，就必须提高国家机关及其工作人员的法律素养，确保立法、执法、司法、守法各环节在合法的范围内运转。随着高等教育的普及，以及具备高等教育学历群体的占比不断提高，大学生的法治意识和法治素养水平，在一定程度上决定着我国全体公民法治意识和法治品质的平均水平。

作为大学生群体重要组成部分的高职大学生，在法治教育中的重要地位更是不容忽略。作为为国家经济社会发展提供高素质技能型专门人才的高等职业院校，无论是从在校学生人数、每年毕业学生人数角度看，还是从其在推动我国高等教育事业发展中所起到的积极作用角度看，高等职业院校已经在高等教育中占据了半壁江山，并成为我国高等教育事业发展新的增长点。"高等职业教育由于其自身所具有的高等性和职业性的双重特性，在构建我国国民教育体系和终身教育体系过程中发挥了双重重要作用。"[①] 没有高职学生教育的成功，就不会有大学生教育的真正成功。高职学生是未来各行各业的技能型人才，是中国经济建设的中流砥柱，影响着整个国家经济的发展和进

---

① 《中国高等职业教育改革与发展报告——2009年度文件资料汇编》，高等教育出版社2010年版，第2页。

步。从这个意义上说，加强对高职院校学生的法治教育工作，就是在培养和塑造未来的具备较高法治意识和法治素养的法治体系建设的中坚力量。所以，改进高职法治教育工作，增强高职学生法治素养，有利于全面实现法治中国。

同时，加强高职院校的法治教育工作也具有很强的可操作性。一方面，高职教育首先具有高等教育的属性，这就从客观上决定了高职学生与高校大学生具有普遍的共性和特点，那就是具有较高的文化水平和学习能力、日趋成熟的生理和心理水平、基本成型但尚未定型的世界观、人生观、价值观，已经完全具备了接受较高水平法治教育的基础条件，这些都有利于法治教育在高职院校的有效展开。并且，高职教育更注重学生专业实践技能的培养，这与"侧重于法治实践性"的法治教育的目的是相适应和相匹配的。另一方面，高职学生的年龄阶段决定了他们有较为强烈的法治教育需求。高职院校的学生绝大多数是应届高中生，年龄大概在18—22岁之间，这个年龄段的个体有着非常强烈的个人意识、自我意识和权利意识，如果能够在高职学生学习专业实践技能、接受法治教育的过程中，结合企业文化、职业精神培育，融合体验教育、现场模拟等教育方式，更能在法治学习过程中做到知行合一，充分体现高职院校的优势。同时，高职教育阶段是学生从"学校人"向"社会人"转变的最后阶段，重视校企结合、开放式办学的培养方式，通过创新的法治教育方式，开展更有针对性的法治教育，帮助高职学生顺利实现从"学校人"向"社会人"的转变。

第二节　法治教育与相关概念的比较

法治，作为一个起源于西方古老的价值理念，是人类经过漫长的实践探索形成的一种治国方式。在英语世界中，关于"法治"的解释多种多样，以权威准确著称的《牛津法律大辞典》对法治的解释是："一个无比重要的、但未被定义、也不能随便就能定义的概念。"[①] 法治的含义体现在法律的某些原则和内容中，一是正义、公

[①] [美] 戴维·M. 沃克：《牛津法律大辞典》，光明日报出版社1988年版，第790页。

平、道德、程序等法律原则，包含着对个人价值和尊严的无限尊重；二是法律的内容是限制立法权和行政权，保护个人的正当权利和自由；三是强调政府要服从制定良好的法律。而《布莱克法律辞典》则定义"法治"为一抽象原则："政府的行为必须依照已经制定的、具有连贯性的法律原则，而非依照执政者在特定时候的偏好；司法判决必须依据法律作出，而不受诉讼当事人的身份或者法官个人情感的影响。"①

最早对"法治"进行准确定义的是古希腊的哲学家亚里士多德："法治应包含两重涵义：已成立的法律获得普遍的服从，而大家所服从的法律，又应该本身是制订的良好的法律。"② 即"良法善治"是我们对法治的最本质概括。这与我国"立善法于天下，则天下治；立善法于一国，则一国治"的善法思想有异曲同工之妙。

其后，虽然不同时代的思想家、法学家依据其社会大环境，对"法治"这个概念进行了不懈的思考和探索，提出了不同的观点，不断丰富"法治"理论，但是，由于法治思想的博大精深，难以对"法治"进行简单直接的定义。当代法学中，无论理论还是实践，"法治"仍然是一个十分重要的论题，经过学者不同角度、不同层面的分析论述，普遍认为"法治"包含多方面的含义，如法治是一种以法为主的治国方略，法治是一种依法办事的理性原则，法治是一种民主模式，法治是一种法律至上的精神，法治还可以是一种理想的社会秩序。

作为人类文明的智慧结晶，良法之治、法律至上、限制公权、保障私权是法治的基本内涵。全面实现依法治国，改进高职法治教育，最重要的就是培养高职学生的法治精神，教育学生树立对法律的信仰，认识到实行法治对社会稳定发展有重要的促进作用，是历史发展的必然规律，也是社会发展的需要。

---

① Bryan A. Garner, *Black's Law Dictionary*, Eighth Edition, Thomason West, 2007, p. 717.
② ［古希腊］亚里士多德：《政治学》，商务印书馆1965年版，第199页。

一 "法治"与"法制"

"法制"与"法治"相比,虽只是一字之差,却有不同的含义。我们往往认为"法制"是一个广义多层次的概念,包含着三个方面的含义:法律、制度和秩序,并且三者密切相连。"法律规范的创立和贯彻,必然形成制度和秩序,而制度和秩序的建立又必须以法律为依据。可见,法律是法制的核心,制度是法制的重要保证,秩序是实现法制的重要体现。"[①]

"法制"与"法治"相比较,虽然都可以看作古老的法律概念,看作人类的政治理想和治理国家的手段,但二者从起源上就有根本理念的不同。"法治",强调与"人治"的根本对立,强调法治是人类社会的一种治理方式,它不仅是一套制度,更重要的是人类的一套政治理念,即限制权力,保护各种正当的权利和自由,以及法律面前人人平等。而"法制",更符合我国古代传统文化中的法律思想,在维护统治阶级统治、促进社会稳定发展方面发挥了重要的作用,与现代真正的法治思想是不完全相同的。但毕竟"法制"思想理论的探索、经验教训的得失可以为我们发展法治理论、建设现代法治国家提供一定的借鉴。

我们的古人从夏朝就开始认识到法制在治国理政中的作用,春秋时期的管仲就强调法律制度是社会运行的规矩,"法者,天下之程式也,万事之仪表也"[②]。秦国时的商鞅,强调:"法者,国之权衡也",带有强烈的"工具主义"色彩。战国末期的韩非子的法治理念完全抛开向来在中国古代社会占据主导地位"德主刑辅"的基本主张,排斥主观道德、实行严刑峻法,认为:"威势之可以禁暴,而德厚之不足以止乱。"[③]"法制"更适合我国传统社会"人治"为主的国家治理模式,奉行的是法律的工具主义理念,虽然我们不能否认"法制"在促进社会稳定发展的作用,是我们祖先长期积累起来的智慧结晶,

---

[①] 靳诺:《德治法治与高校思想政治教育》,光明日报出版社2004年版,第242页。
[②] 管仲:《管子》,吴文涛、张善良校注,北京燕山出版社1995年版,第21页。
[③] 商鞅:《商君书》,张觉校注,岳麓书社2002年版,第23页。

是我国文明社会发展的产物,同"法治"一样也是人类文化的一部分,但其本质上还是具有时代的局限性和阶级的局限性。只有认清"法制"与"法治"的本质不同,避免"法律的工具主义",才能顺应时代潮流,以人为本建设法治中国。

简单概括,"法治"与"法制"的区别和联系,主要表现在四个方面:第一,二者属于不同的范畴。法制属于制度的范畴,具体指的是一套包括各类法律和制度在内的规则体系;而法治则不然,法治不是指具体的法律制度条文,而是指透过法律所体现出来的一种法律至上的理念,是一种治国的理论、原则和方法,这种理念不仅要求立法者要有,执法者要有,司法者要有,所有的民众都要有。从其内涵出发,法治是一个动态的过程,只有起点,没有终点。第二,二者的价值取向不同。法制突出的是法律制度所具备的工具性;而法治则不然,法治是法律制度的工具价值和目的价值的统一。第三,二者的内涵和外延不一样。内涵上看,法制就是指的法律制度,可以包含一个国家全部的法律制度;而法治不同,它既是一种治国理论,又可以是治国的原则和方法。从二者与人治的关系上看,法制和人治在某些人类发展阶段是可以统一的,法制可以维护人治社会;法治则明确地表现出与人治的对立性,统治者自身也要受到法律的约束,统治者也无法擅自修改法律,这种对立也是法治之所以区别于法制的本质特征。第四,从其依存的经济基础和政治制度上看,法制可以存在于各种经济基础和政治体制之中;法治则必然以市场经济和民主政治为基础。

总之,法制与法治是两个不同的概念,各自有自己的特殊含义和社会作用,两者互相区别,又紧密联系。"可以说,法治包含有法制的概念,法制是法治的一部分。"①

二 法治教育与法学教育

马克思主义认为,法律不是一个永恒的范畴,而是一个历史的范畴,是社会发展的阶段性产物,法律教育也是一个历史的范畴。法律教育以法律的存在为前提,以法律的内容为教育的内容,作为一个广

---

① 程燎原:《从法制到法治》,法律出版社1999年版,第266页。

义的概念，从教育目标的角度可以分为法治教育和法学教育，即"国家通过有目的、有计划、有组织地向学生传授系统化的法学理论，培养其法律实践技能，造就从事法律职业人才的活动，其他的传授法律知识、增强人们法制观念的活动不能被称为'法学教育'，而应该称之为'法律教育'或'法制教育'"①。

目前，我国的法律教育体系主要由以下几个层次组成：（1）面向固定社会群体的普法教育。主要是面向固定社会群体的、以普及基础法律知识为目的的教育活动，比如学校法律教育，比如企事业单位法律教育。（2）法律从业人员的专业学校教育。主要是面向未来的立法者、执法者、司法者等司法界工作人员，比如司法院校的法律教育，比如其他大中专院校的法律院系专业教育，等等。根据不同的学历，又分为研究生教育、本科教育、专科教育，等等。（3）立法和司法人员的专门培训和教育，主要是面向在职的立法和司法工作人员、以提高其工作能力为目的的培训和教育活动，主要方式有函授教育、脱产进修、专业技术培训，等等。（4）法学研究者和法学教育队伍的业务培训和教育，主要是面向在职的法学研究者和法学教师、以提高其工作能力为目的的培训和教育活动。（5）面向大众的社会法律教育。既有针对社会大众的各类法律讲座、免费的法律咨询、电视台广播电台互联网平台法律宣传栏目，又有法律专业的自学考试。所以从当前我国教育的体系上分，法治（制）教育指的是对社会大众的义务法律教育，以普及法律知识，提升国民法律素质为目的的普法教育。而法学教育是法律的专业教育，是针对法律专业人员及法律专业的大学生进行的从事法律专业进行的知识能力素质的全面培养。随着市场经济的发展和民主政治的健全，我们的社会不但需要大量法律专业人士，而且也需要全体公民知法、懂法和法律综合素养的提升，法治教育的重要性已经得到社会普遍的认同。

作为法律教育的两个分支，法治（制）教育与法学教育存在区别联系。虽然从形式上看，法治教育与法学教育两个词语仅仅一字之

---

① 洪浩：《法治理想与精英教育——中外法学教育制度比较研究》，北京大学出版社2005年版，第9页。

差，但二者在多方面有着千丝万缕的关系。首先，二者教育目标相似，都是培养教育对象掌握法律知识、树立法治理念；其次，二者教育内容相似，虽然在讲授的内容专业程度不同，但都是向教育对象传授法律知识和技能；最后，二者教学方法相似，都以课堂教学为主，兼用实践教学、网络教学等方法，大大增强了课堂外教学的实效性和针对性。

当然，法治教育与法学教育有本质的区别。虽然二者在形式、内容上有些相同，但不能抹杀两者在教育目标和培养任务上的根本不同。即在性质上，法治教育是提升民众法律素养的通识素质教育，而法学教育是一种培养法律专业人才的专业技能教育。具体区别在于：其一，从教育对象上看，法治教育面对的教育对象是非法学专业的全体在校生，法学教育的对象是法学专业的学生。其二，从学科定位的角度看，高校法治教育不是一个独立的学科，是隶属于高校思想政治教育学科的一分支，而法学教育，是具有独立地位的一个学科，包括许多法律专业学科，用于培养专业的法律人才。其三，从教育任务看，法治教育重在培养教育对象的法律意识和法律素养，最终目的是提高学生的法治社会适应能力；法学教育的任务是为了培养学生的法律职业运用能力，让其在校期间学习的法律知识成为他们日后开展工作的专业支撑，并养成工作后能在法治领域不断自我完善、自我提升的法律学习习惯。

综上所述，法治教育与法学教育二者虽一字之差，但内涵外延的区别是主要的，在教育内容和形式上的近似之处并不能模糊二者的不同，法学教育绝不能等同于法治教育，更不能取代法治教育。法治教育有其存在的重要意义和必要性，在其独立存在的教育领域，发挥着重要而独特的作用。

三 法治教育与法制教育

不论是法制教育还是法治教育，都是针对非法学专业、大众普法宣传而言的，都是以普及法律知识，提升法律素养为教育内容的非法学专业法律教育。基于二者核心概念"法制"与"法治"的区别与联系，法制教育与法治教育也存在一定的关系，既有发展阶段的衔接联系，又有价值理念的不同追求。

　　法制教育，可以说侧重于法律基础知识和法律制度规定的讲授，其目的主要是教育民众知法守法；法治教育侧重于法文化和精神的传播，其目的不但是让民众知法、守法，而且还要用法、信法，目的在于培养民众的法治意识和法治素养。也就是说，法制教育重点在于对现行法律制度的宣传和教育，目的在于让民众知法、懂法、守法，关注点在于维护秩序和维护民众个体的合法权益。而法治教育则是在法律制度教育之上，以提升民众法治意识和法治素养为目的教育，通过法治教育，不但希望民众能够做到知法、懂法、守法，还希望民众能够树立"法律至上"的理念，还能积极参与、推动法治体系建设。可以说，二者不论在内涵上还是价值追求上，都有很大的不同。

　　中华人民共和国成立以来，我国的普法宣传教育经历了从"法制教育"到"法治教育"的不同阶段。改革开放后很长一个阶段，我们对推行的普法宣传教育往往称为"法制教育"，直到 2014 年中共十八届四中全会，中央明确用"法治教育"取代"法制教育"。虽然字面上是一字改变，教育实践中却有重大意义，是从知识教育转向价值教育、从工具理性转向价值理性的时代选择。把"法制教育"变为"法治教育"既是法治国家建设的需要，也是培养人民法治品质、促进民众综合发展的需要。"法制教育"向"法治教育"的转变，不是仅仅局限于教育内容的丰富，而且还扩展到教育理念的升华，与教育价值从社会本位向个人本位的回归相适应。因为法治教育不但能够传授法律知识，帮助人们了解法治、掌握法治，而且更能够帮助人们运用法治，培养人们的法治意识、法治情感和法治能力的发展，成为较高法治意识和法治素养的人，具备较强法治实践能力，能够积极主动参与、推动法治体系建设的合格的法治社会成员。

四　法治教育与道德教育

　　法律和道德的关系是法学的重要问题，也是法治教育必须关注的问题，在弄清法治教育与道德教育的关系前，有必要明确法律与道德的区别和联系。法律分析实证主义的重要代表哈特认为，法律和道德的联系主要在于：一是道德是法律发展的重要影响因素；二是法律制度必须体现某种具体的道德。① 法律是成文的道德，道德是内心的法律。在全面实现社会主义法治社会的过程中，道德与法律相辅相成，缺一不可。

法治教育与道德教育的主要联系。法治教育和道德教育都是通过教育的方法规范主体行为，调整个人与他人，个人与社会关系的行为，在本质上是一致的。一方面，从教育内容来看，法治教育和道德教育的内容有些部分是重合的。一些道德教育内容会通过合法的立法程序转而变成法律条款，个别法治教育的内容如法律条款也会因其已经得到长时间的执行，具备了浓重的道德属性，法律法规具有鲜明的道德导向。另一方面，从教育功能来看，法治教育和道德教育都是通过对人的行为的约束和规范的教育，提高人的遵守社会规则的自觉性。教育主体主动或被动遵守法律和道德，会得到赞赏；违反法律或道德，会受到惩罚。只有坚持道德教育与法治教育有机结合，才能为全面建设法治中国创造良好的人文环境。要在道德教育中体现法治规范，突出法治内涵，培养主体的法治精神；同时在法治教育中，要发挥道德对法律的滋养作用，培养主体守法信法的道德意识。正如习近平总书记在首都各界纪念现行宪法颁布施行30周年大会上的讲话所说："法律是成文的道德，道德是内心的法律。我们要坚持把依法治国和以德治国结合起来，高度重视道德对公民行为的规范作用，引导公民既依法维护合法权益，又自觉履行法定义务，做到享有权利和履行义务相一致。"②

改革开放以来，在总结成功经验和深刻教训的基础上，我们探索出一条具有中国特色的社会主义法治教育道路，这就是，要坚持法治教育与道德教育相结合，强调道德教育对法治教育的支撑作用，发挥道德的教化作用。习近平总书记在十八届中央政治局会议上强调："要坚持依法治国和以德治国相结合，把法治建设和道德建设紧密结合起来，把他律和自律紧密结合起来，做到法治和德治相辅相成、相

---

① H. L. A. Hart, "Positivism and the Separation of Law and Morals", *Harvard Law Review*, Vol. 71, 1958, p. 593.

② 《习近平谈治国理政》，外文出版社2014年版，第141页。

互促进。"① 法治教育与道德教育必须两手都要抓、两手都要硬,不能偏废或弱化任何一方。弱化法治教育,坏人就无法得到应有的惩处;弱化道德教育,社会公众就会变成"精致的利己主义者"。"法安天下,德润人心。"② 一方面,把法治教育放到依法治国的基础地位,引导民众树立法律意识,养成尊法守法信法的习惯,成为社会主义法治的忠实崇尚者、自觉遵守者、坚定捍卫者;另一方面要大力实施全面道德建设工程,逐步提高社会大众的道德素质,让社会大众自觉主动地做社会主义道德的示范者、良好风尚的维护者。只有这样,才能实现法律和道德的良性循环与互动,从而促使社会大众既具备高尚的道德情操,又具有良好的法治素养。③

五 法治教育与思想政治教育

思想政治教育是指"社会或社会群体用一定的思想观念、政治观点、道德规范对其成员施加有目的、有计划、有组织的影响,使他们形成符合一定社会、一定阶级所需要的思想品德的社会实践活动"④。法治教育和思想政治教育有着密切的联系,二者在教育对象、教育途径、教育方法等方面相互支撑和配合,共同实现培养德才兼备、全面发展的人才的教育目标。当前学者们对于这个问题的关注点,集中于二者学科定位的问题,即高校法治教育是归属于思想政治教育还是与之并列。虽然,学者们对于高校法治教育的学科定位有诸多论述,但不论从中央相关部委有关文件精神的要求,还是高等院校长期以来的教育实践来看,法治教育属于思想政治教育的范畴。

法治教育可以丰富高校思想政治教育的内容,提高思想政治教育的实效。在当前高等教育改革创新的新时期,法治教育可以帮助学生提高规则意识,以外部强制力提高学生的思想道德水平。思想政治教育关注的是青年学生的思言行,目的是让青年学生的思言行符合道德

---

① 《习近平谈治国理政》,外文出版社2014年版,第145—146页。
② 习近平:《坚持依法治国和以德治国相结合推进国家治理体系和治理能力现代化》,《人民日报》2016年12月11日第1版。
③ 刘雪松:《公民文化与法治次序》,中国社会科学出版社2007年版,第225页。
④ 陈万柏、张耀灿:《思想政治教育学原理》,高等教育出版社2007年版,第4页。

规范要求；而法律对青年学生的要求是不能触碰法律底线，不能违法。不违法是思想政治教育对青年学生的最低要求，这是硬约束。从这一点上讲，法治教育与思想政治教育具有非常紧密的联系，思想政治教育搞得好，必然会大大降低学生的违法犯罪率，从而推动高校法治教育的发展；法治教育搞得好，学生法治意识和法治素养的提升，也必将大大降低思想政治教育的工作难度。二者相辅相成、互相促进，一旦形成良性循环，必将共同促进大学生素质的全面提升。

但另一方面，法治教育又离不开思想政治教育。"高校思想政治工作关系高校培养什么样的人、如何培养人以及为谁培养人这个根本问题。要坚持把立德树人作为中心环节，把思想政治工作贯穿教育教学全过程，实现全程育人、全方位育人，努力开创我国高等教育事业发展新局面。"① 高校的立身之本在于立德树人，只有坚持党的领导，坚持正确的社会主义方向，不断提高学生的思想政治修养，才能提高法治教育水平，办好高等教育，创建世界一流大学，增强国家核心竞争力。法治教育是高校思想政治教育的一部分，以普及法律知识、提升法治意识和法治素养、以培养高素质的综合型人才为教育目标，以思想政治教育为教育背景和学科依托，为学生一生成长奠定科学的思想基础。

第三节　高等职业院校法治教育的基本理论

作为法治教育的重要组成部分的高职法治教育，不论"高职"本身的概念界定、范围的划分，还是高职教育包括法治教育的特征和实践价值，都是我们进一步实证研究的基础。

一　高等职业院校法治教育的概念界定

在科学研究中，作为一种思维形式，概念最能够反映事物的本质属性，最能对一门科学进行准确的界定和表述，概念可以集中表述人

---

① 习近平：《把思想政治工作贯穿教育教学全过程　开创我国高等教育事业发展新局面》，《人民日报》2016年12月9日。

们对研究对象所具有的系统认知和观念。"高职学生法治教育"是由"高职""学生""法治""教育"构造的复合词,"高职"是高等职业院校的简称,其涉及的核心概念包括"职业""职业教育""高等职业教育"。三个概念的关系是范围逐渐缩小、内涵及特征逐渐明显集中的递进关系。

职业教育是一个词义广泛的概念,对它进行精准又全面的定义有很大的难度,但对职业教育的本质和核心进行提炼却是我们进一步研究的前提,因此,人们从未放弃对职业教育概念的总结,尝试着从不同的角度进行概括。比如扩展其范围,以广义和狭义划分:"从其(职业教育)最广泛的意义来说,职业教育是指对进入所有职业的个体所进行的准备性教育,因此,它包括全部的教育过程;如从狭义的角度来说,职业教育这一术语仅指那些在许多学校中开设的具体课程,这些课程旨在为学生们直接进入具体的技术性职业而进行准备。"①

对职业教育从类型上进一步分析,虽然它是一个很宽泛的概念,但从整体上剖析,职业教育又可以分为中等职业教育和高等职业教育。根据我国的教育实践,高等职业教育已经成为我国教育体系中一个非常重要的类型。而且从我国职业教育发展的历史和趋势来看,高等职业教育对社会发展的推动作用越来越显著,这是社会经济政治发展所决定的,是不以人的意志为转移的。

对"高等职业教育"给予最明确定义的是《中国教育百科全书》:"高等职业教育属于高等教育的范畴,目的是为了培养高等级的、实践应用型人才和高级技术工人的教育。"② 当前,我们国家的高等职业教育教育机构主要包括:高等职业院校、高级技工学校、职业技术师范学院(部分学制为四年)、短期职业大学、职工大学、广播电视大学、普通高等院校举办的函授、夜大,等等。为了增强研究的针对性和实效性,我们把研究的对象缩小范围,选取高职教育对象

---

① Samual M. Burt, *Industry and Vocational -Technical Education*, New York:McGraw Hill, 1967, p. 43.

② 张念宏:《中国教育百科全书》,海洋出版社1991年版,第92页。

第一章　高等职业院校法治教育的学理分析

的最主体部分，具体是高中毕业及中等职业院校毕业，进入各类职业技术学院，学制三年的高职学生。也就是说，本文研究的高等职业教育是为了培养高职学生达到从事某种职业所需的技能要求，教育内容主要是各类专业技术和实践能力，教育目标是让高职毕业生成为合格的高级技术、管理、操作人员的高等教育。而职业教育，与非职业教育相比，主要区别在于更关注实用的专业技能的培训和教育，但与此同时，职业教育也必须注重对教育对象的通识教育，只有这样，他们进入社会以后，才有可能真正成为公民和人类社会的一分子。①

法治教育体系是一个庞大的综合系统，按照其教育对象的不同，可以分为对普通群众、对党员干部、对各级学生的各种类型的法治教育，其中对学生的法治教育依据学生类型的不同，又可以分为小学、中学、大学的法治教育，而高职法治教育就是高校法治教育的一重要组成部分。所以，按照字面意思简单分析，高职法治教育就是关于高职学生的法治教育，"高职学生"是主体，"法治"是内容，"教育"是途径。综上分析概括，高职法治教育就是通过各种教育方法，把有关法律的基础知识、法治观念传授给高职院校的大学生，帮助他们形成关于"法治"的认知、情感、态度和能力的教育类型。

二　高等职业院校法治教育的地位和作用

强调高职法治教育的地位和作用，是我们进一步研究高职法治教育的基础和动力。只有充分认识到高职法治教育在高职教育体系中的重要地位，认清它对我国建设和谐社会，促进高职教育内涵式发展有重要作用，对推动高职依法治校，提升高职学生法律素养的重要意义，我们才能认真研究高职法治教育存在的问题和不足，积极整合调动全社会的力量改进高职法治教育。

（一）高职教育的重要地位和作用

所谓高等职业教育就是在整个职业教育体系中的高等级的教育。在我国职业教育体系中，高职处于"宝塔"顶端，是高层次的教育，是高等教育的重要组成部分。所谓的"高"，就是指高等职业教育是

---

① 潘文安：《职业教育 ABC》，世界书局 1929 年版，第 13 页。

为生产、建设、管理、服务一线培养高技能人才的。工作能力强、职业素养高的"高技能"是高等职业教育人才培养的特点。没有高等职业教育，我国的高等教育体系就是不完整的教育体系。如果想要适应经济全球化的浪潮，就必须高度重视职业教育，加大职业教育方面的投入。同时，随着我国国际化发展程度的加强，我们在改革创新的过程中也逐渐认识到，在全球化的竞争环境下，高科技人才和高技能人才是决定我们是否能够取得有利地位的关键因素，也是推进未来民主制度建设的基础。"只有高技能人才支持下的经济才能在竞争中取得有利地位，也才能成为下一世纪稳定的民主制度的基础。"①

从20世纪80年代初，高等职业教育作为我国改革开放的新生事物，已经显示出强大的生命力，不但成为我国高等教育的重要组成部分，而且在我国由教育大国向教育强国转变的过程中发挥了越来越重要的作用。高职教育不但为改革发展中的社会经济提供了大批高技能型人才，而且成为我国高等教育的重要组成部分，是我国高等教育大众化的重要途径和决定性因素。三十多年的高教改革实践证明，高职教育的成熟发展，是建设现代教育强国的必要基础，是完善现代教育体系的前提。

1. 高职法治教育的重要地位

在全面建设法治社会的大背景下，高职教育地位的提升是我们提高高职法治教育地位的动力和前提。历经几十年的艰苦探索，我国高职法治教育从无到有，从课程随意设置到由国家统一规定，高职法治教育的地位明显提高，已经成为职业教育体系中不可或缺的基础教育课程。

中央对高职法治教育高度重视。自从"05"方案确立以来，作为思想政治教育课程的重要组成部分的法治教育的重要性进一步强调，国家不但对高职法治教育的教材、课时、授课内容有了明确的统一规定，而且对师资培训、教学改革等方面也提出了建设性意见，使高职院校大大改变了以往借鉴模仿普通高校法治教育模式的尴尬境况。高

---

① [英]麦克扬·谢维和：《未来的课程》，王晓阳译，华东师范大学出版社2003年版，第80页。

职法治教育改革进入了有章可循、有据可查的新阶段，不但成为提高学生法律素养的主要课程，也是帮助学生树立社会主义核心价值观，加强思想道德修养的重要途径。

法治教育已成为高职院校立德树人的重要途径。坚持习近平总书记在全国高校思想政治工作会议上的讲话精神："要坚持不懈培育和弘扬社会主义核心价值观，引导广大师生做社会主义核心价值观的坚定信仰者、积极传播者、模范践行者。"① 作为我国法治教育的一项基础性工作，高职法治教育以社会主义核心价值观的重要组成"法治"为教育内容，引导高职学生了解认同社会主义核心价值体系的精神和内涵，是将社会主义法治教育内容内化于心、外化于行的必然要求和重要举措，是培育和践行社会主义核心价值观的重要保障和实现路径。

2. 高职法治教育的重要作用

党的十八届四中全会提出："推进全民守法，必须着力增强全民法治观念。要坚持把全民普法和守法作为依法治国的长期基础性工作，采取有力措施加强法制宣传教育。"② 因此，加强高职法治教育是时代发展的要求，符合法治社会建设和改进高职教育的总目标，是我们理性正确的选择。

第一，加强法治教育有利于帮助高职学生提升综合素养。伴随着我国高等教育的大众化，我国高职院校的招生规模也快速增加，加之高职教育招生政策的限制，高职学生的整体素质亟待提高是不争的现实问题。普遍看来，高职学生较之于普通院校的本科生，学习基础相对薄弱，法律素养较差，但他们同样有被尊重、被满足的法律诉求，甚至因为求学就业的压力会要求更强烈。加之家庭监护、学校管理不到位，高职学生更容易误入歧途。因此，加强对高职学生的法治教育，更有针对性的培养他们的权利意识、责任意识等法律素养，有利于高职学生健康全面发展。

第二，法治教育有利于高职院校依法治校。全面实现依法治国的

---

① 《习近平在全国高校思想政治工作会议上强调：把思想政治工作贯穿教育教学全过程开创我国高等教育事业发展新局面》，《人民日报》2016年12月9日第1版。

② 《十八大以来重要文献选编》（中），中央文献出版社2016年版，第190页。

目标的前提,当然要全面实现依法治国理论在高职院校的应用和实践,使高职院校的各项管理事务都按章管理,各部门办公都依法行事,因而高职师生的法律素养就成为依法治校的前提。此外,由于高职生源质量不高,校园学习风气欠佳,开放的办学模式使高职学生更容易受社会不良风气影响,加大了高职校园管理难度。加强高职法治教育,营造全面法治的校园文化氛围,是依法治校的主要方法,可以维护和促进高职教育的稳定发展。

第三,加强法治教育有利于推进和谐社会建设。高职教育开放性、实践性的特点决定了高职院校与社会联系越来越紧密的发展趋势,现实社会中的各种矛盾思想、各种意识交流越来越多的在高职院校里体现出来。而当前,随着改革开放进入攻坚期,构建社会稳定和谐的任务愈加艰巨。通过加强高职法治教育,引导学生正确认识世界和中国的发展态势,认识和把握社会发展的必然性,全面客观地了解自己和社会,提高高职师生运用法律的能力,养成自觉守法、遇事找法、解决问题靠法的习惯,不但可以提高高职院校法治化的管理水平,而且为维护国家稳定发展、实现社会和谐提供了强大的法治保障。

三 高等职业院校法治教育的特点

虽然高等职业教育和普通高等教育一样,都是我国高等教育体系的重要组成部分,但从科学定位的角度出发,我们还应重视高等职业教育具有职业教育的属性,是具有鲜明职业性的教育类型。高职院校的特殊情况和高职教育的特点,决定了相较于普通高校的法治教育以及社会上的普法宣传教育而言,高职院校的法治教育工作也有其特殊性。

第一,职业性。所谓职业性,就是高职教育的培养目标的设定以"职业性"为依据。高职培养目标在高职发展变革的过程中虽然有一定的调整,在高职各专业教学的开展中有不同的体现,但增强实践能力、满足岗位需要是基本的宗旨。与普通高校传授知识的模式相比较,高职教育以知识够用为底线,强调职业能力的培养,这就决定了高职法治教育在辅助强化职业技能的同时,还重视学生的人格教育和法律素养的培养。

第一章 高等职业院校法治教育的学理分析

高职法治教育是培养高职学生职业法律素养和促进高职学生综合素养提高的教育活动。在整个高职教育体系中，高职法治教育具有双重特性。一方面，高职法治教育具有高等学校法治教育的共性，即通过教育学生法律知识的学习和法律实践活动的参与来提高法律素养；另一方面，高职法治教育毕竟是职业教育体系中的一分支，具有职业教育的基本属性。高职法治教育不但是要向学生普及法律常识，还要培养学生的职业价值观、职业法律素养、依法维权的能力等。也就是说，高职院校的法治教育是建立在高职学生职业教育的基础上，内化在学生精神中、反映高职学生心理特征的法律素养，一旦形成，就会具有很强的稳定性，反过来又会促进高职学生职业素养的提升，从而会影响高职学生的整个职业历程。

第二，实践性。所谓实践性，是指高职教育模式的选择重在实践。高职教育所培养的学生不仅应该具有当代大学生必备的文化素养和基础理论，而且还必须掌握将来就业岗位所要求的职业技能。高职毕业生技术工人—主控工人—工程师—高级工程师的职业发展轨迹，决定了高职教育实践性的特点。即高职教育要强化学生的实践技能，着重培养其职业能力。"就业导向的职业能力系统化课程"是高职课程开发的理想模式，注重学生职业技能的培养与学生综合素养的提高。

高职法治教育也必须突出教育实践性的特点，因为只有通过实践教育，才能帮助学生切身体验法律知识，丰富对法律现象的认识，深化对法律规定的理解，从而增强高职法治教育的实效性。通过产学合作，校企合作等多种形式的教学实践，使学生在课堂学习中获取理念型、知识性的法律素养，并进一步在实践中锤炼。同时，高职专业技能教育的实践过程，又会把学生已经掌握的法律知识和已经形成的法律素养进一步加深强化，高职法治教育的形式获得不断的丰富和完善。

第三，开放性。与普通高等学校处在不同层面的高职教育，相比普通高校教育培养"通才"，强调知识面的特点不同，高等职业教育是强调满足市场需求，主张进行订单式培养，根据市场调整培养人才目标。高职院校以社会需求为依托，准确定位培养专业，办出高职特色。高职培养的不是学术型或研究型人才，而是适应市场需要、具有实际应用能力的高技能高素养的人才。高等职业教育的开放性，决定了高职的人才培养规格和专业设置，决定了高职课程的开发改进，决定了高职相关课程内容和大纲的设置。市场是高职教育的办学方向，谁能把握住市场的脉搏，谁就能与市场共舞，处于优先发展的前沿。

作为高职教育课程体系的高职法治教育，其定位决定了它更应关注经济社会、行业企业以及具体就业岗位的变化，以期及时调整法治教育内容和方式，使学生更好地适应市场社会的需求。具体在法治教育设置过程中，更加关注结合行业企业、就业单位以及具体岗位的实际需求，对法治教育素材和内容进行有针对性的筛选，实现高职院校法治教育与社会需求、学生需要之间的"无缝衔接"。即高职法治教育应该以就业需求为导向，突出实践性，结合学生年龄特点精心选择、设计教育内容和方法，重点培养学生走向社会以后所必需的法治意识、法治素养，特别是工作岗位要求必须具备的实用性法律知识。

第四，渗透性。所谓高职法治教育的渗透性，就是要把法治教育与专业教育有机结合，把课堂教学与校园活动有机结合，把学校教育与实习实训有机结合。因为高职学生法律素养的形成，绝非几节法律基础课教学以及几次法律实践培训就能做到的。以隐性的知识形态渗透在高职教育的方方面面，把法律素质培养与高职专业技能的培养融为一体，法治教育成为高职教育总的培养目标要求下的有机组成部分，和高职各专业教育共同促进学生素质的提升，并且达到在潜移默化的过程中提升学生法律素质的目标。

总之，我国高职教育主要指在我国教育体系中，具有高等性兼职业性的大专层次的教育，以培养应用型高级专业技能人才的教育。高职法治教育具有与普通高校法治教育显著的不同是高职教育的特点决定的，也决定了我们应有针对性地开展高职法治教育，切实提高高职法治教育的实效性。

第二章　我国高等职业院校法治教育的历史演变

在我国社会主义现代化建设和国民素质提高的伟大事业中，高等教育是其重要组成，高职教育又是高等教育不可分割的一部分；在我国民主法治建设的事业中，高校法治教育是其重要的抓手，高职法治教育又是高校法治教育中的重要一环。历史和实践一次次证明，高职法治教育的作用和地位不可替代，在我国教育事业中的地位越来越重要。但是，其现实存在还有许多问题，未来的发展之路更是充满挑战和危机。所以，必须梳理和总结历史，站在历史的高度反思其经验教训，才能推动高职法治教育的改进发展。其中有三个重要命题需要我们在理论层面作出科学解释。其一，高职教育的发展历程对高职法治教育的影响；其二，我国法治教育对高职法治教育的启示；其三，高职法治教育的基本经验和教训。这既是本章研究的重点，也是其研究的价值所在。

第一节　我国高等职业教育的发展历程

我国高职教育从20世纪80年代初孕育至今，已历经近四十年的改革探索。系统梳理高职教育发展进程中的重大事件以及国家相关方针政策的改变，有益于帮助我们更好地理解当前我国高职法治教育的问题与现状，为新阶段我国高职法治教育持续、快速发展提供历史借鉴。纵观我国高等职业教育发展历程，根据各阶段的历史发展特点，大体分为高职教育创立阶段、高职教育地位确立阶段、高职教育快速发展阶段、高职教育巩固提高阶段。

一 高等职业教育创立阶段（1986—1992）

随着"文化大革命"的结束，拨乱反正的十一届三中全会的召开，以发展经济为中心的国家建设全面展开，各地区各行业需要越来越多的国家建设人才，而以普通高校为主体的单一的高等教育结构，已经不适应经济发展的需要。同时，在教育资源稀缺的情况下，高等教育毛入学率只有1%，远远不能满足社会的需求。面对高等教育严重的供需矛盾，从中央到地方都在积极探寻发展高等教育的渠道，我国高等职业教育就是在这样的社会大背景下创立。

1980年我国第一个高等职业教育院校——南京金陵职业大学建立，"它是由国家教委于1980年批准建立的，是我国最早提出实施高等职业教育的学校，在我国高等职业教育发展史上起着里程碑的标识作用，它的建立拉开了我国高等职业教育的序幕"①。随后，国家教委又批准建立了合肥联合大学、江汉大学等13所职业大学。1983年，国务院在《关于调整改革和加快发展高等教育若干问题的意见》中倡议在一些经济水平较高的大、中城市，由一些大企业积极举办高等专科学校和短期职业大学。可以说，国家为了鼓励高职院校建设出台的这些强力政策措施以及一些职业大学在办学方面的有益探索，为我国高等职业教育的建设发展摸索了出路，积累了办学经验，也表明国家从一开始就认识到了高职教育发展的必要性。

1985年，我国从世界银行争取援助贷款3500万美元建立了17所职业大学，为我国高等职业教育探索提供了大力支援。在国家鼓励高职院校建设的一系列文件政策推动下，高等职业院校在学校规模方面得到了较快发展。到1985年，我国职工大学数量就达到了110多所，几乎遍布全国各地，以江苏、福建、辽宁居多。1989年，全国有职业大学117所，在校生7.5万人，专任教师近万人。②

1989年我国第一次全国教育工作会议召开，大会肯定了职业大

---

① 葛锁网：《高等职业教育人才培养模式研究》，研究出版社2004年版，第113页。
② 顾明远、梁忠义：《世界教育大系·中国教育》，吉林教育出版社2000年版，第526页。

学对社会发展的促进作用，总结了职业大学的办学经验，出台《中共中央关于教育体制改革的决定》（以下简称《决定》），要逐步建立结构合理的职业技术教育体系，积极发展高等职业技术院校。《决定》不但首次提出"高等职业技术院校"名称，还给出了明确清晰的高等职业教育定位：高职教育是适应经济社会发展需要以及行业、企业需求的职业技能教育类型，是与普通高等教育同属于高等教育体系的新型教育类型。这次会议对高职教育提出的指导性建议，对其创立奠定了政策基础。

1986年7月，我国第一次全国职业技术教育会议召开，明确提出创建"高等职业院校"，"高等职业教育"一词正式在我国官方文件中使用，可以说是我国高等职业教育正式成立的标志。1991年1月，第二次职业技术教育工作会议不但总结了近十年来职业教育工作的经验，而且讨论制定了今后工作的方向。到了1991年10月，国务院颁布《关于大力发展职业技术教育的决定》，对于建设有中国特色的、科学合理的职业教育体系进行了进一步的阐述。国家从宏观政策上对职业教育的重视，推动了高职教育的发展。

总体来看，一方面，这一时期的高职教育，经过大胆的尝试和积极的探索，取得了一定程度的发展，为高等教育的整体发展改革提供了新的思路；另一方面，此阶段的高职教育还处于艰苦的创业阶段，办学条件差、办学指导思想不明确、学科设置没有体现高职特色、培养方式不鲜明，探索具有自身特色的高职教育之路刚刚开始。但高职教育发展初期确定的招生模式，使高职教育的生源往往是高考失败的"失意者"；以及高职教育模仿普通高等教育、补充普通高校办学力量不足的"影子"的身份，这些历史因素对现代高职教育的改革发展都有一定程度的阻碍作用。

二 高等职业教育确立阶段（1993—1998）

中共十四大确立了建立社会主义市场经济体制、进一步解放和发展生产力的经济体制改革目标，在这个社会大形势下，如何使教育更好地为社会主义现代化服务就成为摆在政府面前急需解决的问题。为了进一步落实党的十四大精神，1993年2月，《中国教育改革和发展纲要》(以下简称《纲要》)颁布，这是一部对我国教育事业发展有重要推动作用的中央文献。《纲要》明确提出：发展职业教育的首要目的就是要满足市场经济和社会发展的需要。第一，《纲要》强调必须把优先发展包括高职教育在内的教育放在重要的地位，实现国家现代化的前提是首先提高全社会民众的科学文化水平和思想道德素质；第二，《纲要》规划了职业教育的发展蓝图，即通过吸引各种社会力量的重视和积极参与，统筹规划，通过多种形式兴办职业教育，开创职业教育的新局面；第三，《纲要》首次强调高职教育的重要地位，提出要改进产教结合、工学结合的培养模式，努力塑造符合经济社会发展需要以及行业、企业需求的实用型人才。可以说，《纲要》为我国高职教育在新阶段规划了发展的新方向。

1994年6月，第二次全国教育工作会议召开，《动员起来，为实施〈中国教育改革和发展纲要〉而努力》的主题报告，不但对高职教育的办学体制、发展方向、目标定位等作出说明，还提出通过"三改一补"的方式完善高职人才培养结构。1995年10月，国家教委为了落实《中国教育改革和发展纲要》的精神，下发了《关于推动职业大学改革与建设的几点意见》，进一步明确高职教育在我国教育事业中的地位和作用，具体提出了发展高职教育的基本要求和措施，要求通过切实加强对高职院校的领导管理促进高职教育的健康发展。

1996年高职教育发展大环境得到进一步改善。5月，我国第一部关于职业教育的专业法律《职业教育法》正式颁布，标志着我国高职教育的法律地位正式确立。这部法的颁布具有重要的时代价值和历史意义，它不但为高职教育今后的改革发展提供了全面有力的法律保护，而且标志着我国依法治教的全面展开。6月，进一步提升高职教育地位的第三次全国职业教育工作会议召开。会议明确发出了积极发展高等职业教育的政策信号，要从外部健全职业教育体系，从内部加强管理，提高高职的教育质量和办学效益。要通过依法治教、加强审批、规范学院命名等措施确保高职稳步有序发展，最终实现跨世纪的发展目标。

1997年《关于高等职业学校设置问题的几点意见》发布，将上海等十个省市确定为高职教育改革试点省市。这预示着，经过多年酝酿历经一波三折的高职教育改革工作正式提上了日程，并在随后掀起一波高职教育改革试点的新热潮。1998 年 2 月《面向世纪深化职业教育教学改革的原则意见》颁布，指出职业教育要培养适应现代化要求的应用型人才，要提高职业院校学生的综合职业能力和素质，在教学中不但要重视职业能力训练，还要加强通识教育，提高学生的思想和心理素质。1998 年《中华人民共和国高等教育法》颁布施行，高职教育正式列入高等教育序列。这是我国高职教育作为一个新的办学模式在我国教育体系中的地位得以明确，意味着我国高职教育发展到了一个新高度。

这一阶段，我国高职教育主要有两个发展特点：一是关于高职教育的一系列理论认识初步解决，发展高职教育的政策逐渐明确，高职教育的地位得以确立。1997 年 6 月，国家教委在邢台军需工业学校试办职业技术教育，邢台职业技术学院挂牌成立，标志着正式规范的、真正意义上的高职教育确立，高职教育迈入正规发展期。二是开始探寻高职教育的科学定位和办学特色。相对于普通高等教育，高职教育在专业设置、教育目标、教学内容、教学方法等方面都应该具有不同的要求。为了确立高职教育在高等教育中的地位，我们应该首先在理论上对什么是高职、高职的培养目标是什么以及如何实现有深刻认识，其后进行实践探索。可以说，这一时期的高职教育正在为凸显高等教育的特色而努力。

三 高等职业教育快速发展阶段（1999—2011）

20 世纪 90 年代后期，由于我国经济的快速发展，技能型人才短缺的问题愈发突出，通过加速发展高等职业教育提高劳动者整体素质已经迫在眉睫。针对这种局面，国家集中调整和出台了大量的教育政策，高职教育的改革力度和发展速度也空前提高，我国高等职业教育在 1999 年进入快速发展期。

1999 年 6 月，第三次全国教育工作会议对各阶段的教育进行了重大变革，国家大幅度扩大高等教育招生规模，我国高等教育踏上了大众化的道路，高职教育和大部分高等专科教育的管理权限由中央下放到省级。1999 年，全国高等教育本专科在校生达 718.91 万人，其中各类高职教育在校生达305.49万人,比上年增加23.27万人,增幅达8.25%。①我国高等教育大规模发展的序幕拉开,高职教育搭上了高等教育改革的顺风车,开始了大跨步地前进。

2002年7月,全国第四次职业教育工作会议召开,相比之前的三次会议均由相关部委联合组织召开,这次是以国务院名义召开的。因此,参与会议的领导规格更高,与会单位数量更大、政策力度也更强,社会各界特别是教育界高度关注。会后国务院颁布《关于大力推进职业教育改革与发展的决定》,强调建立全新的职业教育管理体制,即国务院领导,地方政府主管,分级负责,政府统筹,社会各方广泛参与。会后,相关部委根据国务院的意见和要求出台了两个重要的配套文件,一个是《关于进一步发挥行业组织、企业在职业教育和培训中的作用》;另一个是《关于进一步推动职业学校实施职业资格证书制度的意见》,在工作措施上提出了具体的、可操作的新思路。这次会议在认识上达成了新的、更高层面的共识,在政策推动上实现了前所未有的突破,推动了新世纪我国高职教育的改革与发展。

2004年4月,中央颁布《关于以就业为导向,深化高等职业教育改革的若干意见》,不但对我国自1999年以来高等职业教育的发展状况进行了大总结,而且提出了以就业为导向体现高等职业教育特色的办学目标,要求高职改革办学模式和人才培养模式,整合社会的办学力量。2004年6月,全国第五次职业教育工作会议召开,会后印发了《关于进一步加强职业教育工作的若干意见》,重申要大力发展现代教育体系,要建立起与社会发展相适应,以就业为导向、以服务为宗旨的高职教育。

2005年11月,全国第六次职业教育工作会议召开,明确指出发展职业教育是发展经济、充分利用人力资源优势的重要途径。通过实施示范性院校建设计划,推动高职院校提升造就高素质技能型人才的能力,带动全国职业院校提高水平、办出职校特色。这次会议后,从中央到地方,国家加大了财政支持力度,同时,通过实施"四项工程""四大计划""四项改革"等具体工作措施,来推动职业教育的

---

① 《中国教育年鉴》,人民出版社2000年版,第182页。

发展。通过国家一系列改革发展举措，2005年我国高职院校招生人数达268万人创历史新高。

2010年，《国家中长期教育改革和发展规划纲要（2010—2020年）》颁布，其中关于职业教育部分的规定是，不但把职业教育作为教育改革和发展的重点，计划到2020年形成"现代职业教育体系"，而且还对职业教育的培养目标提出了新的要求：职业教育不但应满足市场需求，还应提高学生的职业道德等综合素养，以达到全面提高学生就业能力的目标。《纲要》反映了国家对高职教育在内的职业教育的新认识和新政策，也显现了高职教育发展到了一个新的阶段。

1999—2011年是我国高等职业教育大发展时期，这一阶段的高职教育取得的成就明显，但由于历史原因，问题和困难依然颇多。其特点是：第一，我国高职教育经过多年探索终于进入实质性的实践操作阶段。我国高职教育开始走向跨越式发展，国家进一步提升职业教育的重要地位，多次召开高级别的职业教育工作会议，而且对于职业教育的政策逐步明确。第二，有中国特色的高职院校发展模式初步形成，高职教育的管理逐步规范。职业教育管理体制出现重大变革，开始建立打造多渠道、多规格、多层次的教育体系，建立中央和地方共同管理的管理体制。第三，高职教育的办学特色开始显现。随着对高等职业教育办学理论研究的深入，对现代职业教育办学理念的探索日臻成熟，高职教育目标逐步明确，以社会需求为基础、以实践应用为主旨、以产教结合、校企结合为基本途径的办学模式逐渐完善。高职不但注重专业建设，而且开始重视学生综合素养的提升，逐步形成了高职教育特色。

但是，这一时期的高等职业教育仍处于弱势教育的局面并没有改变，与普通高等教育相比，不论在教育层次上还是办学资源、教育投入上都处于劣势，社会认同度不高、招生困难。在办学类型和层次转型方面，不论由成人高校、普通专科转变还是由中专学校提升，由于认识的局限性，这种转变经历了漫长曲折的过程，与之相关的政策措施也出现多次反复。

四 高等职业教育全新发展阶段（2012 年至今）

党的十八大以来，随着我国改革进入深水区和关键期，高职教育服务社会进步和经济发展的功能进一步显现，大批优秀的高职毕业生为国家建设作出了巨大贡献，现代高等职业教育改革步入稳定推进状态。新的时期，党和国家对推进高职教育改革的力度也是前所未有，举国上下对发展高职教育的必要性已经达成共识，我国高职教育进入了全新发展阶段。

2012 年十八大后，中央提出要加快发展现代职业教育，促进高等教育提升内涵的改革，教育被放到了极其重要的地位。尤其十八大报告一改以往中央文件中"大力发展职业教育"的说法，增加"现代"两个字，强调"加快发展现代职业教育"。形式上的微小变化，背后却是国家对高职教育改革的新思路，高职教育改革被赋予新的内涵。2013 年 11 月，党的十八届三中全会秉承十八大精神，提出完善现代教育体系的建议，强调要深化校企合作、产教融合的职业教育特色，落实培养高素质的技能型人才的教育目标。十八届三中全会为新时期我国高职教育改革指出了新方向，对高职院校各项工作的开展有极强的现实指导意义。

2014 年 6 月，第七次全国职业教育工作会议召开。可以说，这是我国职业教育历史上最重要的一次工作会议，对高职教育的改革发展产生重大影响。会议召开前，中央就高度重视，充分准备，印发了体现本次会议核心精神的两个重要文件。其中《国务院关于加快发展现代职业教育的决定》对整个职业教育体系的教育目标进行了完善，指出高职教育不但要培养高水平技能型人才，促进就业、服务社会发展，还应全面立德树人，全面提高学生的综合素养；《现代职业教育体系建设规划（2014—2020 年）》体现了中央对职业教育的希望：要让职业教育推动社会发展，进一步满足国家技术进步、经济改革、社会服务的需要，同时满足学生成长成才的需要，促进教育公平。

2014 年职教会标志着我国高职教育进入新的黄金时期。为落实 2014 会议精神，中央采取了一系列部署和举措，积极建设现代职业教育体系，进一步加快职业教育现代化的步伐。无论是 2014 年教育

第二章　我国高等职业院校法治教育的历史演变

部的《关于开展现代学徒制试点工作的意见》，推动社会各方力量参与的中国特色现代学徒制，还是2015年印发《关于深入推进职业教育集团化办学的意见》，提出集中力量集团化办学的新思路。

2018年，《高等职业教育创新发展行动计划（2015—2018年）》成功收官。计划实施3年以来，高等职业教育整体实力显著增强，人才培养的结构更加合理、质量持续提成，服务中国制造2025的能力和服务经济社会发展的水平显著提升，促使高等教育结构优化成效更加明显，推动现代职业教育体系日臻完善。

2019年，国务院关于印发《国家职业教育改革实施方案的通知》再次强调把发展高等职业教育作为优化高等教育结构和培养大国工匠的重要方式。为了培养服务区域发展的高素质技术技能人才，提高生源质量，国家将启动实施中国特色高水平高等职业学校和专业建设计划，建设一批引领改革、支撑发展、中国特色、世界水平的高等职业学校和骨干专业（群）。

总之，党的十八大以来，我国高职教育迎来了新的黄金发展时期，高职教育服务经济社会发展的功能大幅加强。通过一系列政策措施，高职教育的理论探索和实践成果得到巩固和提高，高职教育有了质的发展。中国特色的现代高职教育体系初步形成。

表2-1　　　　改革开放以来关于高职教育的重要文件

重要法律法规及政策文件	实施时间
综合类	
关于调整改革和加快发展高等教育若干问题的意见	1983.04
中共中央关于教育体制改革的决定	1985.05
国务院关于大力发展职业技术教育的决定	1991.10
中国教育改革和发展纲要	1993.02
动员起来，为实施中国教育改革和发展纲要而努力	1994.06
中华人民共和国职业教育法	1996.05
面向世纪深化职业教育教学改革的原则意见	1998.02
中华人民共和国高等教育法	1998.09
中共中央国务院关于深化教育改革全面推进素质教育的决定	1999.06

续表

重要法律法规及政策文件	实施时间
国务院关于大力推进职业教育改革与发展的决定	2002.07
教育部等七部门关于进一步加强职业教育工作的若干意见	2004.06
国务院关于大力发展职业教育的决定	2005.11
国家中长期教育改革和发展规划纲要（2010—2020年）	2010.07
中共中央关于全面深化改革若干重大问题的决定	2013.11
国务院关于加快发展现代职业教育的决定	2014.06
现代职业教育体系建设规划（2014—2020年）	2014.06
国务院关于加快发展现代职业教育的决定	2015.07
教育部关于深化职业教育教学改革 全面提高人才培养质量的若干意见	2015.07
职业学校校企合作促进办法	2018.03
国家职业教育改革实施方案	2019.02
加快推进教育现代化实施方案（2018—2022年）	2019.02
高等职业教育类	
关于推动职业大学改革与建设的几点意见	1995.10
关于开展建设示范性职业大学工作的原则意见	1995.12
关于高等职业学校设置问题的几点意见	1997.09
教育部关于加强高职高专人才培养工作的意见	2000.01
关于以就业为导向，深化高等职业教育改革的若干意见	2004.04
教育部关于全面提高高等职业教育教学质量的若干意见	2006.11
关于进一步推进"国家示范性高等职业院校建设计划"实施工作的通知	2010.08
高等职业教育创新发展行动计划（2015—2018年）	2015.11

高职教育的发展对我国高职法治教育的启示。梳理我国高职发展历程，短短几十年，高职教育理念渐渐经历了由知识本位到能力本位，再到素质本位的悄然变化，这是我们对高职教育目标、教育方法、教育模式等范畴实践探索的收获，也是高职教育工作者们科研进步的成果。在改革开放初期，为了满足当时搞活国民经济的迫切需要，当时社会更看重高职学生的知识价值，教育目标上倾向于"知识

本位";到了20世纪90年代,随着改革开放的深入展开,产业升级和社会分工的加剧要求高职毕业生必须具备相应的能力,因此,当时的高职教育目标选择了"能力本位"。进入21世纪,知识经济的发展和学习化社会的进程,现代高职教育理念开始着眼于人的全面发展,为了增强学生适应知识社会的快速变化的能力,必须突破局限于培养职业能力的理念,全面培养具有当代社会需要的综合职业素质的人。因此,高等职业技术教育则更应强调法治教育的重要性,注重法律理论基础的实用性,法律基础课程内容强调应用性,法律课程体系设置体现职业性,法治教学过程注重实践性。

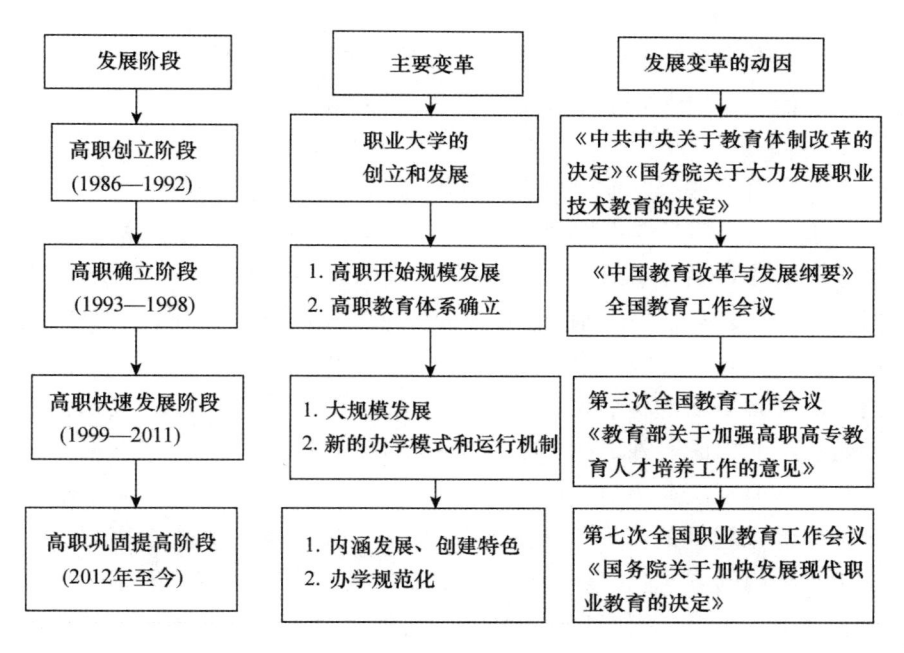

发展阶段	主要变革	发展变革的动因
高职创立阶段 (1986—1992)	职业大学的创立和发展	《中共中央关于教育体制改革的决定》《国务院关于大力发展职业技术教育的决定》
高职确立阶段 (1993—1998)	1. 高职开始规模发展 2. 高职教育体系确立	《中国教育改革与发展纲要》全国教育工作会议
高职快速发展阶段 (1999—2011)	1. 大规模发展 2. 新的办学模式和运行机制	第三次全国教育工作会议《教育部关于加强高职高专教育人才培养工作的意见》
高职巩固提高阶段 (2012年至今)	1. 内涵发展、创建特色 2. 办学规范化	第七次全国职业教育工作会议《国务院关于加快发展现代职业教育的决定》

图 2-1 我国高职发展与变革的基本脉络图

第二节 改革开放以来我国法治教育的发展历程

法治教育目标的实现和法治精神的养成不是一朝一夕的事情,尤其对于我国这样一个法治基础薄弱、"人治"传统根深蒂固的国家而言。现代意义上的法治教育的萌芽和发展，是在中华人民共和国成立之后，尤其是改革开放以后才真正开始的。通过全面系统的整理我国改革开放后法治教育的发展历程，总结其经验教训，探寻其内在规律，对于现代高职院校的法治教育改革探索有重要的启示价值。

正确的法治教育理念是顺利开展法治教育的前提。没有客观正确的法治教育思想为指导，没有广泛深入的法律知识宣传教育，就不可能把法治教育作为推动法治建设发展的重要途径。党的十八届四中全会强调"深入开展法治宣传教育""把法治教育纳入国民教育体系"，这是中央文件一改惯常用的"法制教育"，首次采用"法治教育"的表述。从"法制教育"到"法治教育"，虽一字之差别，却标志着改革开放后，我国法律宣传教育历经三十多年的实践探索，完成了从知法守法教育到提升法治思维能力、培养法律意识教育的转变，反映了我国法治教育理念的重大改变。

一 由"法制"向"法治"的转变

法治教育不是空中楼阁，不是"在白纸上作画"，它既是我国法治建设成果的重要体现，也是法治建设的重要途径。从"法制"到"法治"转变从文字的细微之处充分体现出了我国法治建设的改革发展轨迹。随着法治国家建设步伐的加快，我们对"法制"与"法治"内涵的解读不断加深，逐渐认识到"法制"与"法治"的关系：法制是法治的构成要件之一，是法治的前提和基础。"有法制并不一定有法治，但是没有法制，却绝对谈不上有法治，任何法治都是以法制为基础建立起来的。"[①] 法制的完备与否，关系到法治能否实现。而法治是法制的方向和归宿，法治社会的实现，也关系到法制是否可以真正完备。当今，我们建设有中国特色的社会主义，需要健全的法律制度、良好的法治，也需要完善的民主制度，真正的法治。

从"法制"到"法治"的改变是我国法治建设理念的新突破。从价值取向上看，法制突出的是法律制度所具备的工具性，其目的在于维护社会秩序，强调的是将社会行为纳入法律控制之下，形成法律

---

① 张文显：《法理学》，高等教育出版社2011年版，第332页。

第二章　我国高等职业院校法治教育的历史演变

秩序；而法治则不然，法治是法律制度的工具价值和目的价值的统一，是维护社会秩序和尊重公民权利自由的统一。同时，法制状态是可能通过专治和集权的方式达到的；法治却只有在社会公众的权利和自由得到充分、有效保障的前提下才有可能实现，民众对法律的认同和信仰是实现法治的基础。回顾我国法治建设的探索变革，不同的治国理政理念体现出了不同的法治理念，先是提出"以法治国"，后提出"依法治国"；先是提出"法律思维"，后提出"法治思维"；先提出"建设社会主义法律体系"，后到"建设社会主义法治体系"，每次转变，都体现出不同时期的法治理念的转变，集中到一点，那就是：从"法制"到"法治"。从"制"到"治"，反映的是我国治国理念的升华，是社会主义法治建设的进步。

在我国法治建设的历史进程中，党和国家的治理思路从"法制"到"法治"的转变不是一蹴而就的，而是经历了一个反复的过程。中华人民共和国成立初期，百废待兴，为了确立新政权的合法性、巩固新政权，新执政的中国共产党从废除刚性的旧法规、确立新的法规入手，以确保政治统治和阶级斗争为指导思想，法治建设的工作重心是建立完善法律制度。虽然中华人民共和国成立后法制建设从无到有，取得了初步成果，但可惜的是，由于十年"文化大革命"使原本就相对薄弱的法治教育基础被破坏殆尽，正在探索中的法治教育迷失方向走了弯路，可以说这是新中国法治教育第一次重大挫折。但这一教训也从反面让我们认识到法治教育对国家建设和社会发展的重要性。

1978年十一届三中全会后，经过全面的拨乱反正，国家各个领域的改革全面推行，市场经济基础上的法治建设迅速恢复发展。党中央在十一届三中全会公报中明确指出："为了保障人民民主，必须加强社会主义法制。"[①] 虽然受阶段认识的局限性，公报仍沿用"社会主义法制"的说法，却为现代法治思想突破打下基础。1978年学术界展开"法治"与"人治"关系大讨论，出现三种比较有代表性的观点，第一种是完全法治论，认为人治与法治是绝对对立的，必须彻

---

① 《三中全会以来重要文献选编》（上），人民出版社1982年版，第11页。

底抛弃人治推行完全的法治;第二种是人治法治结合论,主张根据法治与人治的特点取长补短;第三种则完全否认法治与人治的关系,主张抛弃上面两种说法。最终,受制于当时社会大环境的影响,以"法制论"胜出。虽然当时很多人认为,"法治"是西方资产阶级思想的产物,结果实际上是中央政府肯定了"法制"而否定了"法治",但这次大讨论推动了法治观念的树立,在理论界达成共识:只有抛弃人治、实行法治,才能真正实现国家治理的目标。

经过近几十年的执政探索和不断总结,党和政府也逐渐认识到"法治"和"法制"的重大区别,逐渐明确了"法治"的内涵及其对于国家社会发展的重大意义,在法律制度逐步健全的基础上,法治观念在中国社会初步树立起来。1996年2月8日,江泽民同志代表中共中央在一次法制讲座中指出,加强社会主义法制建设,实现依法治国,是邓小平理论的重要组成部分,是我们党和政府治国理政的重要方针。[①] 报告不但明确提出"依法治国"的理念,而且详细阐述了依法治国的地位、内涵及意义。1996年3月国务院总理李鹏在八届全国人大四次会议上指出:"加强法制建设,依法治国,建设社会主义法治国家,是实现国家长治久安的重要保证。"[②] 1997年党的"十五大"强调,依法治国、建设社会主义法治国家是历史发展的必然。1999年,九届人大二次会议正式将"依法治国,建设社会主义法治国家"写入宪法。至此,法治成为党和政府治国理政的宪法原则和基本理念。

总结改革开放前三十年"人治"的教训,经过改革开放后二十年的探索,党和国家选择了社会主义法治的发展方向,这一选择顺应了当代政治经济文明的发展趋势。中华人民共和国成立初期,中央在以法治国的过程中,关注法律的工具价值,强调形式法治,凸显的是法律工具主义,可以说是"法制"建设;在中共十五大之后,对法治的理论认识深化,更多的关注法律的内在价值,凸显的是法律价值主义,实质追求的是"法治"建设。

---

① 《江泽民文选》第1卷,人民出版社2006年版,第511页。
② 《十四大以来重要文献选编》(中),人民出版社1997年版,第1775页。

第二章 我国高等职业院校法治教育的历史演变

表 2-2　　改革开放以来关于法治教育的重要文件

时间	重要文献	相关内容
1978.12	《中国共产党第十一届中央委员会第三次全体会议公报》	"为了保障人民民主，必须加强社会主义法制"，引起学术界关于"法治"与"人治"大讨论
1980.12	邓小平关于《贯彻调整方针，保证安定团结》的报告	首次提出"在党政机关、军队、企业、学校和全体人民中，都必须加强纪律教育和法制教育"
1982.09	邓小平在中共第十二次全国代表大会上的开幕词	"要在全体人民中间反复地进行法制的宣传教育，从小学起各级学校都要设置有关法制教育的课程，努力使每个公民都知法守法"
1997.09	江泽民在中共第十五次全国代表大会上的报告	"发展民主必须同健全法制紧密结合，实行依法治国。""深入开展普法教育，增强全民的法律意识"
1999.03	九届人大二次会议通过宪法修正案	"依法治国，建设社会主义法治国家"纳入宪法
2002.11	江泽民在中共中央十六次全国代表大会上的报告	"加强法制宣传教育，提高全民法律素质，尤其要增强公职人员的法制观念和依法办事能力"
2007.10	胡锦涛在中共第十七次全国代表大会上的报告	"全面落实依法治国基本方略，加快建设社会主义法治国家。""深入开展法制宣传教育，弘扬法治精神，形成自觉学法守法用法的社会氛围。"
2012.11	胡锦涛在中共第十八次全国代表大会上的报告	"深入开展法制宣传教育，弘扬社会主义法治精神，树立社会主义法治理念，增强全社会学法尊法守法用法意识"
2013.11	十八届三中全会公报《中共中央关于全面深化改革若干重大问题的决定》	"推进法治中国建设""维护宪法法律权威""健全社会普法教育机制，增强全民法治观念"

续表

时间	重要文献	相关内容
2014.10	十八届四中全会公报《中共中央关于全面推进依法治国若干重大问题的决定》	"增强全民法治观念，推进法治社会建设""必须弘扬社会主义法治精神，建设社会主义法治文化""推动全社会树立法治意识，深入开展法治宣传教育，把法治教育纳入国民教育体系和精神文明创建内容"
2016.08	全国教育系统开展法治宣传教育的第七个五年规划（2016—2020年）	全面提升教育系统法治观念和法律素养，切实将法治教育纳入国民教育体系，形成学校、家庭、社会"三位一体"青少年法治教育格局，坚持普法与法治实践相结合，不断提高教育系统依法治理水平

二 由"法制教育"向"法治教育"的转变

像"从法制到法治"一样，"从法制教育到法治教育"，同样具有内在的合理性和时代必然性。从"法制教育"转变到"法治教育"，标志着我们的法律宣传教育从知识层面提升到了意识层面，逐步实现文化与精神一体化的教育与传播，最终提高民众整体性法律素养。这一重大转变是国家治理方式从人治到法治转型的结果，是历史发展的必然选择，标志着党和国家治理水平的提升。否定人治、实现法治，并以建设法治国家为最终目标是"从法制教育到法治教育"最重大的价值。

在20世纪的七八十年代，"文化大革命"之后百废待兴，法治基础薄弱，为此，不仅要加快法治建设，更要进行法律宣传教育。1980年12月，邓小平在中央工作会议闭幕式上的报告《贯彻调整方针，保证安定团结》中提出："在党政机关、军队、企业、学校和全体人民中，都必须加强纪律教育和法制教育。"[①] 这是自十一届三中全会以来党首次提出"法制教育"的指导思想。1982年9月，党的十二大报告继续强调："要在全体人民中间反复地进行法制的宣传教育，从小学起各级学校都要设置有关法制教育的课程，努力使每个公民都

---

① 《邓小平文选》第2卷，人民出版社1994年版，第360页。

第二章 我国高等职业院校法治教育的历史演变

知法守法。"① 显然，当时我国处于法制教育阶段。

法制教育侧重于法律法规浅层次的宣传教育，即法制教育的最主要目标是教育对象的知法和守法。例如1995年《关于加强学校法制教育的意见》就明确规定，学校法制教育的主要教学目的就是通过向学生传授法律基础知识，帮助他们初步了解和认知社会主义法制体系，最终达到培养守法公民的教学目标。"法制教育"的这种教育内容设置和教育目标的定位，有其时代的合理性、教育实践的迫切性。

然而，随着全面依法治国的深入，仅仅满足于知法守法的法制教育已经不能适应社会主义法治实践的需要，法治教育必须提到日程上来，因为"这种宣传方式弱化了人们对法律价值的哲理思考和文化反思，很容易造成公民的消极守法，无法使其对法律产生深切的体验和发自内心的信仰"②。而"法治教育"不但让民众知法、守法，更重视培养其用法、信法、护法的自觉意识。法治教育确立以权利自由为核心的法治教育理念，建立完备的以权力控制和权利维护的国家机制，确立以宪法为核心的法律信仰教育目标，这些方面都是提升民众法律素养、全面实现法治国家的新要求。从十五大"法治"正式成为我国治国理政的基础策略，到十八届四中全会明确以"法治教育"代替"法制教育"，历经了三十多年漫长曲折的探索过程，是中国共产党作为执政党逐步重视人权保障的过程，是国家培养民众权利意识、提升其法律素养的过程。

（一）从党的文献看"法制教育"到"法治教育"的转变

作为一个缺少法治传统、法治基础薄弱的国家，我国的法律教育一直推行以国家为主体、自上而下的宣传模式，中国共产党作为执政党在法律教育中担任了总设计、总指挥的角色，所以通过党的重要相关文献整理分析，我们可以追寻到我国法治教育改革的轨迹。在法制教育初期，受制于法治理念发展的时代局限性，我们更多关注法律的工具价值，追求形式法治，法制教育本质上是知法守法的教育。直到十五大，党对保障人权、公平正义的法治理念有了本质的认识，全面

---

① 《十一届三中全会以来重要文献选读》（上册），人民出版社1987年版，第494页。
② 柯卫：《社会主义和谐社会与法治精神研究》，法律出版社2012年版，第302页。

确立依法治国的策略。这表明，我国的法治教育途径及教育目标已经明确，由"法制教育"到"法治教育"的改革序幕徐徐拉开。

我国对社会主义法治理论的研究是一个逐步深入的过程。十六大以来，党中央对社会主义法治的本质和规律的探究更加深刻，在"全面依法治国方略""中国特色社会主义法律体系建设"方面提出了许多重要的概念和思想，如"社会主义法治理念""法治思维""尊重保障人权"等。十六届六中全会专门阐述了"加强制度建设，保障社会公平正义"的具体要求，并且再次强调"加强社会主义法律体系建设"和"尊重和保障人权"。党的十七大提出要通过全面开展普法宣传教育大力弘扬法治精神，在全社会营造"人人学法、守法、用法"的良好社会氛围。此阶段不但提出更多法治教育的相关概念，而且对它们间的关系也展开了深入的探讨。如法治理念、法治意识、法治观念、法治精神四个概念是密切交织又逐步发展的关系，培养法治观念是法治教育的最初目标，而法治理念属于法治意识的理性认识阶段，是培养法治观念的中级目标，而法治精神又是法治理念通过法治实践提炼升华的更高层面，法治教育的最高目标就是养成法治精神。在法治教育的过程中，民众法治精神一旦生成，其法治理念必将普遍提升，而民众的法治理念越是接近并反映这个国家的法治精神，其法治化程度就越高。培养法治精神的提出和践行，标志着我国法律教育改革，正从法律知识意识的浅层面深入到法治精神的内核。

党的十八大以来，我们的依法治国不论理论探索还是实践探索都进入了全新阶段，对于新时期的法治教育的理论和实践也取得了新的成果。党的十八大报告指出，要进一步发挥法治在国家和政府治国理政、管理社会中的积极作用，要在全社会弘扬社会主义法治精神，树立社会主义法治理念，营造"人人学法尊法守法用法"的社会氛围；十八届三中全会则提出，要努力健全和完善社会普法教育机制；十八届四中全会报告进一步强调了持续、深入、全面地开展法治宣传教育的重要性和必要性，明确提出要把法治教育纳入我国的国民教育体系，这是中共中央第一次在正式文件中出现"法治教育"的明确文字表述，一改以往"法制教育"的提法，标志着我国法律宣传教育历经三十多年的实践探索，完成了从"法制教育"到"法治教育"

的转变,我国法治教育改革进入了新的阶段。

(二)从"五年普法"看"法制教育"到"法治教育"的转变

作为我国法律教育重要组成部分的历次"五年普法"教育活动,从1986年实行第一个"五年规划"至2016年"七五"普法,我国的普法宣传已经进行了三十年。"而立之年"后回首,普法宣传教育的每一步进展都是与中国改革开放后国家法治建设的变革紧密联系。走到第七个"五年普法",我国法治教育理念实现了从知识性传授、法律意识的灌输到法治精神的培养的转变过程,一言以概之就是从"法制教育"到"法治教育"的转变。

"一五""二五"普法阶段是我国普法宣传的开端,普法教育侧重于基础理论常识。经历十年"文化大革命"冲击后的国家深刻认识到法治建设的重要性,顺应社会形势的需求,党和国家作出了加强法制教育的决定。1985年11月,伴随着《关于在公民中普及法律常识的决定》的通过,第一个五年普法教育活动正式启动。但是受制于当时法制建设尚处初期的认识局限,无论是"一五"普法,还是"二五"普法,法制教育的主要内容是"十法一条例"的法律常识和与群众工作生活相关的法律基础知识,对法制教育的初衷主要是促进社会稳定、教育民众知法守法。这个阶段是理论界对"法制"与"法治"的讨论萌芽期,所以法制教育当然也处于探索起步阶段。

从1996—2010年,可以说是我国普法宣传的上升期。"三五"普法阶段,依法治国的理论确立,"法治"取代"法制"成为我国新时期的治国方略,普法宣传教育迎来发展的春天。在"三五"普法工作展开过程中,第一次提出理论要与实践相结合,普法侧重点开始从教育民众"学"向鼓励民众"用"转变。"四五"普法规划就明确提出:不仅要让公民知法、守法,而且更要学会用法、护法。"五五"普法则在总结往年经验的基础上,提出要在全社会加强公民的民主法治、公平正义的法治理念教育。这一阶段我国普法教育实现了转型并步入了"法律至上"的新阶段。

2011年开始的"六五"普法标志着我国法治教育进入提升期。这一阶段的显著特点就是开始重视法治理念的教育和法治精神的培养,在民众法律素养显著提升、我国社会主义法律体系基本形成的大背景下，2012年党的十八大不但再次强调弘扬法治精神、树立法治理念的重要性，并确立了法治教育的重点是培养民众"法治思维"和"法治方式"的教育目标。十八届四中全会正式提出"法治教育"的提法，标志着我国法律教育完成从"法制教育"到"法治教育"的转变。2016年开始的第七个五年法治宣传教育工作已经全面展开，"七五"普法规划再次强调注重弘扬法治精神、培育法治理念、树立法治意识，要引导社会民众自觉养成"学法守法尊法用法"的好习惯。至此，我国法治教育进入全面推进的成熟发展时期。

总之，从"法制教育"到"法治教育"的变化过程就是我国民主法制建设不断发展的进程，是法治教育的作用逐渐凸显的过程。无论从十五大以来的中央法治教育指导思想的变化，还是从历次"五年普法"的规划和实践的改进，都有力地证明从"法制教育"到"法治教育"的转变，是历史发展的必然。

表2-3　　我国历次"五年普法"时间规划与目标

普法阶段	时间与规划决议	普法教育目标
"一五"普法（1985—1990）	1985年11月5日，中共中央、国务院转发《关于向全体公民基本普及法律常识的五年规划》的通知，《全国人民代表大会常务委员会关于在公民中基本普及法律常识的决议》（1985年11月22日）	向全体公民基本普及法律常识，教育民众学法、守法
"二五"普法（1991—1995）	1990年12月13日，中共中央、国务院关于批转《中央宣传部、司法部关于在公民中开展法制宣传教育的第二个五年规划》通知，全国人民代表大会常务委员会关于深入开展法制宣传教育决议（1991年3月2日）	法制宣传教育的主要目标是培养社会主义的民主与法治观念
"三五"普法（1996—2000）	1996年4月8日，中共中央、国务院关于转发《中央宣传部、司法部关于在公民中开展法制宣传教育的第三个五年规划》的通知，全国人民代表大会常务委员会关于继续开展法制宣传教育的决议（1996年6月15日）	进一步增强公民法律意识和法制观念，不断提高各级干部法治水平和能力，促进依法建设法治国家

续表

普法阶段	时间与规划决议	普法教育目标
"四五"普法（2001—2005）	2001年5月27日，中共中央、国务院关于转发《中央宣传部、司法部关于在公民中开展法制宣传教育的第四个五年规划》的通知，全国人民代表大会常务委员会关于进一步开展法制宣传教育的决议（2001年4月28日）。	实现由提高全民法律意识向提高全民法律素质的转变，全民提高全体公民特别是青少年学生法律素质
"五五"普法（2006—2010）	2006年3月17日，中共中央、国务院转发《中央宣传部、司法部关于在公民中开展法制宣传教育的第五个五年规划的通知》，全国人民代表大会常务委员会关于加强法制宣传教育的决议（2006年4月29日）。	进一步提高全民法律意识和法律素质，推进"法律进学校"主体活动，推进青少年学生法律素质教育
"六五"普法（2011—2015）	2011年7月27日中共中央、国务院转发《中央宣传部、司法部关于在公民中开展法制宣传教育的第六个五年规划（2011—2015年）》，全国人民代表大会常务委员会关于进一步加强法制宣传教育的决议（2011年4月22日）	进一步加强法治宣传教育，深入学习宣传以宪法为统帅的中国特色社会主义法律体系，努力培养青少年遵纪守法的行为习惯
"七五"普法（2016—2020）	2016年4月17日，中共中央、国务院转发《中央宣传部、司法部关于在公民中开展法制宣传教育的第七个五年规划（2016—2020年）》，全国人民代表大会常务委员会关于开展第七个五年法治宣传教育的决议（2016年4月28日）。	进一步健全普法宣传教育机制，增强法治宣传教育实效性，进一步深化依法治理，提高全社会厉行法治的积极性和主动性，形成法治社会氛围

三 "法制教育"到"法治教育"对高等职业院校法治教育的启示

从"法制教育"到"法治教育"转变的背后，是我国法治建设实践经验的增长和理论研究的深入，是法制宣传理念的转变。正如邓小平所说："加强法制重要的是要进行教育，根本问题是教育人。"① 当前，包括高职学生在内的广大人民群众的法律素养按照党和国家发展的要求还有相当大的距离。提高民众的法律素养离不开教育，法治

---

① 《邓小平文选》第3卷，人民出版社1993年版，第163页。

教育既是推动我国法治建设的重要力量，也是提高我国高职学生法治素养、评估高职院校办学质量的重要标准。从"法制教育"转化为"法治教育"的历程，对转变高职法治教育理念、创新高职法治教育方法有重要的启示价值。

（一）高职法治教育要确立以人为本的法治教育理念

全面实现依法治国，首先要建立法治国家、法治社会、法治政府"三位一体"的法治中国模式，而从"法制教育"转为"法治教育"，可以改进我们的教育理念。不论是国家教育政策制定者、法治理论研究者或者具体法治教育执行者应该主动摒弃传统的法制教育观念，建构符合时代需要的新理念和教育体制。以往我们的法制教育往往偏重于强调法律的约束功能，便民众产生"法律是约束人们行为的准则""个人只是义务的主体"等片面认识，法律被定性为国家统治的工具，而公民权利和利益没有得到应有的重视。与之相应，民众对法治教育产生很强的距离感，认为"只要不违法就可以"，以消极甚至逆反的态度对待国家推广的法制宣传教育。加之，我们的教育方法亟待改进，以往那些与时代脱节的做法，如法治教育被简单地视为纯知识法条的讲解，法治精神培养蜕化为法条知识的记忆等，法治教育的实效性不足。

从"法制教育"转化为"法治教育"，体现出新时期党和国家以人为本的教育思想，即法治教育是通过法律知识传授、法治能力的培养来提高民众的法律素养，以广大民众的生活上和精神上的需求作为开展法治教育的基础和出发点，转变了法律工具主义、法律国家主义的旧理念。现代法治教育坚持以人为本的原则和基本理念，追求教育内容和教育形式的有机统一，努力实现法治教育的最终价值。

马克思关于人的需要的理论，为我们改进高职法治教育提供了理论依据和改进思路："已经得到满足的第一个需要本身、满足需要的活动和已经获得的为满足需要而用的工具又引起新的需要，而这种新的需要的产生是第一个历史活动。"[①] 作为蕴含特定价值导向和价值理想的法律规范，只有符合民众的基本价值需求，才有可能获得民众

---

① 《马克思恩格斯选集》第1卷，人民出版社2012年版，第159页。

的内心认可进而得到有效普遍遵循。以往的国家本位的法制教育理论与教育模式,强化的是法律政治统治工具的一面,以国家为中心的教育思想弱化了法治教育的根本价值,没有适应时代发展的新需要。所以,现代化的国家治理体系和治理能力要求我们必须明确"法治教育"的内涵,要求我们的高职法治教育必须以社会政治经济发展需求为基础,以满足高职学生的需求为导向,推进高职法治教育的改革和完善,提高法治教育的实效性。

(二)高等职业院校法治教育必须改变被动的教育模式

一方面,高职法治教育是一个关乎我国新时期深化改革的重要因素,需要国家、社会、公众共同参与的事业,是一个多方合力成就的宏伟工程;另一方面,基于国家对于法治建设的高度重视,以及高职学生法律素养在依法治国过程中的重要作用,高职法治教育无疑应该是我们加强关注的重要课题。以实践的视角对以往的高职法治教育进行反思,探寻能够发挥民众参与积极主动性的教育机制,不仅继承法制教育传授法律知识、强化遵法守法的传统,而且充分彰显法治教育在新时期的影响力,推动高职教育的质量提升。

在我国法律宣传教育的实践中,长期以来,普遍存在一个现象,即缺少广大民众的积极主动的参与。改革开放初期的法制教育,主要是强调法律的规范性教育,多采用自上而下的推广路径,以灌输为主的教育方式,没有调动民众积极有效参与,结果是因为缺少民众对法律的认同而实效性不足。可以说,对法制教育理论认识的局限性、实践操作的强制性、单一性,造成了在法治社会的建构中,法制教育在实践中的有限性,即被动式的法制教育模式,由于缺乏参与、互动和反馈,难以切实实现法治教育的根本目标,推进法治建设的顺利进行。

由"法制教育"转变到"法治教育",民众由被动地接受法制教育到积极主动、有目的有计划的参与法治教育,这应该是从"法制教育"转化到"法治教育"重要的实践价值。在"法律活动中更为广泛的公众参与乃是重新赋予法律以活力的重要途径,除非人们决定那是他们的法律,否则就不会尊重法律"[①]。法治教育的首要动力来源

---

① [美]伯尔曼:《法律与宗教》,梁治平译,中国政法大学出版社2003年版,第35页。

就在于民众对国家法治理念的认可接受,法治教育的有效途径在于民众与国家在法治教育中实现良好的互动。通过有组织的教育活动,传授给民众有关法治的规范性和价值性的法律知识,使广大民众具备主动参与法治教育的动力和技能。通过传授法律规范的理论和应用,教育民众知法、守法,培养民众护法、用法的能力,是法治教育实践性的体现。但从根本上说,法治教育应以公民为教育主体,为公民提供所需求的各种法律教育方式或内容。

高等职业院校对大学生的法治教育,从本质上就是我国法治教育的一部分,同样应该坚持以人为本,顺应社会需求和学生全面发展的需要,由被动的教育模式转变为学生积极参与的主动教育模式,由强调法律知识的传授到注重法律素养的提高,由强调守法教育到培养学生的民主法治意识,这是新时期关系到高职法治教育成败的重要转变。

(三)高等职业院校法治教育要强化法律信仰的教育目标

维护法律权威是法治的固有含义。法律的权威源自人民的内心拥护和真诚信仰。从"法制教育"到"法治教育",强化公民的权利意识,使公民由被动接受法制教育到积极主动参与法治教育和法治建设中来,营造了法律信仰的社会环境,更有利于实现法律信仰的教育目标。

法治,从制度的层面讲,它是一种治国方略;从精神层面讲,它是一种理念,一种文化,是一种把法律作为社会运行最高权威的观念和意识。只有社会成员普遍把法律当作最高行为准则,并以这种普遍的社会信仰支配其日常行为时,法治才能真正实现。法治教育的改进目标,就是既要教育民众遵守法律,引导人们学会依靠法律解决问题,也要在民众中树立法律权威,使他们相信法律是最好的保护自我权益的手段。由"法制教育"转变为"法治教育",是因为在我国各阶层还没有形成维护法律权威的社会氛围,法律至上的理念尚待培养。而加强法治教育、培养公民法治观念,不仅是要构建知法守法用法的社会大环境,更要培养民众对法律的敬仰和信任,树立法治社会的根基。无论古代的中国还是西方,法制往往与人治、专制紧密相连。在社会主义的中国,如果不重视法治的价值追求,不改进以往的某些法制教育的缺陷，那么，某些社会群体背离民主、脱离法治的可能性也是存在的。几千年的封建专制历史使中国缺乏法治的传统理念，也导致我国长期以来的法制教育倾向于重义务、轻权利的实体法教育，强调禁令与守法，这不利于法律权威感与法律信仰的形成。

高职法治教育今后的改进思路，不但要培养学生对法律有直接的感官了解，而且要帮助学生理解法治的基本价值以及基本理念，培养学生对宪法和法律的认同，养成民主法治、自由平等和公平正义的现代法治理念，自觉树立法律至上的法律意识和法律信仰。也只有切实提高学生法律至上的法律意识，高职法治教育才能实现其培养目标，法治中国的建设才会有更加可靠的保障。

第三节　我国高等职业院校法治教育的发展历程

我国高职法治教育的发展过程就是在国家法治建设的大背景下，高职教育发展改革过程的缩影，是我国高等教育从精英化走向大众化、从单一化走向大众化的过程，是我国高职教育从教育边缘化走向中心、从封闭走向开放的过程。在法治社会建立成长的过程中，高职法治教育也经历了在教育地位、教育目标、教育内容等多方面不断探索、不断改进的过程。与我国民主法治同步的高职法治教育已经成为高职培养高素质人才的重要组成部分，成为实现新兴教育战略的有力助推器。

一　高等职业院校法治教育萌芽阶段（1980—1985）

"文化大革命"后，党和国家认识到法治教育的重要性。1979年9月中共中央下发的《关于坚决保证刑法、刑事诉讼法切实实施》的指示提出："要运用各种宣传工具，采用生动活泼的方式，广泛、深入地对广大党员、干部和群众宣传法律，加强法制教育。"根据指示精神，法律基础课开始成为学校教育的正式内容。1980年12月，邓小平在中央工作会议上再次强调法制纪律的重要性，强调各级党政机关、军队、企业、学校必须要足够重视。① 1982年9月十二大提出："要在全体人民中间反复进行法制的宣传教育，从小学起各级学校都要设置有关法制教育的课程，努力使每个公民都知法守法。特别要教育和监督广大党员带头遵守宪法和法律。"② 1982年宪法确立后，中央颁布《关于在大、中学学校学生中开展学习宣传新宪法的通知》，掀起了全国各界开展法治教育的高潮。

20世纪80年代初的法治教育没有独立展开。一些高校仅仅是在其开设的政治理论课或一些政治学习活动中，随机增加了部分法律基础知识的教育内容。这源于当时我国政治经济改革刚刚开始推广，法治建设仍处于理论探讨阶段，高校正规的思想政治教育尚未开始，更不要说普及法治教育了。另外，当时我国的高职教育尚处于萌芽阶段，迫于经济形势急需劳动技能人才的原因匆匆上马的职业大学，课程设置以专业技能课为主，教学模式基本借鉴模仿普通高等学校，法治教育作为通识基础课基本被忽略。鉴于当时的教育形势，法治教育只有借助于当时更受社会各方面重视的思想品德课的途径发挥对学生的影响作用。

1982年10月，《教育部关于在高等学校逐步开设共产主义思想品德课的通知》（以下简称《通知》）要求各大高校把思想品德课纳入学校的基础课程，开始了思想品德课在高校的首次起航。《通知》规定思想品德课的教育目标是："培养学生成为有革命理想、讲革命道德、守革命纪律，有文化的又红又专的人材。"③ 并且思想品德课的开展形式是必修课，并将法制教育融入其中。可以说，当时的思想品德课是法律基础课的前身。为了落实这门课的教学任务，设置了专职部门牵头负责，组织编写了专门的教学大纲和教学参考材料。虽然思想品德课在塑造大学生法治意识方面发挥了一定的积极作用，但不论是教育目标还是课程内容，涉及的法治教育内容并不是很多，教育效果不是很明显。

---

① 《邓小平文选》第2卷，人民出版社1994年版，第360页。
② 《十二大以来重要文献选编》（上），人民出版社1986年版，第35页。
③ 教育部思想政治工作司：《加强和改进大学生思想政治教育重要文献选编（1978—2014）》，知识产权出版社2015年版，第16页。

这一阶段对大学生进行的所谓的法制教育启蒙，大多遵照1984年教育部印发的《关于高等学校开设共产主义思想品德课的若干规定》中的规定，仅仅是在高校思想品德课的教学计划和大纲中增加了纪律、法律等内容。法治教育通过"思想品德教育"的方式间接开始对大学生进行法律宣传教育，并且这种普法宣传具有随机性、非正规性，相关部门并没有明确具体的要求。当时一些学校选用的思想品德课的教材对于法治教育一般安排一章到两章内容，涉及一些法的基本理论，如法的本质、起源、发展、作用以及法律执行等基础知识，总体上看还是以知识普及为主，是一种基础的、初级的、浅显的法制教育知识启蒙和开荒。因此，此阶段的法治教育还是以社会实践中的自发教育为主，课堂教学仅仅是开始出现萌芽和发端。但毕竟为后来的法律基础课在高校的开设奠定了实践基础，提供了重要思路。虽然将纪律教育与道德教育相结合的方式可以成为高职法治教育的一种开展模式，法治教育单凭借思想道德课的方式不能解决根本问题，单独设立法律专业课程成为必然的趋势。正是经过多年复杂曲折的演变改革，才有了1986年法律基础课的正式设立，高职法治教育迈上新的阶段。

总之，高职法治教育的萌芽确立期，受制于改革开放初期的理论实践的不成熟，其教育目标模糊，教育内容具有随意、零散的非正规性，教育渠道还局限于政府主导的宣传活动和学生的自我教育，没有专门的教材和师资的课堂教学。当然，这些不足也为下一阶段高职法治教育改进提供了实践经验和物质基础。但从另一个角度看，高职法治教育成为思想政治教育体系中的一部分，这个时期确定的这种历史传统沿袭到现在，高职法治教育是高校思想政治教育分支的课程性质成为普遍共识。

二 高等职业院校法治教育确立阶段（1986—1997）

20世纪80年代后期，高职教育地位开始确立。1986年7月，全国第一次职业教育工作会议召开，对高等职业教育进行了明确的定位，对高职法治教育的下一步发展指明了方向。1996年5月，我国首部专门的职业教育法律——《中华人民共和国职业教育法》颁发，从此我国高等职业教育在职业教育体系中的法律地位正式确立。《职教法》的颁布具有划时代的意义，它不但标志着我国法治化管理职业教育的开始，而且为职业教育下一步的改革和发展提供了更加全面、有力的法治保证，大大改善了高职教育的发展环境。

但毕竟，此阶段的高职教育还处于艰苦的创业阶段，办学条件差、办学指导思想不明确、培养方式不鲜明、学科设置没有体现高职特色。高职教育处于初级阶段表现在法治教育方面就是高职法治教育与普通高校专科层次的法治教育趋同，不论在国家管理层面还是在高职院校教学模式上，还没有出体现高职特色。但毕竟，高职的法治教育已经开始确立，逐渐步入正轨。

普法教育拉开了高职法治教育发展的序幕。1985年伴随着轰轰烈烈的全面普法的展开，高职的普法教育也如火如荼的开始。特别"一五"普法把大学生作为普法的重点对象，各类高校当然成为普法基地。许多高校根据各自具体情况开始设立法制教育课程，教育内容开始探索创新，不但有法律基础知识，还补充了与专业相关的法律基础知识。高职开始进入了课堂内外结合、以课堂内为主的法治教育阶段。

1986年是高职法治教育确定独立地位的一年。在国家积极倡导加强法制宣传的社会大背景下，9月，国家教育委员会印发了《关于在高等学校开设"法律基础课"的通知》（以下简称《通知》），对法治教育的实施方式提出了具体要求。这个文件可以说是我国高校法治教育的开山之作，确立了法治教育在高等教育课程体系内的独立地位。《通知》规定法治教育三个途径："一是结合公共政治课'中国社会主义建设'讲授'社会主义民主与法制'；二是结合大学生的思想实际，开设法律基础知识专题讲座；三是结合不同专业的需要，开设专门法的选修课。"① 第一个途径的法治教育，授课重点在于理论联系实际，阐述法律的本质、我国的国体和政体等基本问题；学习、了解并掌握社会主义人民民主的本质；**遵守并维护宪法尊严**，正确行

---

① 教育部思想政治工作司：《加强和改进大学生思想政治教育重要文献选编（1978—2014）》，知识产权出版社2015年版，第53页。

第二章 我国高等职业院校法治教育的历史演变

使宪法和法律赋予自己的民主权利。《通知》规定的高校法治教育的第二条教育途径，通过专门的法律课堂教学讲授法律基础知识；第三条规定通过选修课讲授更为具体的法律专业知识。通过这种课程设计可以看出，高校法律基础课在其初创时期虽然与思想政治理论课有交融关系，但二者是相对独立的，高校法治教育课是独立的。

《通知》推动了法治教育在全国高校的推广，当时许多高校包括高职院校在内都按照中央的规划和要求，开展了丰富多彩的法治教育实践活动，整齐统一的实现了法治教育的两进，即"进教材、进课堂"。可以说《通知》的下发是高校法治教育领域的一重大举措，是高等院校对全民普法教育实施的有效呼应，是加强社会主义法治建设的巨大进步。

1987年是确立高校法治教育地位具体措施推广年。5月颁发的《中共中央关于改进和加强高等学校思想政治工作的决定》强调，我国高等学校要结合新形势解决新问题，继续坚持对大学生进行社会主义民主和法制教育。[①] 10月，国家教育委员会《关于高等学校思想教育课程建设的意见》（以下简称《意见》）对高校法治教育的课程制度作了进一步的具体规定，结合前几年高校开展思想政治教育的实践经验，要有计划地、有针对性地增设和完善思想政治教育课程内容，尤其是与学生切身相关的法制、道德等方面的内容。同时，要在时间上、制度上有所保障，《意见》要求普通高等学校本专科生普遍开设法律基础课，不仅将这门课教学目的与要求概括为："使学生懂得马克思主义法学的基本观点，掌握宪法和有关专门法的基本精神与规定，增强法制观念和社会责任感，正确行使公民的权利与义务，以适应社会主义法制建设的要求。"[②] 而且将其定性为一门独立设置的思想教育必修课。这是高职法治教育课程的独立地位制度设计和构建，是高职法治教育迈向新阶段的又一个起点，在法治教育历史上具有里程碑的价值和意义。

---

① 教育部思想政治工作司：《加强和改进大学生思想政治教育重要文献选编（1978—2014）》，知识产权出版社2015年版，第70页。

② 同上书，第88页。

1995年中央继续采取措施巩固法治教育在高校教育体系的地位。11月,《中国普通高等学校德育大纲》颁布,将树立社会主义民主法制观念列为高等学校德育目标之一,民主法制教育是德育教育的重要内容,并规定高职专科的法律基础课和思想道德修养课程课时不得少于68学时,学分不得少于5学分。①12月,中央多部委联合印发了《关于加强学校法制教育的意见》,不但再次重申学校法治教育的内容和目标,而且明确指出法治教育是高校德育工作的重要组成,《中国普通高等学校德育大纲》被评价为国家关于学校法治教育的最完整规范的文件之一。

高职法治教育确立阶段的教育尚处于尝试探索期,当时高职法治教育基本被包含在普通高校法治教育中,并以模仿法学专业的教育模式为主。如1986年独立开设法律基础课,主要由法律专业教师担任。针对师资力量短缺的问题,中央明确指出:此阶段的法治教育模式基本以法学教育的培养模式为主。一方面是请法律专业教师和专职工作人员担任兼职讲师;另一方面是加大对高校政治理论课教师和思想政治工作人员的法律培训力度,加快培训进度,让他们能够尽快担负起讲授法律基础知识的任务。②此阶段法治教育模仿法学专业教育的另一个表现就是在教育内容上,偏重法律条文规范的讲解,强调法律基础知识的学习。这也说明此阶段的高职法治教育侧重于理论知识教育,而忽略了法律理念培养。总之,在高职法治教育确立阶段,法治教育的课程地位得到教育管理部门明确的规定,课时得到基本的保证,但在教育模式上还处于探索阶段。

三 高等职业院校法治教育快速发展阶段(1998—2004)

新旧世纪交接之际,我国高职教育迎来快速发展的新阶段。1999年6月,第三次全国教育工作会议颁布《关于深化教育改革全面推进素质教育的决定》,拉开了我国高等教育扩招的序幕,我国高等教育

---

① 教育部思想政治工作司:《加强和改进大学生思想政治教育重要文献选编(1978—2014)》,知识产权出版社2015年版,第155—157页。

② 同上书,第53页。

第二章 我国高等职业院校法治教育的历史演变

开始踏上教育大众化的道路，高职教育也在高校教育改革的潮流中开始大跨步地发展。2004年4月，国务院颁布《关于以就业为导向，深化高等职业教育改革的若干意见》，提出了以就业为导向体现高等职业教育特色的办学目标，要求高职改革办学模式和人才培养模式，面向社会、面向市场办学，切实提高职业教育的质量和效益。通过这一系列举措，高职办学规模快速增长，高职院校招生268万人，创历史新高，已占普通高校招生总数的53%。

高等职业教育大发展的时期也是法治建设实现跨越式发展的阶段，我国已经开始启动全面的社会主义法治建设。1999年，确定"依法治国，建设社会主义法治国家"的基本方略，中央颁布《关于深化教育改革全面推进素质教育的决定》；2003年，颁布《关于加强依法治校工作的若干意见》，这些重大历史事件都有力地推动了高校法治教育的发展。虽然法治国家的全面实现还有很多的阻力，但是法治教育不断的改革创新成为推动依法治国建设的有力抓手。

正是在高职教育与法治教育大跨步前进的背景下，高职法治教育迎来快速发展的新阶段。1998年6月中共中央宣传部、教育部印发《关于普通高等学校"两课"课程设置的规定及其实施工作的意见》，（简称"98方案"），在我国思想政治教育史上有重要地位。正如祖嘉合教授所言："法律基础课由1986年初创，经过12年的实践探索，在1998年迎来了重要的调整时刻。"[①]

首先，"98方案"将高校法律基础课正式纳入高校"思想品德课"的范畴。"98方案"确立了以邓小平理论为中心的课程内容体系，并对高校的"两课"，即马克思主义理论课和思想品德课进行了调整，法律基础课成为全国高职学生思想品德课的必修课之一。从此，高职法治教育确立在高校思想政治教育体系中的位置有了国家明确的政策依据。

其次，"98方案"确定了高职法治教育相对独立的地位。在这一阶段，法律基础课虽然从课程性质上被确立为思想政治教育课，但许多方

---

① 祖嘉合、宇文利：《思想道德修养与法律基础前沿问题研究》，安徽人民出版社2012年版，第153页。

面都表现出其独立地位,如单独的课时量规定,独立专业的师资要求。"98方案"明确规定,在三年专科的68节思想品德课的总课时中,要安排28学时的法律基础课。这个时期的法律基础课,虽然已经并入思想政治教育体系,但在教育定位上,还是侧重于独立发展的。

最后,"98方案"改进了高职法治教育的教育理念。随着我国法治建设的发展和法律体系的健全,高职法治教育的内容不断丰富扩展,要想在国家规定的28个学时限制内,完成全面系统的法律知识传授简直是天方夜谭。对此,"98方案"后高职法治教育的基本教育理念由知识教育转到法治精神培养,这既适应了法治教育现实教学条件的限制,又顺应了我国法治建设的理论研究的进步,与高职教育改革的总目标和总趋势相吻合,是我国高职法治教育改革历程中的一大亮点。如1998年的《法律基础教学大纲》规定,高校法治教育的内容是我国社会主义法制基本理论;2003年的《法律基础》教学要点改为以下几个方面:"我国社会主义法的基本理论;邓小平民主法制理论、'三个代表'重要思想与我国的民主法制建设;以及各部门法的主要精神。"① 由"98方案"重具体知识点的传授到"03方案"重法律理念的学习,体现了由法制知识教育到法治理念教育的转变。

高职法治教育目标的转变符合现代职业教育理念。高等职业教育的办学思想和人才培养目标日益明确,以社会需求为目标、以实践应用为主旨、以产教结合校企结合为基本途径的办学模式,要求在注重专业建设,逐步形成高职院校自己的特色的同时,切实提高高职学生的整体素养,以及包括法律意识在内的个体的综合素养。高职法治教育的教育重点应该由重知识转到重意识。知识教育是意识教育的基础,离开知识教育,意识教育就是无本之木;同时,意识教育是知识教育的导向,不以意识教育为目标,法律知识教育就不能得到根本的提升,也难以达到高职法治教育的根本目标。

---

① 骆郁廷:《高校思想政治理论课程论》,武汉大学出版社2006年版,第109页。

四 高等职业院校法治教育全新发展阶段（2005 年至今）

2005 年至今，我国高职法治教育进入了全新的发展阶段。2005年 11 月，全国第六次职业教育工作会议印发《关于大力发展职业教育的决定》，将大力发展有中国特色的职业教育确定为新时期我国发展经济和教育的战略重点，尤其十八大以来，党和国家对发展高职教育作出了一系列新的部署，对高等职业教育重视程度前所未有，高等职业教育进入了更快更高的巩固提高阶段，高等职业教育已经成为我国高等教育非常重要的组成部分。

伴随着高职教育的快速发展，高职法治教育经历了发展过程中的又一重大改革。中共中央宣传部、教育部以"中央 16 号文件"为依据，在 2005 年先后印发了《关于进一步加强和改进高等学校思想政治理论课的意见》及其相应的实施方案（简称"05 方案"），思想道德修养课与法律基础课合并成为一门课。同时，保持了课程内容的基本稳定，并力争做到稳中求变。其基本教学内容是对大学生"进行社会主义道德教育和法制教育，帮助学生增强社会主义法制观念，提高思想道德素质，解决成长成才过程中遇到的实际问题"[①]。"05 方案"从高度政治性和政策性的高度，在充分考虑本科、专科等不同高校类型的特点和教学要求的前提下，尊重教学规律，严格实施相关课程设置要求，将《思想道德修养与法律基础》调整成为高职学生的两门必修公共课之一（3 学分），以道德教育和法治教育为主要教学内容，根据大学生的年龄特点和思想现状调整教学内容，增强了教学的针对性和实效性。"05 方案"更有针对性，更加务实，注重理论联系实际，使法治教育更能够满足学生在学习生活过程中的现实需求。

"05 方案"中更加突出道德教育与法治教育的有效融合，既注重发挥道德的教化作用，发挥道德对法治的滋养作用，进行守法、讲法的文化教育，在要求大学生掌握法律基础知识的基础上以提升思想道德素质为重点；同时强化法律理念宣传教育，帮助学生树立法治意

---

① 教育部思想政治工作司：《加强和改进大学生思想政治教育重要文献选编（1978—2014）》，知识产权出版社 2015 年版，第 298 页。

识，培养法律信仰。对高职学生在掌握职业技能的同时，全面提升综合素养和健康发展打下了坚实的基础。2006年6月，教育部印发了《关于全国普通高校从2006级学生开始普遍开设"思想道德修养与法律基础"课的通知》，明确要求全国包括高职高专在内的高等院校，必须在2006级新生中普遍开设《思想道德修养与法律基础》课，同时要求统一使用中宣部、教育部组织编写的马克思主义理论研究和建设工程高校思想政治理论课相关教材。从此，高职法治教育正式列入高校思想政治教育体系之中，不论是教材选择、教学目标，还是课时规定、师资安排都依据中央统一规定执行，法治教育的规范化有了进一步发展。

从"98方案"到"05方案"，高职法律基础课经历了从独立到与思想道德修养课并立，再到与思想道德修养课完全融合的转变和调整。高职法治教育方式、方法以及途径不断得到丰富和拓展，同时高职法治教育理念得到进一步的升华，标志着高职法治教育从幼稚走向成熟。

2009年9月，中央多部门联合发文再次强调要重视高校法治教育："要积极推动社会主义法治理念教育纳入各级各类高等学校的思想道德及法学教育的教材，明确不同层次的教学要求，培养大批既有深厚研究造诣，又有丰富教学经验的师资力量，真正使社会主义法治理念'进教材、进课堂、进学生头脑'。"① 2012年11月，党的十八大吹响了全面依法治国的号角，十八届三中全会要求进一步健全社会普法教育机制；十八届四中全会是中华人民共和国历史上唯一一届以法治为主题的全会，在中国法治建设历程中有划时代的里程碑意义，报告不但要求进一步深入、全面地开展普法宣传教育活动，而且明确提出要把法治教育纳入我国的国民教育体系，足见国家对法治教育的重视和决心。

自2014年以来，党和国家高度重视高职教育，重量级会议频频召开，关于高职教育以及法治教育的政策、文件持续出台，推动了高职教育与法治教育在新的历史起点上不断取得巨大进展。2014年6

---

① 中共中央政法委员会编：《社会主义法治理念读本》，中国长安出版社2009年版，第3页。

第二章 我国高等职业院校法治教育的历史演变

月,第七次全国职业教育工作会议召开,会上习近平做了高度重视职业教育的指示,会前颁布的《关于加快发展现代职业教育的决定》完善了高职教育的办学方针:高职教育不但要服务发展、促进就业,而且还应重视立德树人。2015 年 2 月,教育部召开 2015 年全国教育政策法治工作会议,进一步强调依法治教,全面推进依法治校,在全面推进依法治国和积极推进建设现代职业教育的背景下,为高职院校法治教育改进营造了良好的法治氛围。2016 年开始的"七五"普法要求"加强对高等院校学生的法治教育",要根据实际需要因地制宜开展有特色的法治宣传教育。

21 世纪以来,科学发展观对我国的教育事业提出了新的、更高的要求,那就是开展素质教育。开展素质教育的目的是,通过学校教育让学生不但具备较高的文化素养,更要具备较高的思想素养、法律素养、道德修养、心理素质和身体素质。其中,法律素养既是高职学生全面发展的基本要求,又是新时期终身教育理念的具体体现。因此,我国高职院校的法治教育工作必须与时俱进,持续改进和完善教育理念、教育思路、教育方式方法,真正地承担起文化改革创新的桥头堡作用,积极推动我们的国家向着现代化、时代化、法治化的目标阔步前行。

表 2-4　　　　改革开放以来我国高职法治教育的相关文件

时间	重要文件	相关规定
1979.09	中共中央《关于坚决保证刑法、刑事诉讼法切实实施》	"要运用各种宣传工具,采用生动活泼的方式,广泛、深入地对广大党员、干部和群众宣传法律,加强法制教育""各大中小学和各级党校、各类干部学校,都要把法律课列入教学内容"
1986.09	国家教育委员会《关于在高等学校开设"法律基础课"的通知》	高校法治教育才正式进入正规高等教育的主课堂内,有了自己的独立地位,发挥了其他教育不可比拟和替代的功能
1987.10	国家教育委员会《关于高等学校思想教育课程建设的意见》	高职专科的培养目标"使学生懂得马克思主义法学的基本观点,掌握宪法和有关专门法的基本精神与规定,增强法制观念和社会责任感,正确行使公民的权利与义务,以适应社会主义法制建设的要求"

续表

时间	重要文件	相关规定
1995.11	国家教育委员会《中国普通高等学校德育大纲》	规定民主法制教育是德育教育的重要内容,高职专科的法律基础课和思想道德修养课程课时不得少于68学时,学分不得少于5学分
1998.06	中共中央宣传部、教育部《关于普通高等学校"两课"课程设置的规定及其实施工作的意见》	一方面,法律基础课作为一门与思想道德修养课对称的科目,被正式纳入"思想品德课"的范畴;另一方面,"98方案"确定了高职法治教育相对独立的地位,三年制高职高专法律基础课28学时
2002.10	教育部、司法部、中央综治办、共青团中央《关于加强青少年学生法制教育工作的若干意见》	明确了青少年学生法治教育的指导思想、教育目标、教育内容、教育要求、方法和途径,要求学生树立三种意识:宪法意识、权利义务对等意识和依法办事意识
2005.07	中共中央宣传部、教育部《关于进一步加强和改进高等学校思想政治理论课的意见》	"进行社会主义道德教育和法制教育,帮助学生增强社会主义法制观念,提高思想道德素质,解决成长成才过程中遇到的实际问题"
2009.09	中共中央组织部、宣传部、中央政法委和教育部《关于认真学习社会主义法治理念读本的通知》	"要积极推动社会主义法治理念教育纳入各级各类高等学校的思想道德及法学教育的教材""真正使社会主义法治理念'进教材、进课堂、进学生头脑'"
2015.02	教育部《认真学习贯彻党的十八届四中全会精神 全面深化政策研究 全面推进依法治教》	"全面加强法治教育,进一步提高教育系统法治意识。""研究制定青少年法治教育大纲,要统筹大、中、小学法治教育""探索在地方课程中设立单独的法治课,为国家课程中设置法治知识课程积累经验"
2016.12	中共中央办公厅、国务院《关于进一步把社会主义核心价值观融入法治建设的指导意见》	要坚持法治宣传教育与法治实践相结合,建设社会主义法治文化,推动全社会树立法治意识、增强法治观念,使全体人民都成为社会主义法治的忠实崇尚者、社会主义核心价值观的自觉践行者

第三章　高等职业院校法治教育的实证研究

"调查研究是谋事之基，成事之道。没有调查，就没有发言权，更没有决策权。研究、思考、确定全面深化改革的思路和重大举措，刻舟求剑不行，闭门造车不行，异想天开更不行，必须进行全面深入的调查研究。"① 我国高职法治教育历经三十多年的改革探索，取得了巨大的成绩，但不可否认，当前高职法治教育还处在初级发展阶段，社会各方面对高职法治教育的状况也是众说纷纭。那么，当前，我国高职法治教育真实状况到底如何？高职法治教育问题的原因又到底是什么？为了寻找到切实有效的改进高职法治教育的方法措施，我们面向全国，进行了全面、深刻的调研。

第一节　高等职业院校法治教育的基本情况

问卷调查法是研究者通过事先设计好的问题来获取有关信息和资料的一种方法。本研究通过对北京、上海、天津、浙江、广东、山东、河南、吉林、江苏、云南、安徽、河北、山西、甘肃等省市所属的不同类型、不同专业的高职院校的教师、学生及与高职学校联系密切的用人单位进行了问卷调查，获得了大量第一手资料，为研究提供了实证基础，为高等职业院校进一步开展法治教育提供参考数据。

---

① 中共中央文献研究室：《习近平关于全面深化改革论述摘要》，中央文献出版社2014年版，第38页。

一 实证调研基本情况介绍

本研究从 2017 年 3 月开始资料收集、文献梳理、问卷设计、初测检验后,在 5 月、6 月两个月内完成了全国范围内的实证调研。对学生是以纸质问卷作答的方式为主、面对面随机访谈为辅,对教师及用人单位的调研主要是通过问卷星电子问卷的方式进行的调研。截至 2017 年 7 月,对调研问卷的结果进行了为时一个月的数据录入及分析,完成了预想的调研目标,为进一步的研究做了很好的铺垫。

(一)问卷的整体设计:调查对象的选择以及问卷内容的设计

问卷调查的前期准备工作主要涉及调查对象、调查范围、调查内容等。笔者首先根据本次调研的主要目的,参考了以往的文献资料及相关调研案例,结合自身从事高职院校法制教学工作的实践经验,首先确定了调查对象,分别是高职院校法律教师、高职院校学生以及企事业用人单位;其次,根据本次调研的需要,结合实际情况以及可操作性,调查范围设定为我国 15 个省(市)中有代表性的 15 所高等职业院校的学生,23 个城市中的高职教师、130 名企事业用人单位的负责人或人力资源部门人员;最后,设计了学生版、教师版、企事业用人单位版三种调查问卷的初稿,在征求了相关专家的意见和建议的基础上,对初稿进行了多次修改,从而保证了调研的可信度。随之,本人又在所在的工作学校随机选择了各专业的 50 名高职学生进行了信度预测,结果基本满意。通过初步检验证明,该问卷的设计具有较高的有效性。

问卷的具体调查内容分别如下。

表 3-1 高职院校学生法治教育调查问卷(学生版)内容构成

调查领域	维度	考察指标	问卷题号	题型
基本情况	性别 年级 专业	男/女 一、二年级 文、理、工	(1) (2) (3)	选择题

续表

调查领域	维度	考察指标	问卷题号	题型
大学生法律素养	法律认知 法律遵守 法律运用 法律信仰 法律评价	掌握基础知识 正确看待法律的地位和作用 遵守法律 正确维权	1、2、3、4、 5、6、7、8、 11、12、13、 14、15、16、 17、18、27	选择题
大学生对法治教育工作认识与评价	教学方法 教学内容 教学效果	教学实效性 实践教学的途径 职业法规的传授 对专业课的促进 对法律教材评价对法律教师评价 对依法治校认识	26、28、29、 30、31、32、 33、34、35、 36、37、38、 39、40	选择题

表3-2 高职院校学生法治教育调查问卷（教师版）内容构成

领域	维度	考察指标	问卷题号	题型
教工基本情况	性别、年龄、教龄 学历、专业、岗位 职称	男女教师比例 工作经验丰富 学历专业水平 技术职称等级	1、2、3、4、 5、6、7	选择题
工作体验	职业道德 专业知识 专业能力	工作成就感高低 提升专业的需求 加强培训的能力 实践教学的态度	8、9、10、14、 19、20	选择题
工作认识	对学生的评价 提高教育质量的建议	学生法律素养水平、强化法治教育的重要性、拓宽法治教育路径	11、12、15、 16、17、18	选择题

表3-3 高职院校学生法治教育调查问卷（用人单位版）内容构成

领域	维度	考察指标	问卷题号	题型
教工基本情况	性别、年龄、教龄、学历、专业、岗位、职称	男女教师比例 工作经验丰富 学历专业水平 技术职称等级	1、2、3、4、5、6、7	选择题
工作体验	职业道德 专业知识 专业能力	工作成就感高低 提升专业的需求 加强培训的能力 实践教学的态度	8、9、10、14、19、20	选择题
工作认识	对学生的评价 提高教育质量的建议	学生法律素养水平、强化法治教育的重要性、拓宽法治教育路径	11、12、15、16、17、18	选择题

（二）问卷的抽样设计

选取我国15个省（市）中有代表性的15所高等职业院校的2000名学生，23个城市中的160名高职教师、130名用人单位的总经理或人力资源部门人员为问卷调查对象。样本学校的选择原则是尽量包含各类职业院校，增强普遍性和代表性：既有国家示范级院校又有各省市普通职业院校；既有北上广发达地区的职业院校又有中西部欠发达地区的学校；既有文科为主的职业院校又有理工职业院校。样本用人单位有：中国建筑工程总公司对外贸易公司、北京弘高建筑装饰设计工程有限公司、北京中盾技术有限公司、山东房地产培训中心、济南舜德物业管理有限公司、青岛恒昌俊电子科技有限公司、淄博狮王陶瓷有限公司、济南杆石桥街道办事处、北京鼎德丰装饰工程有限公司、山东水浒鸿运装饰公司、北京尚书艺坊文化艺术有限公司、中电广华北京科技有限公司、山东省城乡建设勘察设计研究院、山东中兴电动工具有限公司、成都卫士通信息产业股份有限公司、安迅广州科技有限公司等65家高职毕业生工作单位。历经数月，大范围的深入广泛的调研，最大限度地增加了调研结果的有效性和可信度。

表 3-4　　　　　高职院校调查问卷大学生分布情况

学校	回收	学校	回收	学校	回收
北京卫生职业学院	148	河南经贸职业学院	137	山东电子职业技术学院	159
北京交通运输职业学院	98	宁波职业技术学院	146	山东商业职业技术学院	145
广州工程职业技术学院	97	南京特殊教育职业技术学院	95	聊城职业技术学院	100
广东机电学院	95	黑龙江大庆职业技术学院	97	安徽阜阳职业技术学院	98
深圳信息职业技术学院	96	天津职业技术学院	126	吉林工程技术师范学院	146
河南机电职业学院	97	云南电子科技职业技术学院	96		

（三）问卷的发放和个别访谈的基本情况

本次调查是在 2017 年 2 月中旬开始准备，整个过程从 2017 年 3 月 10 日至 7 月 10 日结束，参加调查的人员有 6 人，除本人之外，还有 5 名同事全程帮助支持。其中对学生的问卷采用纸质的调查问卷，由调查组成员实地发放或者委托异地朋友发放给抽样的学生对象，经向学生宣讲介绍填写要求并现场督促、当场收回，保证了问卷调研的质量，发放 2000 份问卷，最后收到有效问卷 1976 份，合格率达到 98.8%。对高职院校教师和从事法治教育的相关教育人员以及对用人单位的调研是借助了问卷星的调研平台，以电子问卷的方式调研，有 160 名高职教育工作人员、130 名用人单位相关人员参与了本次调研。同时，我们还对部分调研对象以面对面访谈的方式进行了直接调研。

表 3-5　　　　　　　　　2000 名受访学生基本情况

		频率	百分比（%）	累积百分比（%）
性别	男	860	43.5	43.5
	女	1116	56.5	100.0
年级	一年级	786	39.8	39.8
	二年级	748	37.9	77.7
	三年级	442	22.3	100.0
专业	文科	744	37.7	37.7
	理科	924	46.8	84.4
	其他	308	15.6	100.0

表 3-6　　　　　　　　　160 名受访教师的基本情况

		频率	百分比（%）
性别	男	37	23.1
	女	123	76.9
年龄	30 岁及以下	14	8.8
	31—40 岁	87	54.4
	41—50 岁	53	33.1
	51 岁以上	6	3.8
教龄	1—5 年	22	13.8
	6—10 年	40	25.0
	11—15 年	47	29.4
	16 年以上	51	31.9
学历	大学本科	38	23.8
	硕士研究生	104	65.0
	博士研究生	18	11.3
专业	法学相关专业	34	21.3
	思想政治教育专业	72	45.0
	其他文科专业	41	25.6
	其他专业	13	8.1

续表

		频率	百分比（%）
学校的工作岗位	教师	128	80.0
	辅导员	7	4.4
	行政人员	23	14.4
	其他	2	1.3
职称级别	助教	15	9.4
	讲师	98	61.3
	副教授	39	24.4
	教授	8	5.0

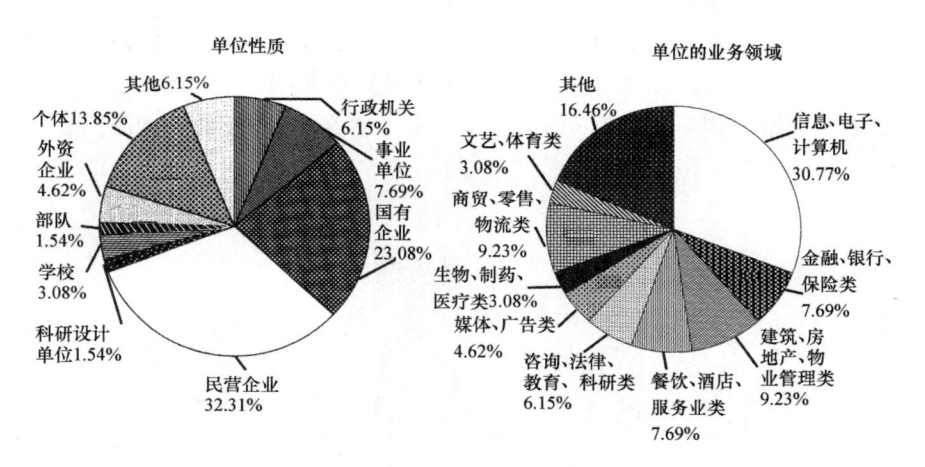

图 3-1 130 家受访企业的基本情况

（四）问卷的汇总与分析

结合本次调查的问卷内容、调查结果的复杂程度，笔者借助 EXCEL 表格自带的数据统计分析函数进行统计分析，通过数理分析法，运用 IBM SPSS Statistics 19（数据编辑器）对调查问卷的有效问卷进行了汇总、统计、分析和处理。同时，在问卷结果统计分析结果出来以后，笔者又结合自身的实践经验以及专家学者的建议，对调查结果进行了深度挖掘和分析，最终得出了个人的独特观点和见解。

二 对高等职业院校学生法律素养的问卷分析

高等职业院校大学生的法律素养情况是我们分析判断高职法治

教育的状况的重要依据，而评价高职院校学生法律素养的标准可以从法律认知、法律遵守、法律运用、法律评价四个方面判断。通过对学生进行一些具体感性的问题的回答，我们可以探寻到这些问题背后的高职学生的法律素养，进而反映出高职院校法治教育的现状与问题。

（一）高职学生对法律的认知情况：总体认知明晰，具体知识缺乏

法律认知是形成法律情感、法治精神、法律品质并最终化为行动指导的前提。根据我国中小学的课程设计，大多数高职学生在开始高职课程学习之前，已经学习并掌握了一定的法律知识。但是通过调研我们发现，虽然大多数高职学生对自身的基本权利义务和法律基本规定基本了解，但是还有部分高职学生对一些法律具体知识掌握欠佳，距高职法治教育的基本要求尚有一段距离。

准确率(%)	我国法制宣传日	具有完全民事行为能力的年龄	《劳动合同法》规定的最长试用期
系列1	53.3	68.2	40.6

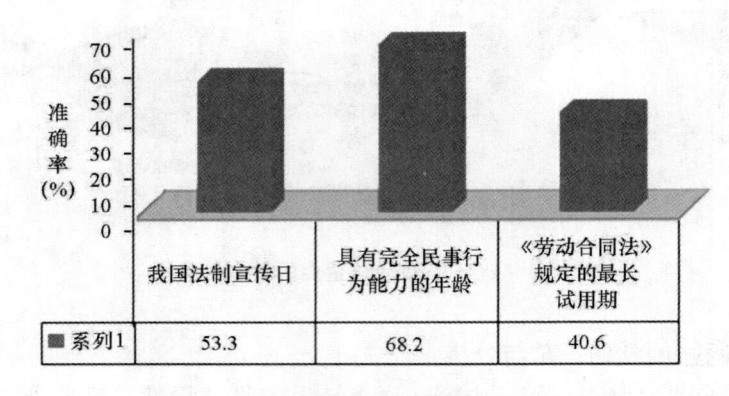

图 3－2　高职学生对法律基础知识的认知

问卷中"我国法制宣传日是哪一天？""我国民法规定的具有完全民事行为能力的年龄是多大？""《劳动合同法》规定的试用期最长是多久？"三个法律基础问题的正确率分别为 53.3%、68.2% 和 40.6%。其中，正确率最高的是"我国民法规定的具有完全民事行为能力的年龄是多大？"，正确率最低的是"《劳动合同法》规定的试用期最长是多久？"。这个数据基本准确地反映出在校高职学生的法律认

知状况：已具备基本的法律认知，这得益于国家日益重视开展普法教育取得了初步成果；但是，与自身密切相关的（特别是未来就业要面临的）法律知识却掌握得不好，说明高职院校开展法治教育是非常必要的。基本认知在某种程度说明高职法治教育效果欠佳，也反映了高职学生的法律基础不理想。

培养法治精神的前提和基础是教育对象掌握一定量的法律基础知识，离开理论基础的法治教育无异于海市蜃楼。"一个人只有知道了应该怎样做、不应该怎样做、可以怎样做和必须怎样做以及从事这些行为的意义和后果时，才有可能自觉地产生相应的行为。"[1] 对学生的教育是通过知识来进行的，学生对法治的理解和认同也是建立在掌握了一定的法治知识的基础上的，因此，高职学生法律基础薄弱的现象必须引起我们的重视。

（二）高职学生的法律遵守情况：总体是非观明确，具体选择趋利避害

法律遵守，即行为主体按照法律等规范性和特定主体依法作出的规范性法律文件的要求，不违反法律，不侵犯法律所保护的社会关系。从调查结果来看，在"马路上闯红灯行为"中，选择"违反交通规则，不闯"的占比高达74.3%；在"为谋取利益考试作弊"中，选择"非常反感"的占比为51.9%；在"假履历、作假证书"中，选择"作假会被单位发现，自己不会作假"和"诚信为本，绝不作假"的占比高达86.6%；在"求职简历中造假"中，选择"不利于"和"不太利于"的占比为41.2%；在"签订就业协议后发现有更好单位的做法"中，"征得原单位同意，再签订新的单位"和"坚持原先签订的协议"的高达88.5%。

在调查中，大多数大学生都表现出良好的规则意识，具有比较正确的是非观，但还有相当一部分的学生急功近利选择了违法行为，并且这种现象还是相当普遍的。这说明还需进一步加强大学生的规则意识教育。规则意识可以说是抽象的法治意识在生活中的具体化，对高

---

[1] 江必新：《法文化的建构及法制教育工程》，中国人民公安大学出版社1993年版，第41页。

表3-7 高职学生在日常生活中的守法情况

		频率	百分比（%）	累积百分比（%）
马路上闯红灯行为	违反交通规则，不闯	1468	74.3	74.3
	身边人都闯，我也闯	120	6.1	80.4
	视情况而定吧	388	19.6	100.0
为谋取利益考试作弊	非常反感	1026	51.9	51.9
	偶尔可以理解	596	30.2	82.1
	正常，很多学生都做过	354	17.9	100.0
假履历、作假证书	作假会被单位发现，自己不会作假	630	31.9	31.9
	诚信为本，绝不作假	1080	54.7	86.5
	无所谓	212	10.7	97.3
	别人作假找到了好工作，我也作假	54	2.7	100.0
求职简历中造假	在一定程度上有利于	872	44.1	44.1
	不利于	502	25.4	69.5
	不太利于	312	15.8	85.3
	视作假程度而定	290	14.7	100.0
签订就业协议后发现有更好单位的做法	征得原单位同意，再签订新的单位	1316	66.6	66.6
	直接签订新的单位	112	5.7	72.3
	先签订新的单位后，再提出违约	116	5.9	78.1
	坚持原先签订的协议	432	21.9	100.0

职学生加强规则教育有助于其法治意识的提升。真正具有法治意识的学生，事先应当遵守规则，遵守法律划定的行为边界，懂得法律对权利的保护；事后，即便出现侵权现象，学生在维权中也是依法维权。因此，加强日常生活中的规则教育势在必行。

（三）高职学生运用法律情况：总体维权意识强烈，但用法能力欠缺

法律运用，其实质就是一个公民维权的过程。即当公民的合法权利受到侵害时，公民不但认识到侵权行为的违法性，而且能够运用法律维护自己应得的权益。通过以上几个题目的分析，高职学生面对自身合法权益受到侵害有主动依法维权的意识。如当权力受到侵害时，有62.8%的同学选择拿起法律武器保护自己。又如对侵害了我们合

法权益的犯罪嫌疑人，有82.6%的同学支持扭送司法部门，而不是私下处理。在假设高职学生实习或兼职过程中老板有侵权行为时，7.1%的学生认为应该向社会保障部门投诉，22.5%的学生主张法院诉讼，31.9%的学生表示会据理力争，但也有8.5%的学生表示"多一事不如少一事"，忍气吞声、息事宁人。这一调查结果表明，绝大多数在校高职学生已经具备了很强的维护个人合法权益的意识，也知道可以通过一些合法途径来维护自身的合法权益。

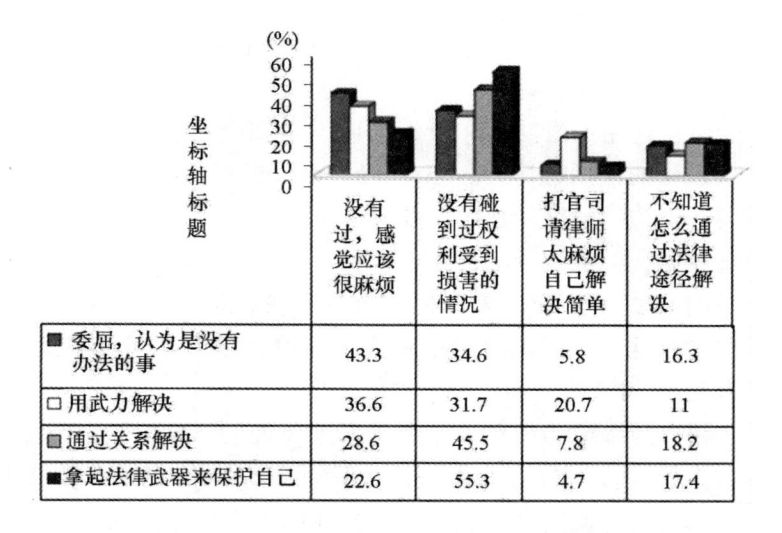

坐标轴标题	没有过，感觉应该很麻烦	没有碰到过权利受到损害的情况	打官司请律师太麻烦自己解决简单	不知道怎么通过法律途径解决
■ 委屈，认为是没有办法的事	43.3	34.6	5.8	16.3
□ 用武力解决	36.6	31.7	20.7	11
▨ 通过关系解决	28.6	45.5	7.8	18.2
■ 拿起法律武器来保护自己	22.6	55.3	4.7	17.4

图3-3 高职学生用法维权的能力和学生遇到侵权问题时的态度

但是，在问及"您尝试过用法律维护您的合法权利吗？"28.5%的同学选择没有过，48.3%的同学说没有遇到过权利受到损害的情况，16.7%的同学不知道如何通过法律维权。这一调查结果表明，虽然大学生已经具备了基本的维护个人合法权益的维权意识，但是实际的运用法律的能力还有待进一步提高。

（四）高职学生对法律认识和评价：认同法治价值，不满法治现实

法律评价是公民在认识法律、遵守法律、运用法律的过程中，对法律及法律现象的价值评判。法律评价具有强烈的价值取向性，是因为不同的社会主体由于其价值取向的差异，对同样一个法律事件、法律行为、法律制度、法律理论的不同评价。

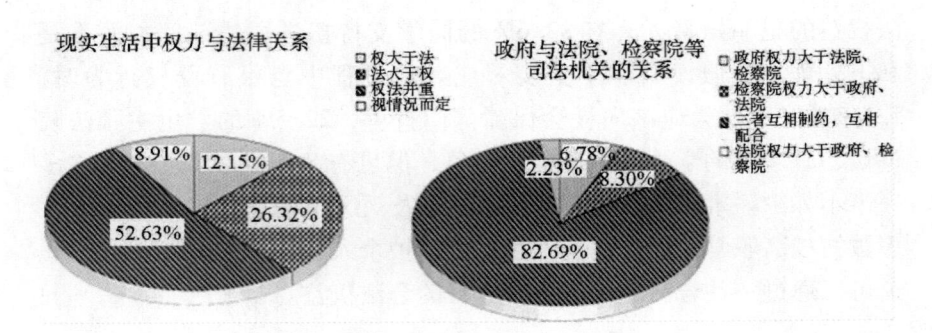

图 3-4　高职学生对法律的认识和评价情况

对于法律作用的看法，39.1%的同学是完全肯定的，只有7.1%的同学对法律的作用持怀疑的态度，53.8%的同学认为虽然法律的作用很重要，但当前我国的法律需要进一步的完善。

通过数据分析可以看出，对于人民法院、人民检察院、政府三者之间关系的看法，有82.7%的同学赞同三者之间是互相监督、互相制约的关系，这表明高职学生正确认识公检法三者之间关系是主流，但还是有超13.0%的大学生有错误的认识。

关于权力与法律的关系，竟然有52.6%的同学认为权力与法律并重，12.1%的人认为权力大于法律，只有26.3%的同学认识到法律的至高地位。这一调查结果表明，在校高职大学生对于权力与法律关系认识仍有偏误，这进一步说明在校高职学生对于法治的认识还仅仅浮在法律条文的表面，对于法治意识和法治精神尚欠缺深入的了解和认识。高职院校的法治教育工作任重而道远。

表 3-8　　　　　　　　学生法律意识不强的原因

	学生		老师	
	频率	百分比（%）	频率	百分比（%）
法规总体质量不高、法律不健全	318	16.1	9	5.6
国家整体法治环境不好	304	15.4	36	22.5
国家学校的普法教育力度不够	688	34.8	81	50.6
大学生自身不重视法律	666	33.7	34	21.3

所谓法律意识就是人们对于法和有关法律现象的观点和态度的总称，是社会实践中各种法律现象在人们头脑中的反映，是人们对法律问题的态度和看法。"观念的东西不外是移入人的头脑并在人的头脑中改造过的物质的东西而已。"① 调查结果显示，在校高职院校学生基本认可我们国家在推动法治国家建设方面所做的努力，同时又对法治建设的实际效果以及法治现状不满意。现实社会中法律的具体执行情况，直接影响到高职院校的学生对于法治理念的认同。我们通过与学生面对面的访谈了解到，虽然大部分高职学生表示对我国法治建设充满信心和希望，但也认为当今社会仍然大量存在着执法不严、违法不究的现象。许多高职学生对我国法治社会的实现表示出谨慎乐观的态度。如有69.53%的在校高职院校学生在"对我国当前法治建设的看法"中选择了"虽然不完善，但前景是美好的"。这一调查结果表明，一方面，接近70%的在校高职院校学生对我国当前法治建设不是非常满意的；另一方面，接近70%的在校高职院校学生还是对我国法治建设的未来充满了信心。总之，通过以上对学生法律认知、法律遵守、法律运用、法律评价四个方面的调研分析，我们可以初步判定：大学生的法治意识初步形成，但仍需大力提升。

表3-9　　　　　　　　　对学生法律素质的评价

	学生		老师		用人单位	
	频率	百分比（%）	频率	百分比（%）	频率	百分比（%）
很好，法律意识强	194	9.8	11	6.9	52	40.0
一般，遇到问题不懂得怎么维权	1400	70.9	109	68.1	74	56.9
差，不懂法也不会维权	382	19.3	40	25.0	4	3.1

问卷结果表明，不论是老师、用人单位，还是学生对自己本群体的评价，"一般"占大多数，高职学生的法律素质亟待提高成为不争的事实。在面对面访谈中，不少接受调研的教师和企业领导表示，相

---

① 《马克思恩格斯选集》第2卷，人民出版社2012年版，第93页。

比于一般本科院校的大学生,高职学生实践技能强的同时,综合素养有些欠缺,比如缺乏法律常识、法律素养低。虽然近几年高职院校在培养学生就业技能方面很有成效,但片面强调技能训练,如果长此以往,这种工具化的倾向必然会影响学生人格的健全发展,最终影响高职教育发展的可持续性。

通过从多角度对高职学生法律素质情况的分析判断,虽然高职院校的法治教育逐渐在改进,并取得了明显的成效,但总体来看,高职法治教育急需改进,要加强普法力度,强化社会各界包括大学生自身对学习法律的重视。毕竟,受现实教育政策的限制,高职院校生源质量差、学制短、培养目标侧重技能,高职学生的法律素质普遍不理想。但如果忽略高职学生在校期间的法治教育,就会错过培养学生综合素养的黄金期,甚至会影响学生的终身发展。所以,结合高职教育的特点,针对高职学生的特殊性,要进一步重视高职法治教育的开展和改进,注重学生健全人格的养成。

三 对高等职业院校法治教育状况的问卷分析

通过调研发现,高职师生对高职法治教育的总体评价是:法治教育定位不明确,没有形成完整的法治教育体系。

(一)对法律基础课课时的调研:法治教育课时不足

调研显示,高职院校的师生大多数赞成增加法律基础课的课时。事实上,随着法治社会的建设加快,随着我国法律体系的完善,社会对法治教育的要求越来越高,高职法治教育面临着时间少、任务重的局面。自"05方案"实施以来,高校大学生思想政治理论课进行了重大调整,法律基础课程被合并到《思想道德修养与法律基础》中,仅仅占教材内容的三分之一,所需讲授课时大概仅仅16课时。加之有些高职院校受师资力量、教学条件等限制,法治教育的内容和课时更加有限。调查中发现,有些学校的法律基础课仅仅安排在大一的第一学期,甚至并不是每周都有课时安排,远远达不到国家规定的标准。法治教育内容的教学课时偏少,无疑会促使高职法治教育边缘化的局面深化,对高职法治教育的实效性造成影响。

表 3-10　　教师对高职法治教育改革的评价

		频率	百分比（%）	累积百分比（%）
法治教育的重点	法律理念教育，学生课时有限	44	27.5	27.5
	法律知识教育，学生法律基础薄弱	62	38.8	66.3
	通过法律知识讲解提升法治理念	54	33.8	100.0
《思想道德修养与法律基础》的教学重点	理想部分	18	11.3	11.3
	道德部分	87	54.4	65.6
	传统文化部分	8	5.0	70.6
	法律基础部分	47	29.4	100.0
对思想道德修养与法律基础两部分内容合二为一的看法	赞同，二者都属于社会价值教育的范畴	27	16.9	16.9
	道德重在净化内心，法律规范行为，不应该成为一门课	42	26.3	43.1
	受教学课时的限制不得不合并，但弱化了法治教育	53	33.1	76.3
	二者互相补充，有利于增强教学实效性	38	23.8	100.0
对法律基础课课时安排的看法	课时太多	13	8.1	8.1
	保持现状就好	51	31.9	40.0
	应该增加课时	92	57.5	97.5
	无所谓	4	2.5	100.0
对现行教材的看法	很好，学生比较爱读	2	1.3	1.3
	不错，内容全面丰富	8	5.0	6.3
	内容相对理论性太强，不能满足高职学生实践需要	98	61.3	67.5
	可读性不强，不能吸引学生阅读兴趣	52	32.5	100.0

（二）对法律教材调研：理论性偏强，不能满足高职学生实践需求

当前，全国高校还没出台一部高职大学生法治教育的专用教材，各高职院校基本统一使用高教版的《思想道德修养与法律基础》。从

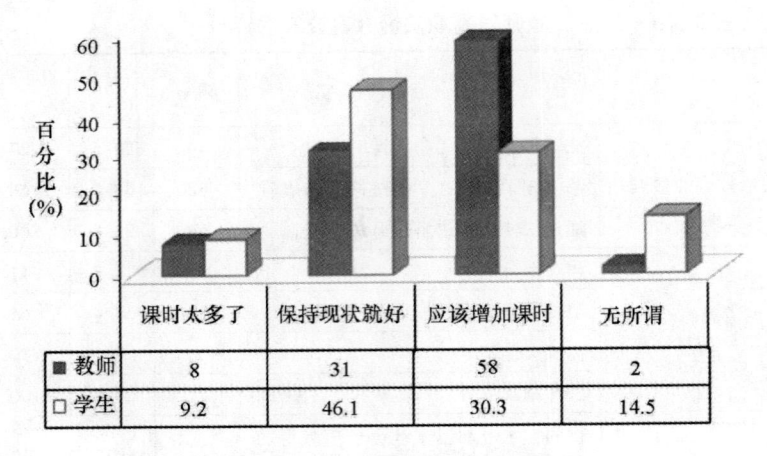

	课时太多了	保持现状就好	应该增加课时	无所谓
教师	8	31	58	2
学生	9.2	46.1	30.3	14.5

图3-5 关于法律基础课时的调研

教材总体知识内容框架来说，虽然确保了教材内容能够基本涵盖所有的法律基础知识，但是由于教材的整体篇幅有限，保证了广度，就无法兼顾深度。因此，整本教材法律部分几乎都是法律门类的最精简介绍，是该部分法律知识的浓缩，简单罗列的法律概念、法律条文，平面堆积的法律术语、法律规则，不但无法激发在校高职学生学习法律的热情，更无法满足高职院校学生对于更高层次的法治意识和法治精神的诉求。

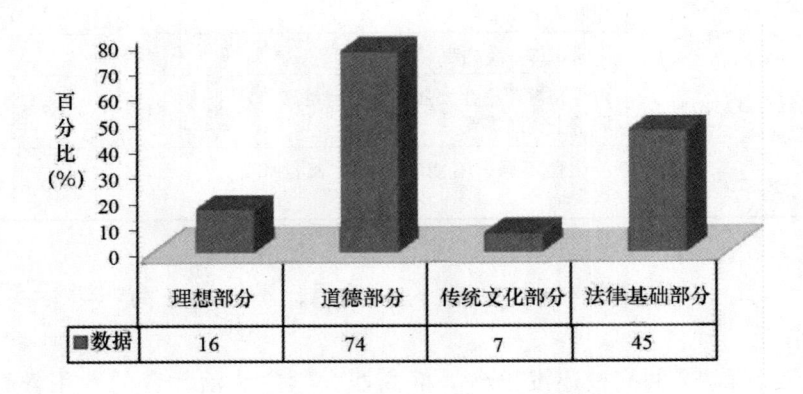

	理想部分	道德部分	传统文化部分	法律基础部分
数据	16	74	7	45

图3-6 对法律基础课在教学中地位的调研

表 3-11　　　　　　　学生对法治教育情况的评价

	很好		较好		一般		较差	
	频率	%	频率	%	频率	%	频率	%
对当前的法律基础课的教材的看法	516	26.1	362	18.3	678	34.3	418	21.1
对《思想道德修养与法律基础》的教学效果的评价	494	25	914	46.3	394	19.9	172	8.7
对所在学校法治教育课老师讲课效果总体评价	710	35.9	776	39.3	424	21.5	64	3.2
对学校法治教育工作总体的评价	398	20.1	758	38.4	652	33.0	78	3.9

在调研中，学生们"对当前的法律基础课的教材的看法"的回答在一定程度上，可以说明当前的法律基础课教材并不完全适合高职学生。因为，全国各高校统一适用的教材中涉及的满足高职学生需要的实用法律知识并不多，加之授课时间短，巧妇难为无米之炊，法律基础课的教师们，为了在较短的时间完成教学任务，只能降低各部分的教学深度，泛泛讲解一些理论知识，对现实生活中学生常见的具体的法律案例很少涉及。导致的后果是：学生对法律基础课"走过场"，将其视为学分考试课，学习缺乏积极性，学习效果欠佳；教师没能讲透相关法律知识，缺乏高职法治教育针对性，难以帮助学生增强法律意识，法治教育效果不佳。

（三）对教学方法的调研：缺乏高职针对性，教学实效性有待提高

在对全国各地 2000 名学生进行的问卷调查中，调查问卷设计的一问题是"对学校组织的一些法律讲座的态度"，只有 20% 的学生表示会主动参加并认真学习，12.8% 的学生持无所谓的态度，明确表示收获不大，剩下 65% 的学生选择没有其他事情会去听或者偶尔去听。

学生们虽然对学校法治教育的一些形式不感兴趣，但是并不代表学生对法律学习的排斥。在问及"学完法律基础课后，还会继续学习法律知识吗？"只有 12.6% 的同学表示不感兴趣，其他同学都表示会辅修法学双学位、根据自己的专业选修一些法律课程或者根据工作需

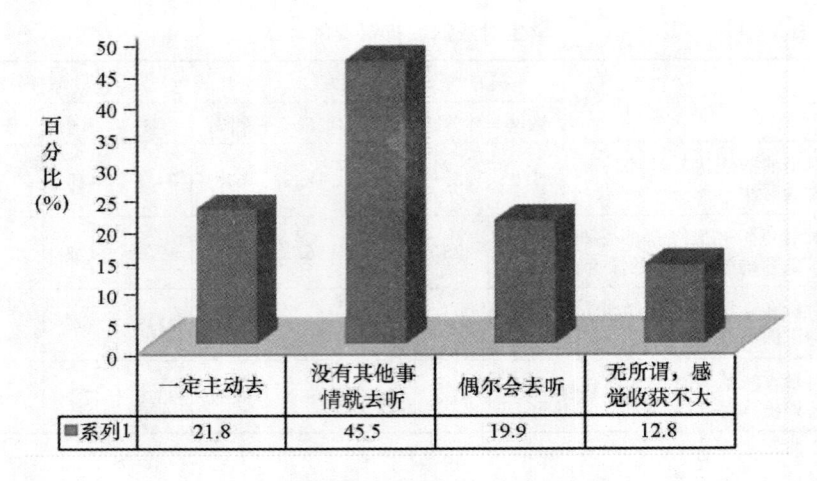

	一定主动去	没有其他事情就去听	偶尔会去听	无所谓,感觉收获不大
系列1	21.8	45.5	19.9	12.8

图 3-7 高职学生对学习法律的兴趣调研

要自学法律知识。可见,学生们对关系自己工作生活的法律有强烈的学习需求。

目前,大多数高职院校对学生进行法治教育的主阵地仍然是"思想道德修养和法律基础"这门必修课,把这门课开好、上好对提高高职学生的法律素养有重要的决定作用。经过多年的实践探索,经过学校各方的努力工作,法律基础课的教学有很大的进步,也得到大多数学生的肯定。但是,调研中我们发现还有大概三分之一的学生认为这门课效果一般或者没有作用,这就提醒我们应该清醒地认识到高职法治教育途径还有许多急需改进之处。

随着多媒体技术的飞速发展,信息社会的知识学习的路径越来越广,网络对学生的影响越来越大。调研中,有53.5%的学生认为其获得法律知识的最主要途径是电视、网络,是选择学校教育的学生人数的两倍多;有13.6%的学生认为报刊书籍是有效的学习法律知识的途径。这就提醒我们,一根粉笔、一方讲台传授知识的时代已经一去不复返,我们要积极学习新多媒体技术,重视与学生的网络交流,教学方法和内容都要紧跟时代步伐。社会的进步和科技的发展,我们能够给在校高职学生提供一个范围广、覆盖全、立体的法治教育空间,当然这离不开家长、学校和社会等多方的参与和配合,全社会应共同承担起对高职院校学生进行法治教育的责任。

表 3-12　　　　　　关于高职法治教育途径的调研

问卷内容	问卷选项	人数（人）	百分比（%）
您认为自己获得法律知识的最主要途径是什么？	通过报刊书籍	268	13.6
	通过电视、网络了解	1058	53.5
	通过学校法治教育	512	25.9
	不怎么关注，平时用不到法律	138	7.0
您认为提高大学生法治意识的最有效的方法？	通过学校设置相关法律课程学习理论	510	25.8
	各种法治宣传活动如讲座、社团	380	19.2
	通过各种传媒如网络、电视的案例分析	416	21.1
	在实习、实训过程中结合专业进行法治教育项目化教学	670	33.9

表 3-13　　　　　　提高大学生法律意识的方法

	学生		老师	
	频率	百分比（%）	频率	百分比（%）
通过学校设置的法律相关课程学习理论	510	25.8	136	85.0
各种法治宣传活动如讲座、社团	380	19.2	123	76.9
通过各种传媒如网络、电视的案例分析	416	21.1	134	83.8
实习实训过程中结合专业进行法治教育项目化教学	670	33.9	126	78.8

当前高职法治教育的现实情况是，一方面，课堂教学沿袭传统方法，重基础理论的讲解，轻法律情感的培养和法律信仰的树立；另一方面，法治教育工作缺乏高职特色，学校缺乏对法治教育的整体规划设计，学生社团和校园活动法律因素较少。

当前，丰富法治教育形式是提高高职学生法律意识的重要途径。

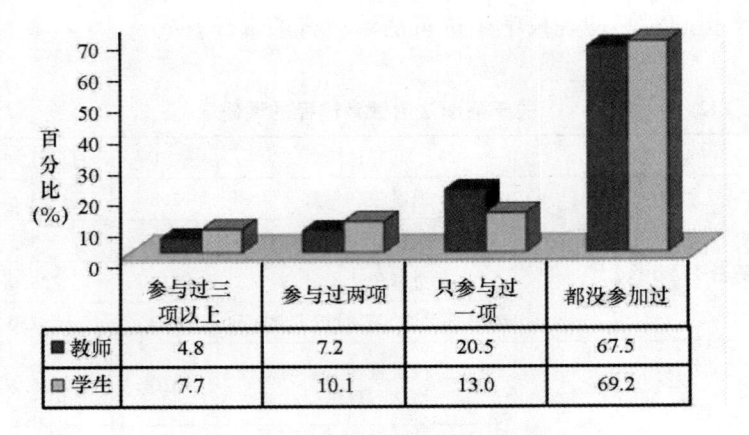

	参与过三项以上	参与过两项	只参与过一项	都没参加过
教师	4.8	7.2	20.5	67.5
学生	7.7	10.1	13.0	69.2

图 3-8　关于高职法治教育实践教学的调研

除了传统的课堂教学，还应积极扩展法治教育的路径和范围。校园内营造浓郁的法治教育氛围，开展法制讲座、组建社团，重视网络学习；校园外强化实践教学，结合学生的专业实习、实训进行多形式的法治教育，提高高职学生的法律意识和法律实践能力。

加强法治实践教育，是提高高职法治教育实效性的有效途径。然而，由于学校、社会多方面认识不足，加之经费、师资力量等短缺，实践教学是高职法治教育的最薄弱环节。调研过程中，在问及到法院旁听审批、旁听听证会、参观监狱、参观戒毒所等社会实践的形式时，70%的老师、学生一项也没有参加过。高职法治教育的实践环节的薄弱可见一斑。

我们推行法治教育是希望我们的高职学生能够获得真正的法律能力，切实提高其法律素养。然而，调研发现，高职法律老师目前工作中最迫切提高的能力恰恰是实践教学能力。一些高职院校重视改善学校的硬件设施，片面强调就业导向，而对学校的内涵建设模糊化、边缘化，表现在对提升高职学生综合素养的基础人文课程敷衍了事，法治教育课程设置简单，教师实践技能培养缺乏学校财政支持。这些短视的做法带来了一系列问题。高职法律教师工作成就感缺乏，教学科研积极性不高，教学质量不能满足学生的求知欲望，进一步地造成有些学生的学习兴趣薄弱，法治教育实效性不高。

第三章 高等职业院校法治教育的实证研究

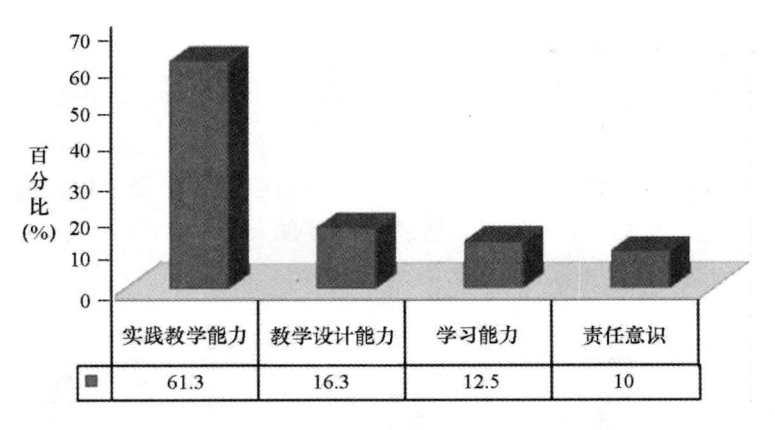

百分比(%)	实践教学能力	教学设计能力	学习能力	责任意识
	61.3	16.3	12.5	10

图 3-9 关于高职法律教师教育困难的调研

（四）对教育内容调研：缺乏高职特色，有待全面系统规划

根据我国高职教育课程体系的整体设计，几乎高职院校设置的所有专业都有与其相关的法律规定，都要求高职学生掌握或了解一定的法律知识。但调研结果表明，没有开设相关法律课程的高职院校占总数的52%，高职法治教育体系的建设不完善。

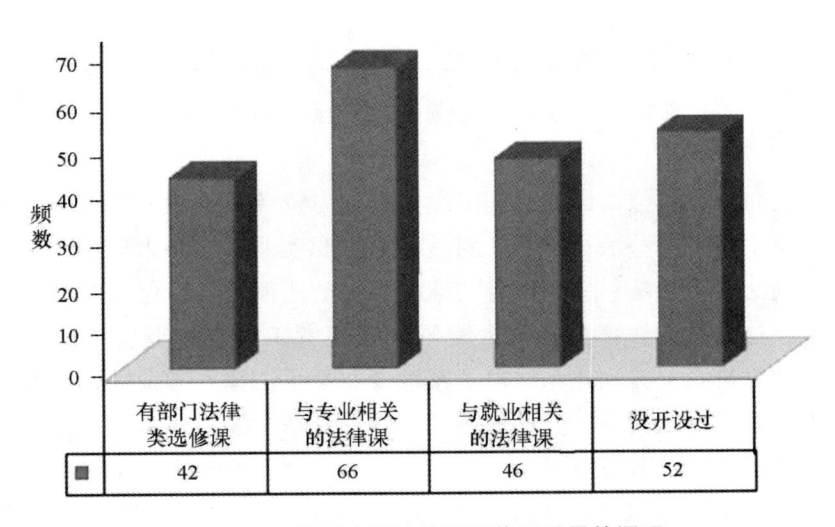

频数	有部门法律类选修课	与专业相关的法律课	与就业相关的法律课	没开设过
	42	66	46	52

图 3-10 关于高职法律课程体系设置的调研

以国家示范职业学院山东某职业技术学院为例,通过调研走访,我们了解到该校只有20%左右的专业开展了法治教育,而且课程内容也紧紧围绕与本专业有关联的法律基础知识的讲解。尽管如此,相比较而言,该学校的法治教育工作无论是课时安排还是课程内容的设置已经是属于比较完善的了,在同级别的高职院校中属于佼佼者,其他高职院校的法治教育课程设置就更不尽如人意。

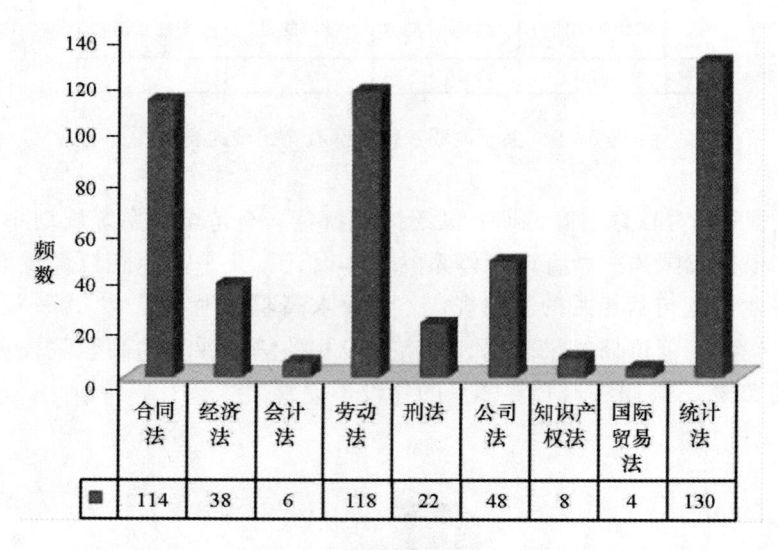

	合同法	经济法	会计法	劳动法	刑法	公司法	知识产权法	国际贸易法	统计法
频数	114	38	6	118	22	48	8	4	130

图3-11 与学生求职就业关系最紧密的法律课程

在向用人单位调研的过程中,大多人力资源的管理人员认为在校高职学生掌握一些法律知识,对其将来求职就业都有很大帮助,尤其是合同法、劳动法、统计法等与职业相关的法律法规。但高职教育实践中,这些法律教育存在很大空缺。以笔者工作的职业技术学院为例,计算机系、自动化系、电子系等专业除了法律基础课外,基本没有再开设其他法律课程。其原因,无外乎一是学校不够重视;二是师资力量、教学设备有限。

以就业为重要导向的高职教育,更应该把就业法治教育放到重要位置。在调研中,在问及是否了解与就业相关的《劳动法》

《劳动合同法》等法律时，2000名全国各地的高职学生中，超过80%的学生选择了"不了解"，甚至还有4.3%的学生选择了"了不了解无所谓"。这种结果难免让人对高职学生将来的求职就业担心不已。

但高职法治教育的现实情况是，学生们学习法律的最主要的渠道是《思想道德修养与法律基础》，而通过这门课程，学生们仅仅能在第六章第一节中的极小一部分内容接触到《劳动法》和《公务员法》的部分知识，其他与职业相关的部门法均未提及。加之，教师受到课时、教材内容限制或者自身能力精力有限，不可能花更多时间给学生添加这些内容。

表3-14　　关于学生职业法律知识的学习途径的调研

问卷内容	问卷选项	人数（人）	百分比（%）
您是如何了解《劳动法》《劳动合同法》等与就业相关的法律规定的？	学习的就业法治教育课或讲座	504	25.5
	阅读相关书籍了解	430	21.8
	通过网络了解	860	43.5
	咨询法学专业老师或同学	182	9.2

在问及学习职业法规的途径时，仅仅有25.5%的学生认为是通过学校法治教育获得的法律知识，超过65%的同学认为是通过自学途径获得的就业知识，如查询网络、阅读书籍。学生对《劳动合同法》等相关法律的自学途径，实际上说明了高职院校学生对于法律知识，特别是对关系到个人切身利益的法律的关注与渴求。而广播、电视以及互联网等媒体的法律（法治）栏目，基本上是以案例解读的方式进行，很难确保全面性和系统性，如果高职院校学生仅仅凭借这些渠道学习法律知识，难免失之偏颇或浮于表面。

虽然与职业相关的法律法规对高职学生非常重要，并且高职学生对相关法律也有迫切的学习需求，但只有17.1%的高职院校经常开展与职业相关的法律法规培训；47.8%的院校是偶尔进行；21.7%的院校甚至不进行；13.4%的学生选择不知道。高校的就业法治教育课程或就业指导课中的法治教育内容应该进一步加强。

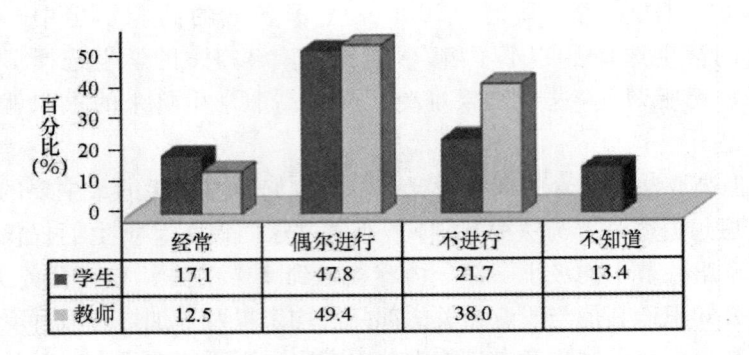

	经常	偶尔进行	不进行	不知道
学生	17.1	47.8	21.7	13.4
教师	12.5	49.4	38.0	

图 3-12　高职院校对学生职业法规教育的调研

（五）对法治教育地位的调研：没有得到应有的重视

当前，高职院校在办学的过程中，为了在激烈的招生、就业竞争中赢得优势，往往将大量的资金、精力投入到提升学生的技能培养环节，而用于学生的法治教育或其他关于学生基础素质教育环节的人力、物力得不到充分给予。

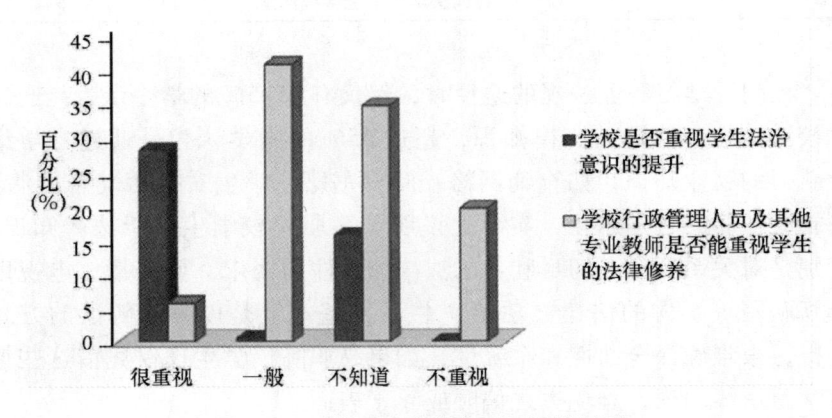

图 3-13　关于法治教育重要性的调研

在调研中，认为学校"很重视学生法治意识的提升"的学生只占28%，15.7%的学生认为"无所谓"或"没有重点强调过"。学生们对学校法治教育的评价证实了我们最初的看法。在访谈中，有个别高职学院的领导认为，现阶段高职教育在以能力为教育本位，法治教育只能暂时作为一种附加性的教育。一些高职学校片面理解高职教育的培养目标，甚至把提高学生的就业率等同于办学成功，他们往往只重视学生的专业知识学习、技能培训，而忽视了学生法律素养的教育，没有形成重视法治观的校园环境和社会氛围。这种现象已经涉及对高职法治教育深层次的认识问题。

第二节 高等职业院校法治教育的成绩与问题

在量化研究的基础上要全面掌握我国高职法治教育的真实状况，还应进一步系统分析，总结已经取得的成绩，论证存在的问题，以期为改进高职法治教育探寻正确的方向。

一 高等职业院校法治教育取得的重要成果

从1986年"法律基础"课普遍在各高校开设，至今已近四十载。经过一代代法律教育工作者的努力，高职法治教育已经取得初步的成果。

（一）高职法治教育工作已普遍展开

在以法治校的精神指引下，以法律基础课为核心的高职法治教育课程体系逐渐完善，以高职院校的校领导为首，由学校教务处、学生处、宣传部门加入的，以法律专业教师为主导的高职法治教育队伍逐渐壮大，高职部分专业教师开始认识到法治教育对学生专业素养的辅助作用。虽然，由于高职教育办学时间短，办学经验不足，高职法治教育的教学模式尚未脱离模仿普通高校的状态，但毕竟短短三十年，高职法治教育从无到有，从随意机动的宣传到全部高职学生必修课程，高职法治教育的地位越来越重要，高职法治教育课程越来越规范。

以高职法治教育师资为例。20世纪80年代法治教育开始时，高职院校几乎没有专业法律教师，大多由学校宣传干部、学生辅导员、思政教师兼任。随着国家对法治教育的重视，有越来越多的法律专业人士加入高职法治教育队伍，对高职学生法律素养的提升起到了直接的推动作用。高职法律教师的重要作用，体现在他们是直接和学生接触的工作人员，既熟悉学生的具体状况，又了解学生的需求。法律教育队伍自身素质的提高，既以身作则为学生们树立了榜样，又推动了高职法治教育整体水平的提高。

（二）高职院校法治教育形式日趋丰富

经过三十多年的探索，高职法治教育已经逐渐改变单一的课堂讲授的教学模式，法治教育的形式日趋丰富。首先，高职法治教育理论日益丰富是前提。法治教育理论为高职法治教育开展提供了强大的理论基础，表现在：一是逐步完善实用的法治教育教材读本和各种参考文献，为高职学生的法治教育提供了越来越多的选择；二是高职法治教育队伍的理论教研能力提升，通过以法律基础课为主要途径的理论宣传讲解，高职学生的法律理论水平也有较大提高。

其次，高职院校开展了多种多样的法治教育活动。高职法治教育已经开始认识到实践教学的重要性，在完成法律基础课堂教学的基础上，还动员各种社会力量，开展了各种形式的校园内外的法治教育活动。例如，组织宪法宣传日活动，组织学生在校园或社区开展宣传宪法内容和宪法精神的各种形式的活动，通过学用结合，使学生掌握法基础知识，提高宪法民主意识，领会宪法精神，树立法律信仰。

最后，高职法治教育开始重视法律实践学习的模式。如办学条件好的学校挤出部分办学经费，组织学生参加各种社会实践，带领学生去法院旁听庭审，组织学生们去法院、监狱、拘留所参观，帮助学生组建法律宣传队，组织模拟法庭。特别针对高职教育的职业化、实践性的特点，利用学生实习、实训的途径，进行法律实践教育，取得法律渗透教育的效果。

（三）高职学生法律素质明显提高

在被问及"法治教育对我的影响时？"绝大多数高职学生选择了"对我影响重大"。这也证明高职法治教育已经取得不错的成绩。高职学生通过法律学习，不仅认识到法律对国家社会个人的重要性，而且也意识到法治教育对自己的重大帮助。他们开始表现出进一步学习法律的渴望，深入思索法律对自己学习生活的价值，学生的法律意识日益增强，这恰恰是高职法治教育的初衷。

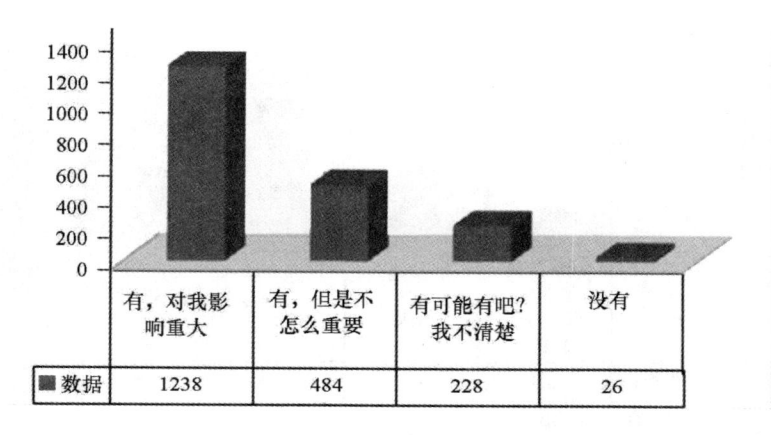

	有，对我影响重大	有，但是不怎么重要	有可能有吧？我不清楚	没有
数据	1238	484	228	26

图3-14 学生对高职法治教育状况的评价

调研走访的过程中，大部分企业对高职毕业生的法律素养是肯定的，对高职法治教育的效果也是认同的。从总的趋势来看，高职学生的法律素质是不断提高的，他们在生活中自我保护意识不断加强，在求职就业的过程中开始尝试用法律武器维护自身权益，在相互交往过程中注重规则意识。

二 高等职业院校法治教育存在的主要问题

肯定成绩的同时，我们也应该有清醒的认识：由于历史发展的阶段性和理论研究的局限性，我国高职法治教育还存在许多问题。通过大规模的调研走访，我们对当前我国高职法治教育的整体状况有了基本的了解，通过详细认真的数据分析整理，梳理出高职法治教育存在的主要问题。

（一）过于追求职业技能的培养，法治教育边缘化

当前高职院校普遍存在注重技能培养，追求高就业率的功利主义倾向。虽然国家在政策指引方面，已经开始强调要注重培养高职学生的综合素养，推广"以能力为本位"的职业办学理念，但一些高职院校迫于招生就业的竞争压力，在办学过程中，往往集中财力和物力于专业知

识和技能的培养,对于学生的法律素养等方面的通识教育相对忽略轻视,没有认识到法治教育对提升整个高职教育水平的促进作用。

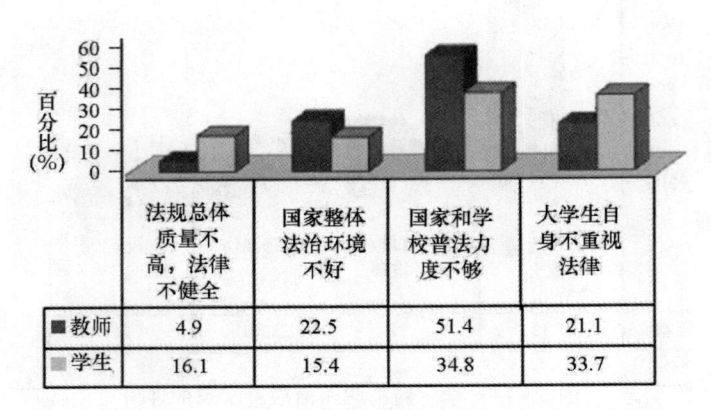

	法规总体质量不高,法律不健全	国家整体法治环境不好	国家和学校普法力度不够	大学生自身不重视法律
教师	4.9	22.5	51.4	21.1
学生	16.1	15.4	34.8	33.7

图3-15 教师对高职院校学生法治意识不强的原因分析

从学生的角度分析,面对激烈竞争的求职就业压力,提高专业技能,考取更多的专业证书是高职学生更加重视的问题。为此,学生们往往把更多的学习热情投入专业课的学习上,而对法律基础课的学习,思想上动力不足,行动上缺乏活力,一些学生认为只要考试过关就可以了。加之市场经济的负面影响,当前法治环境的有待改善,学生们对课堂上学到的法律知识与现实生活的矛盾,更加削弱了学生们学习法律的热情。

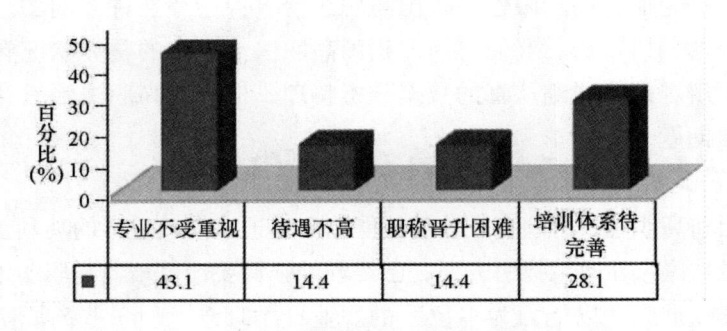

	专业不受重视	待遇不高	职称晋升困难	培训体系待完善
	43.1	14.4	14.4	28.1

图3-16 高职法律教师对本职工作的评价

从教师的角度分析，由于学校管理层把高职法治教育当作可有可无的"软任务"，法治教育不受重视，所以法律教师没有在工作中得到足够的重视和尊重。工作在法治教育一线的教师对此问题最有体会。问卷调查中，42%的教师认为影响法律基础课教师专业化发展的主要因素是"专业不受重视"，列选项的第一位；而在回答"教师目前的工作状态是什么"时，81.8%的教师认为是"低成就感"，70.37%的教师认为是"精疲力竭"。一方面是高职法治教育教师数量不足；另一方面是从事法律教育的教师的低幸福感，难以全身心投入工作，导致高职法律教师队伍的人员流失，造成法治教育工作质量下滑的恶性循环。

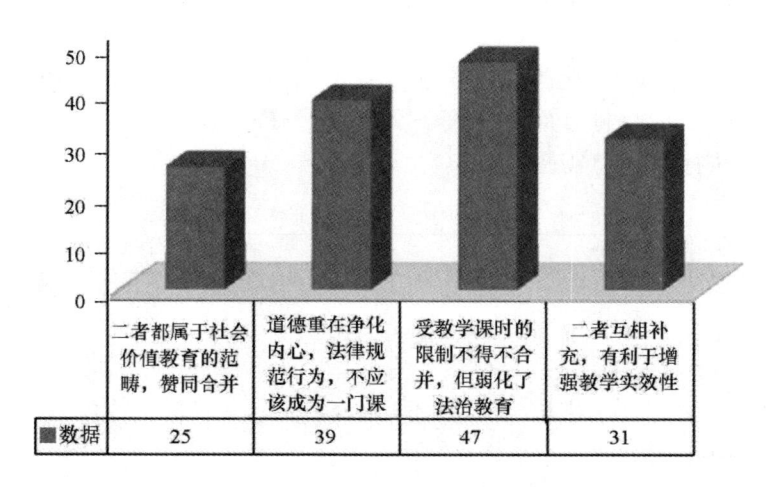

	二者都属于社会价值教育的范畴，赞同合并	道德重在净化内心，法律规范行为，不应该成为一门课	受教学课时的限制不得不合并，但弱化了法治教育	二者互相补充，有利于增强教学实效性
■数据	25	39	47	31

图 3-17　高职法律教师对教材改革的认识

从高职学校管理的角度分析，在访谈中，个别高职院校的教务人员认为："法治教育的条件还不成熟，现阶段强化法治教育还很困难！"某高职学院主管教学的李院长从工作实践中总结原因："高职法治教育的协同培养机制不健全，往往靠学校单打独斗，企业与社会的参与度不够。我们高职学院培养学生的法律素养，缺少现实物质条件和文化基础，缺少多方载体。"北京某企业的人力资源部门的王总评价说"当前高职法治教育的效果与我们企业的要求还是有差距的。高职教育的短期行为、功利主义，给员工们在就业中的职业能力提升的确带来许多困难。"这些调研观点虽没有全面的代表性，但毕竟反映出高职法治教育在高职教育体系中的边缘性。

从国家上层设计的角度看，在我国还未确立高校大学生法治教育的独立地位，仍处于从属地位。自从"05方案"将思想道德修养课和法律基础课整合为一门课后，高职法治教育成为思想政治课的一个分支，法治教育的独立地位丧失。虽然，此设计的初衷是进一步规范对大学生的思想道德修养和法律素养的教育，但是在实际教学中，法治教育无法进行单独课程设置，导致许多高职学校是由思政教师用德育的方法进行法治教育，法治教育的专业性削弱，非法学专业的高职学生难以获得高水平的法治教育。

（二）高职学生法律基础知识不全面，法律素养亟待提高

通过问卷调查或直接访谈等方式的实证调研，我们可以确定高职学生在法治教育方面还有许多欠缺，最主要的问题就是法律知识缺乏，法律意识急需提高。

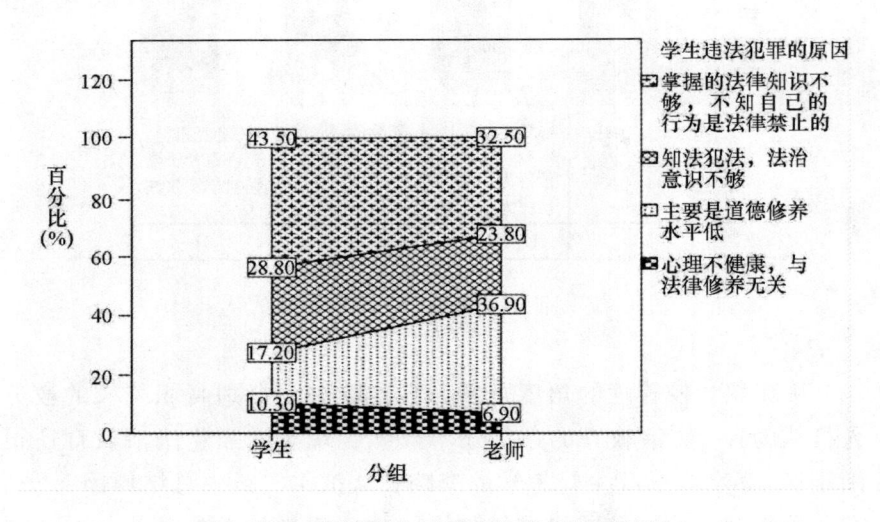

图3-18 高职师生对学生犯罪原因的认识

通过问卷数据分析，我们可以得出初步的结论：高职学生们具备一定的法律基础知识，虽然能够理解一些基本的法律规定，但由

于对法律条文背后的法治精神和文化缺乏深入理解，对法律基础知识的掌握并不全面准确，距我们预期的法治教育目标还有一段距离。目前高职学生学习法律知识的途径主要有：课堂学习和网络书籍。其中，最重要的学习方式是学校的课堂教育，如各国家统一要求开设的必修课《思想道德修养与法律基础》，但种种原因，学生们学习法律知识的积极性并不高，往往是为了应付考试拿学分而学习，学习效果当然就不理想。同时，学生们通过阅读、网络获取的法律知识，又往往是片断性的学习，大多停留在感性认识阶段，难以内化为系统理性的法律认知。

调查显示，高职学生法律意识亟待提高。学生法律基础知识欠缺的直接后果，直接表现就是其法律意识不强。法律是人类社会的一种特殊产物，要想真正掌握它，必须经过一个循序渐进的过程。薄弱的法律知识基础易产生错误的法律观点、淡薄的法治观念，甚至导致部分大学生对法律持怀疑、不信任的态度。比如，对法律的作用的理解上，一些高职大学生仅仅认为法律是对人的行为的约束，认为法律难以保护自己的权益，对现行法律存在一种怀疑态度。在实践过程中他们也往往不知道自己享有哪些合法权益，以及如何通过法律维护自己的利益。

（三）专业教师队伍法律素养匮乏，师资力量不完善

高职法治教育的主渠道是以《思想道德修养与法律基础》为主的课堂教学，这门课程的相关教师就是高职法治教育的主体力量，他们以法律教师的身份参与对高职学生法治教育的全过程。但现实情况是，当前大部分高职院校没有对法律基础课以及与法律相关的法治教育课程给予足够的重视，当然高职法律教师也没有得到足够的重视，他们的教学科研工作与其他专业课程相比，也没有被放到足够重要的地位。

高职法治教育队伍力量不强的表现之一就是法律专业教师缺乏。根据对全国142名高职院校的法律基础教师的调研，真正为法学相关专业的教师仅占23.2%。法治教育是一门专业性比较强的工作，从事法治教育的教育者不仅要掌握一般的教育原理和规律，

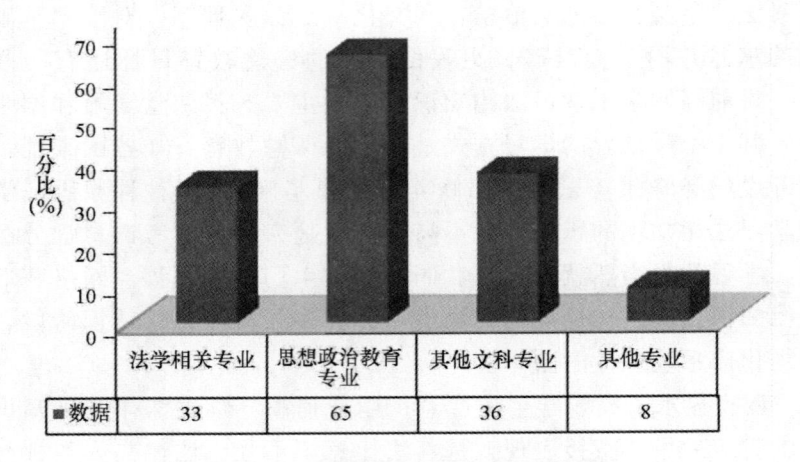

高等职业院校大学生法治教育研究

	法学相关专业	思想政治教育专业	其他文科专业	其他专业
数据	33	65	36	8

图3-19 关于高职法律教师专业性的调研

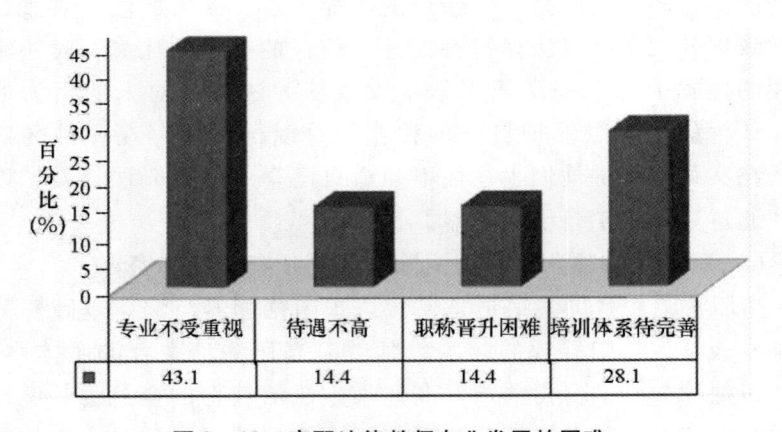

	专业不受重视	待遇不高	职称晋升困难	培训体系待完善
	43.1	14.4	14.4	28.1

图3-20 高职法律教师专业发展的困难

更需要具有全面系统的法律知识储备、较高的法律素养和法律实践能力。但高职法治教育实践的真实情况恰恰相反，很多高职院校的法律基础课教师并没有法律专业背景，往往由政治课教师或辅导员、行政管理人员兼任。而且在工作过程中，教师们也很少有机会接受法律专业方面的再培训，再加上学习管理制度不严格，教师自身在责任意识、教学方法、工作经验上有欠缺，其最终后果就是沿袭传统的课堂教学，传授知识局限于课本，对学生急需的法律实践问题往往是"心有余而力不足"，教学质量当然大打折扣。

因此，必须切实提高高职法律教师的专业素质。一方面，只有真正提高教师法律素养，才能以他们的个人魅力，吸引学生主动参与到法律教学过程中来，积极主动地学习法律；另一方面，提高高职法律教师的专业素质，可以促进法治教育工作的有效运行。作为法治教育的关键力量，教师专业水平的提升，必然会更加高效高质地完成教育任务，保证高职法治教育整体水平的提高。

（四）高职法治教育没有形成有效的体系、缺乏整体性

高职法治教育应该是一个完善有效的体系，各部分间应该相互配合，相互促进，形成一个运转良好的整体。但现实情况是，许多高职院校尚未建立一个规范完整的法治教育体系，经常出现科研过程中教育设计有始无终，实践过程中教育环节断裂等问题。

高职法治教育没有形成体系的第一个表现就是缺少层次性。好的法治教育体系应该教育目标具有阶段性和递进性的设计，各个系统可以有效衔接，但是大部分高职院校当前并没有根据学生不同的情况和学习特点，有针对性地设计法治教育的内容和方法，导致法治教育内容或重复或杂乱，随意性大，教育效果当然难以提升；没有在法治教育过程中贯彻一个总的教育目标的指导，没有处理好各阶段的法治教育体系的对接，导致教育层次模糊不清晰。

高职法治教育没有形成体系的第二个表现在于缺乏法治教育向专业课的渗透性。所谓法治教育向专业课的渗透，主要途径就是各专业老师在传授专业知识、培养专业技能时，能够自觉地将法治精神贯穿于专业教育的始终，充分发挥专业教师对学生潜移默化的影响作用，真正做到高职院校的"全员育人，全程育人，全方位育人"的法治教育模式。从实际调研的结果来看，高等职业院校教师普遍对法治教育的重要性缺乏认识，其关键的原因在于：缺少鼓励其他专业的教师参与法治教育的明确的制度规定。目前我国各高职院校的体系建构，主要以专业背景为分工依据，教师工作量的考核也主要以其专业教学为考核依据，因而非法律专业教师进行法治教育基本是教师们的义务劳动。因此，当前，高等职业院校急需建立纳入法治教育的教学质量评估体系，以科学的制度鼓励各部门、各专业的教师及工勤人员主动

开展法治教育宣传活动。

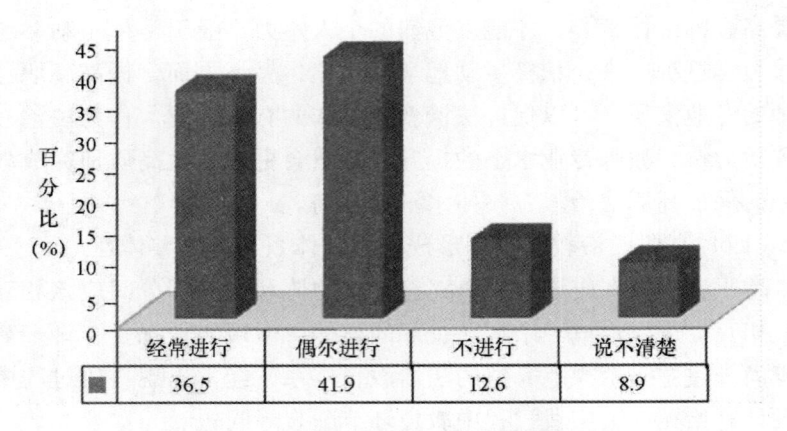

	经常进行	偶尔进行	不进行	说不清楚
百分比(%)	36.5	41.9	12.6	8.9

图 3-21 关于高职法治教育专业渗透的调研

当然，高职法治教育缺乏向专业教育的渗透性，还有一个主要原因在于，许多非法律专业的教师缺乏结合本职工作向学生灌输法治精神的能力。调研结果显示，在接受问卷调查的学生中，认为专业课教师对学生进行了相关法治教育的只有 36.5%；而在访谈中，一些教师反映："在专业知识传授和专业技能培训的过程中，渗透进行诚信、法治等素质教育，难度很大，比较难以把握尺度。"无论法治教育的渗透难度如何，我们都应迎难而上，毕竟，百年树人是指培养综合素养，而不是仅仅指培养职业技能，而且这对学校、对学生都将意义重大。有些高职学院已经认识到了专业教师进行法治教育的作用。聊城某学院李副院长认为："高职法治教育的主战场是学校，主力部队是老师，包括非法律的专业教师。专业教师在进行专业技能培训时，渗透穿插进行间接的法治教育，通过和学生交流一些自己对法律的体验和感受，这种隐形的法治教育效果事半功倍。"

高职法治教育没有形成体系的第三个表现就是缺乏高职特色。目前高职法治教育的培养模式是全国高度统一的教育模式，没有高职法治教育的专用大纲，加之高职法治教育本身科研教学水平有限，具体法治教育工作的展开往往仿效普通高校法治教育的思路，缺少职业教育的特点。忽略高职法治教育社会性、实践性、职业性的特点，法治教育的目标就往往空泛虚化，法治教育的内容就会脱离高职学生的具体情况。这种没有针对专业和岗位需求的高职法治教育，因为不能满足学生的实际需求，不但教育效果不理想，而且造成高职学生的职业法律素养缺失和综合素质的欠缺。

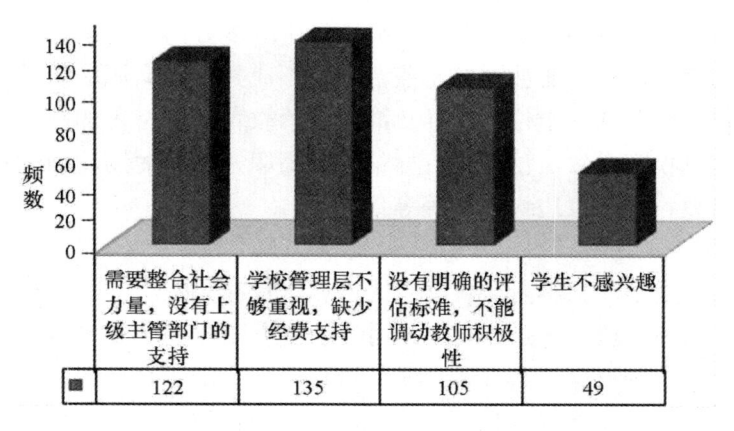

	需要整合社会力量，没有上级主管部门的支持	学校管理层不够重视，缺少经费支持	没有明确的评估标准，不能调动教师积极性	学生不感兴趣
频数	122	135	105	49

图 3-22　高职法治实践教育开展困难的原因

高职法治教育没有形成体系的第四个表现就是没有整合有效的社会资源。高职法治教育是一个复杂的大系统，仅仅依靠专业的法律教师是远远不够的，全部由学校承担也是不行的。我们应该在充分挖掘校内法治教育资源的同时，整合开发利用社会上各种法治资源，打造立体的、全方位的法治教育环境。当前高职法治教育还是高职院校单打独斗的状况，普遍缺乏社会、企业和学生家庭的积极参与，没有实现校内与校外的高效结合，尤其是高职法治教育在校企合作方面有很大的欠缺。采取工学结合的人才培养模式，有效利用企业的教育资源已经成为高职院校发展创新的有效途径，但法治教育在此过程中仍处在边缘化的尴尬境地，法治教育的链条往往在学生实训、定岗实习期中断。法治教育的体系的建设缺乏企业和社会各方的合力作用，使得高职法治教育的实效性大打折扣。

第三节 高等职业院校法治教育存在问题的原因分析

只有深入研究高职法治教育问题背后的真相,分析梳理根本原因,才能找到解决问题的办法,提升法治教育水平。总的来看,问题原因绝不是单一的,是社会、学校、学生等多方面因素造成高职法治教育当前的困境。比如,社会法治建设不成熟导致高职法治教育的实效性差,高职办学定位不准导致高职法治教育职业特色的缺失,高职办学理念模糊导致法治教育目标偏差,高职办学的短期功利性目标导致法治教育的地位边缘化,等等。

一 办学理念不清导致高职法治教育目标偏差

所谓办学理念,是办学主体对学校各方面问题的基本认识和总体看法,是在理论探索和实践办学的过程中形成的综合认识,包括教育价值观、教育发展观、教育人才观、专业课程建设观等观念。先进的办学理念,是进行教学改革的前提和导向。虽然近一两年国家开始逐步重视高职教育的发展,但从长期来看,社会对高职教育定位"低层次"的思想已经影响了高职教育的发展。按国家的规定高职属于高等教育类型,但高职教育起步时间晚,发展历史短,整体实力弱,相比于普通高校,总有挥之不去的"低人一头"的自卑感。受传统教育观念影响,在部分教育主管部门看来,高职教育属于低层次教育,比如从现行的行政级别看是"本正专副",从招生录取看是"先本后专",从教育投入看"本高专低"。正是这些政策导向上的模糊定位,忽略了高职院校的高校性质,在培养目标上的降格以求,体现在法治教育中,就是对学生知识目标和素质指标的要求降低,导致高职法治教育的发展缓慢。

从字面分析,培养目标是办学主体对教育对象提出的特定要求,是各级各类的教育机构根据国家的教育方针、根据各专业学科的基本要求、结合自己的办学实际设想的教育目标。从国际上看,《国际教育标准分类》中对高职教育目标的描述是,通过高职教育让学生掌握

第三章　高等职业院校法治教育的实证研究

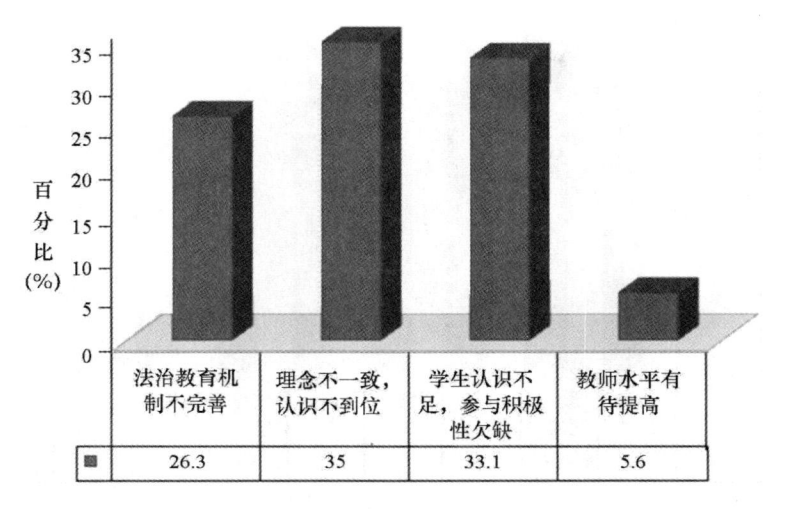

法治教育机制不完善	理念不一致，认识不到位	学生认识不足，参与积极性欠缺	教师水平有待提高
26.3	35	33.1	5.6

图 3-23　高职法治教育工作开展困难的原因

实际的科学知识和专业技能，以满足某个具体行业或职业对他们的要求。在我国，国家对高职教育的培养目标是不断探索改进的：从1999 年《关于深化教育改革全面推进素质教育的决定》中的培养应用型人才的目标，到 2000 年《关于制订高职高专教育专业教学计划的原则意见》中的培养知识、技能、能力、精神的综合目标；在《教育部关于加强高职高专教育人才培养工作的意见》中进一步明确提出培养德、智、体、美等方面全面发展的高等技术应用性专门人才，我国高职教育目标逐步扩展。① 直到 2006 年，《关于全面提高高等职业教育教学质量的若干意见》中主张，除了培养专业知识和技能外，还要培养高职学生的职业精神、职业素养，培养学生的法治意识、诚实守信的品质、责任意识，努力把学生培养成高素质的技能型人才。

根据高职办学理念的总定位，职业教育是一种大众化的教育，是以服务社会、满足就业为导向的，以培养学生应用型知识和技能为主

---

①　何东昌：《中华人民共和国重要教育文献（1998—2002）》，海南出版社 2003 年版，第 493 页。

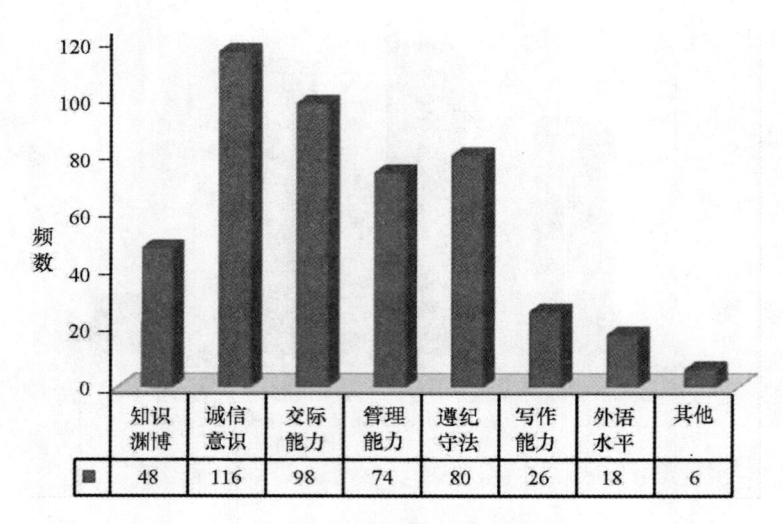

	知识渊博	诚信意识	交际能力	管理能力	遵纪守法	写作能力	外语水平	其他
	48	116	98	74	80	26	18	6

图 3-24 关于学生法治教育重要性的企业评价

要目标的教育。但同时，高职教育作为高等教育类型之一，首先应具有立德树人的培养目标，在培养学生职业技能的同时，培养他们讲诚信、重责任的职业精神，提升学生的法律素养，让他们学会守法护法，而这恰恰与高职法治教育目标一致。

当前，高职法治教育面临着实现目标困难的局面。许多高职院校由于认识不到位，加之办学历史短，法治底蕴不足，忙于求规模、求效益，没有认真贯彻全面发展的教育方针，忽视了法治环境和法治精神的培育。在培养学生的过程中，以满足就业市场为起点，强调毕业生与未来岗位的"无缝对接"，从而弱化了高职学生法律素养的养成。这是高职院校法治教育缺失的深度原因，亟待引起重视。

二 功利主义价值取向导致高职法治教育边缘化

所谓功利主义价值取向，就是人们把高职教育仅仅看成一种谋生手段，过于强调人才培养的技能要求，过多强调对岗位适应的操作训练，以"有用性"来评估高职教育的教育目标和功能，而忽略了高职院校作为高校的"育人功能"。"人们更多关注个体生存所必需的劳动技能，而忽略了人类品质、内在精神的培养，忽略了对于作为社

第三章 高等职业院校法治教育的实证研究

会中的人的更广泛、更深层次的理解。"① 高职教育的这种功利主义倾向，忽视了其促进人的自由和全面发展的根本目的，缺少对学生的人格提升，缺乏的是一种人文关怀。

功利主义的价值取向在高职教育中的表现是多方面的：在高职教育目标方面的体现是，追求的主要目标是"制器"而非"育人"，单纯围绕就业设置专业及课程，片面强调培养专业技能，忽视了法治教育等通识教育课程，忽视了对高职院校学生的法治意识和规则意识的培养；功利主义在高职课程体系设计方面的体现是，培养技能和职业能力的课程被设计为显性课程得到充分关注，而法律素养等通识教育沦为可有可无的隐性课程；功利主义在引导学生的学习方向时，鼓励学生提高动手能力，但忽略了学生参与社会的意识培养以及人与人之间交往能力的培养；在教育评估标准上，功利主义强调就业率，强调高职学院硬件设施建设，却忽略学生的全面发展。

功利主义的办学理念阻碍了高职教育教学与社会同步发展。一方面，随着当代经济的进步和科技的快速发展，社会各行各业对人才的要求也与时俱进，固化的专业知识技能已经难以满足职业发展的需求；另一方面，高职教育没有摆脱旧的功利性的影响，没有足够重视和培养学生的全面发展，在长期教学实践中越来越突出实用性和技能性，而不太重视甚至忽视了包括法治教育在内的通识教育。一些院校表面上讲法治很重要，但因为法治教育不能给学校创造直接的效益，实际工作中并没有给予足够的重视，没有投入足够的人力、物力和财力。长期以来，功利主义使高职法治教育陷于一种"说起来重要，做起来次要，忙起来不要"的尴尬境地，高职法治教育"边缘化"的局面一直并没有很大改观。

虽然，"能力取向论"仍是当前高职教育的主调，就是要以职业岗位的专业性和操作性为依据，培养掌握具体专业知识和技能的高职毕业生。高科技和高情感是现代社会对人才的高要求，仅仅有技术而没有素质和文明，社会就有可能因技术被滥用而导致灾难。因此，必

---

① Raplh Blunder, "Vocational Education and Training and Conceptions of the Self", *Journal of Vocational Education and Training*, Vol. 51, No. 2, 1999, p. 34.

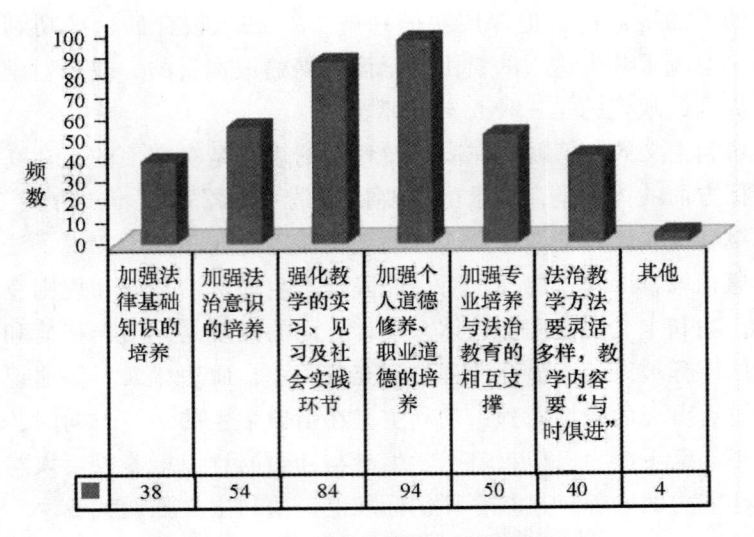

	加强法律基础知识的培养	加强法治意识的培养	强化教学的实习、见习及社会实践环节	加强个人道德修养、职业道德的培养	加强专业培养与法治教育的相互支撑	法治教学方法要灵活多样，教学内容要"与时俱进"	其他
■	38	54	84	94	50	40	4

图 3-25　企业对高职法治教育改革的建议

须重视高职法治教育等人文通识课程，注重教育与社会发展的紧密关系，给学生提供超越职业所需的知识和技能的培养。以学生为中心，坚持终身学习、个性化学习的教育理念，促进人的全面发展。

三　办学定位不准导致高职法治教育缺乏职业针对性

国际 21 世纪教育委员会向联合国教科文组织提交的报告《教育——财富蕴藏其中》指出了现代生产岗位对从业者的素质要求："学会做事"已经不能像过去一样简单地理解为就是为了培养一个人去从事某一特定的具体工作，不能看作单纯地传授多少重复不变的实践方法。知识和信息的支配作用使得人们已不能拘泥于专业资格的概念。劳动力市场将越来越注重能力方面的要求。[①] 劳动力市场的这种变化在我国已经有集中显现。随着市场经济改革的深入，经济建设模式已经发生大的变化，职业结构相应地发生调整，在涌现出许多新的岗位的同时，职业分工模糊化综合化。这就对旧的高职教育的人才培

---

① 联合国教科文组织总部：《教育——财富蕴藏其中》，教育科学出版社 1996 年版，第 79 页。

养模式提出了新的要求,适应新的岗位需求,重新定位高职办学目标,成为高职教育的改革方向。高职办学的新定位应该是帮助学生奠定知识、技能和素养三位一体的综合素质基础,在其未来的职业生涯发展中灵活地适应职业岗位的新要求,更好地发展其职业精神和能力。

但是,传统的高职办学定位,仍然过多地强调职业技能的培养而忽略综合素养的提升。当前我国的高等教育主要有三种类型:第一类是以基础学科和应用学科为主的综合性大学,偏重于基础理论,培养目标为研究型人才;第二类是应用型大学或学院,教学内容以各行各业的专门知识为主,有多专业的也有单一专业,培养目标是高级应用型人才;第三类就是高职院校,有多专业的也有单一专业的,教学主要内容是各行各业的实用性职业技术,教育目标是培养符合生产、管理、服务第一线要求的专门人才。① 虽然,我们应该根据高校的不同类型,在教学实践找准法治教育的定位,结合各高校的办学目标开展相适宜的法治教育,但是,随着技术的综合化和复杂化日益凸显,从业人员的综合素养在社会经济发展中的地位变得越来越举足轻重,这就决定了高职教育必将摆脱原来"唯技术"的办学定位,同时应强化学生综合素养的全面提升。

既然社会经济发展对人才的要求是多层次、常变化的,高职教育就应该适应新情况,在尊重办学规律的基础上,培养满足社会需求的人才。但现实情况是,高职教育在办学的过程中,还存在许多误区。一是受发展阶段的限制,刚刚从中职院校或成人院校升格为高职院校的一些学校,发展基础薄弱,还没有足够的实力发展内涵建设和基础建设,过于强调培养学生技能提升就业率,而忽略了包括法治教育在内的综合素质培养;二是受片面教育理念的限制,没有认识到高职教育的特色,导致法治教育缺乏高职教育特色,出现法治教育内容和方法的大众化,在教学中重技术轻精神。这些误区的存在,不仅影响高职教育的改革发展,而且对高职法治教育也造

---

① 潘懋元:《规模、速度、质量、特色——中国当前高等教育发展中的若干问题》,《河北师范大学学报》2007年第1期。

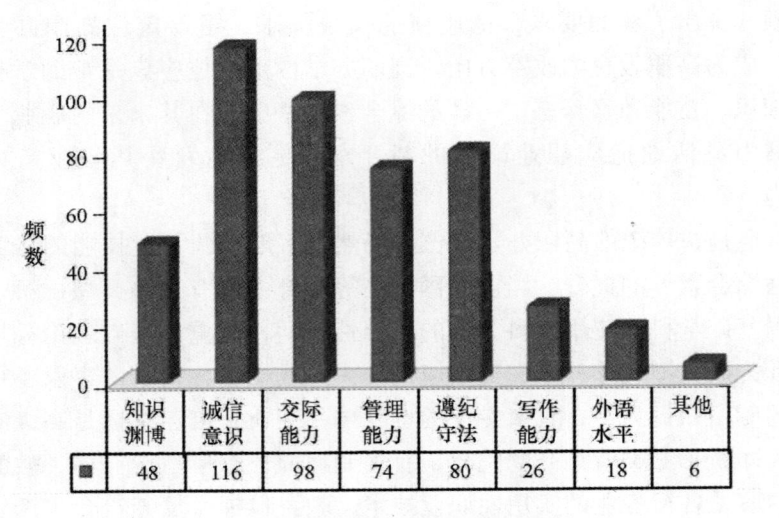

知识渊博	诚信意识	交际能力	管理能力	遵纪守法	写作能力	外语水平	其他
48	116	98	74	80	26	18	6

图 3-26　企业对学生法治素养重要性的评价

成很大的发展阻力。

　　高职院校的职业性要求它更需要加强法治教育。高职院校培养的毕业生既要具备基本的、能够满足某一个行业或某一个具体岗位需要的职业技能，同时又要具备相应的职业精神和职业素养。与其他等级的高等教育相比，高职院校毕业的学生知识层次上可以略低但涉猎的范围不能窄。从培养结果来看，就是要求高职院校的毕业生既要有高等教育的文凭，又要考取相应的职业（岗位）证书或职业技术等级证书，高职院校教育必须是理论紧密结合实际的教育形式之一。高职院校大都是按职业对象或职业岗位设置专业，它培养的学生在接受高等教育期间已有明确的职业倾向，因此与普通高等教育相比更强调职业素养。所以，高职院校开展并不断加强法治教育工作就成为一种必然趋势。

　　在高职教育整体定位不准确的基础上，高职法治教育出现了一些问题，造成一定的不良后果。比如，高职法治教育的课程设置和法治教育实践活动偏离高职学生的实际需要或接受能力，造成高职法治教育实效性不强。尤其是在职业法律、职业精神方面，一些高职院校的法治教育缺乏职业特色和具体针对性，造成法治教育的职业缺失，在

第三章 高等职业院校法治教育的实证研究

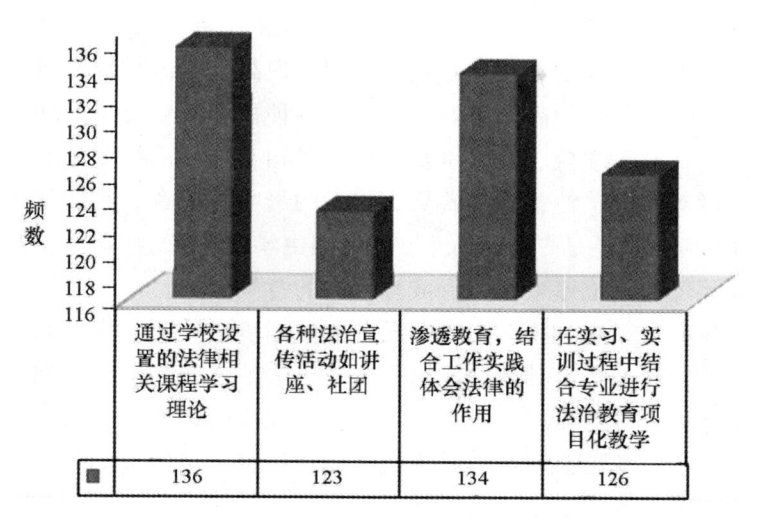

途径	频数
通过学校设置的法律相关课程学习理论	136
各种法治宣传活动如讲座、社团	123
渗透教育,结合工作实践体会法律的作用	134
在实习、实训过程中结合专业进行法治教育项目化教学	126

图 3-27 提高高职学生法治意识的改进途径

学生毕业后的工作中职业素养不够。在调研访谈中,某企业党委书记李书记分析认为:"一些高职毕业生,适应新工作较慢,好高骛远,不能正确看待理想与现实的矛盾,职业忠诚度不够,缺乏职业道德与职业责任感。凡此种种问题,说明高职院校对学生进行规则意识、诚信教育和职业素质培养是不够的。"

因此,正如某职业技术学院张院长所言,高职法治教育必须强调职业特色。高职教育的培养目标是为经济社会的第一线提供满足实际需要的高级专业技能人才,突出特点在于其职业性、实践性和实用性。因此,高职院校的法治教育必须与时俱进,跟得上时代的步伐,贴近社会、贴近企业,法治教育的课程内容要紧密结合行业和企业的实际需要来确定,在教学过程中要特别关注职业性、实践性,要力求实现"做中学,学中做"。这些都是适应市场经济发展需要、拓宽就业渠道的明智之举。

四 法治建设总体水平不高影响了高职法治教育的实效性

正如在《关于费尔巴哈的提纲》中,马克思所认为的:"人的本质不是单个人所固有的抽象物,在其现实性上,它是一切社会关系的总和。"① 人是社会的人，是历史的、具体的，而不是孤立的、抽象的。马克思关于人的本质的观点对我们认识高职法治教育有重要的启发作用。一个优秀的高职毕业生，也是各种社会教育力量共同作用的结果，是社会、学校、家庭以及多种因素相互作用的结果。其中，社会大环境对高职法治教育的效果有很大的影响。毕竟，高职学生不仅是"学校人"，还是"社会人"，在他们由学校向社会的转变过程中，社会大环境对其法律素养的形成有巨大的背景作用。

而当前高职法治教育实效性低，社会环境的负面因素对高职法治教育的负面影响难辞其咎。作为一个缺乏法治传统的国家，当前民众的法治意识还有待提高，以言代法、以权代法的现象还时有发生，这些因素不可避免地会对高职学生的法律意识有一定的影响。处在开放状态大环境的高职学生，由于缺乏辨别是非的能力，对于复杂多变的社会信息内外兼收，对于多元化的社会问题难以判断选择，从而可能出现政治信仰迷茫、理想信念模糊、是非观念缺失，导致法治教育实效性低。

尤其，现在处于社会转型时期，与传统社会匹配的旧的道德体系已经逐步瓦解，但新的适应新社会需要的伦理道德规范尚未形成确立，在这样的一个过渡时期，高职法治教育面临更大的冲击。正如1918年12月列宁在普列斯尼亚区工人代表会议上的讲话："大多数人是根据实际生活得出自己的信念的，他们不相信书本和空话。"②高职"校企合作、工学结合"的人才培养模式，使高职学生更容易受到外部环境的影响，加大了高职法治教育的工作难度。正是如此，我们在看到高职法治教育促进我国法治建设的同时，应举全社会之力，全面提高我国总体法治建设水平，实现从根本上提高高职法治教育水平的目标。

---

① 《马克思恩格斯选集》第1卷，人民出版社2012年版，第139页。
② 《列宁全集》第35卷，人民出版社1985年版，第374页。

第四章　高等职业院校法治教育的目标与原则

不论是追溯我国高职法治教育的发展历程，还是调研当前高职法治教育现状，总结其存在的问题，最终目的是为了提高高职法治教育水平。而改进高职法治教育，首先要做的是明确高职法治教育目标，厘清高职法治教育基本原则。

第一节　我国高等职业院校法治教育的目标

教育目标可以理解为学校根据国家的人才培养标准和学校的具体办学要求对培养对象的特定要求，它从根本上决定教学的培养标准和培养模式，指引办学方向，体现办学特征，既是教学顺利开展的前提和保障，又是教育理念的全面体现和实施。高职法治教育作为高职教育体系中的素质教育课程，以人的全面发展的教育理念为指引，其具体目标就应是提高学生的法律素质，以达到促进高职学生全面发展的最终目标。

一　高等职业院校法治教育基本目标：掌握法律基础知识

法律基础知识主要由法律理论和法律规则两部分内容组成。高职法律基础知识的教学目标就是，通过课堂传授、网络课程、社会实践等多种教学途径，帮助在校高职学生逐步学习、了解、掌握法律的基本理论以及现行法律规定的内容、精神和价值，了解法律的工具价值，并通过培养法治意识来自觉规范自己的言行，提高自身的综合素质。法律基础知识是提升高职学生法律素质的前提条件，法律基础知识的掌握程度也是衡量大学生法律素养高低的基本要素。没有知，哪来行，正确的认识是正确行为的先导。只有具备一定的法律基础知识，掌握一定的民主法律思想，了解主要部门法的重要规定，才能形成正确的法律观念，也才具有灵活准确的用法能力。具体到高职教育，培养高素质的技能型人才的教育目标的实现，是以高职学生的知识、能力和人格品质综合提高为前提的。没有掌握一定的法律基础知识，高职学生的法律素质提升就会是无源之水；没有法律情感和法律品质的培养，高职学生全面发展的目标就是无本之木。

要塑造高职学生的法律素养，首先就要通过法律基础知识的教育来实现。高职学生是未来经济社会建设的骨干力量之一，不知法、不守法，不具备基础的法律知识是无法满足新时期经济社会发展需要的。当然，本着实事求是的态度，我们没有必要也不可能要求非法律专业的高职学生成为精通法律各部门知识的高才生。当今社会，高职院校毕业生至少要掌握以下三个方面的法律知识：一是法学基本原理。学习法的本质和特征、法的作用以及价值、法律规范和法律关系、法的运作原理以及法律责任，等等。正确理解马克思主义法学理念和观点，增强对依法治国理念的认识和理解，增强法治意识和法制观念。二是法律基础知识，主要学习宪法，以及包括行政法、民法、刑法、经济法、婚姻法、诉讼法在内的其他部门法，从而了解我国社会主义法律制度、法律体系以及当前我国法律的现状。三是自学或选修部分法律专业知识。这一部分可以根据高职学生自身的专业特点以及个人喜好或需要来选择。

高职法治教育的基础知识，按照迈克尔·波兰尼的知识观："人类的知识有两种。通常被描述为知识的，即以书面文字、图表和数学公式加以表述的，只是一种类型的知识。而未被表述的知识，像我们在做某事的行动中所拥有的知识，是另一种知识。"[1] 所谓显性知识，是易于被表述传播和被动接受的文字、符号或图表，而隐性知识却是一种理解力和领会力，并在人们的认识活动中起着主导性作用。隐性

---

[1] Klimoski R., "Mohammed 5. Team Mental Model: Construct of Metaphor", *Journal of Management*, 1994, 178 (10): pp. 30 – 35.

知识常常被比喻为冰山下的部分，而显性知识则是冰山露出水面的那一小部分。① 所以，隐性知识是个人日常工作生活中不经意间使用的，基本是凭借潜意识去做的，而且这种知识很难有意识地去学习。

作为非法学专业的高职学生，对于隐性法律知识学习的主要目标，应该是掌握与其学习生活体验紧密联系的法律规则程序以及与其专业相关的法律规定内容。在有限的教育时间、教育内容的基础上，有的放矢、目标明确地进行教学，才能达到让高职学生掌握足够法律基础知识的目标。因此，不同专业、不同年级的高职法治教育的基础知识的学习应该是有区别的。以市场营销专业的高职学生为例，在一年级的《思想道德修养与法律基础》课堂上，应该掌握宪法、民法、刑法等主要部门法的重点法律常识；在二年级的专业课学习的过程中，应该潜移默化地灌输给学生经济法、商法中的重点法规，如《合同法》《消费者权益保护法》《反不正当竞争法》《反垄断法》等法律知识；在三年级的就业指导过程中，高职学生应该掌握《劳动法》《劳动合同法》等法律常识。在高职学生的日常管理中，学校依法治校的过程就是灌输给学生公平公正的理念、尊重法律程序的意识，也是高职学生学习程序法等隐性知识的过程。当然，高职学生应该掌握的法律基础知识绝不仅仅这些，所以要求仅仅在校集中学习两年半的学生全部学习是很不现实的，这就显现出了传授隐性法律知识的正当性和必要性。

与普通高校的教育模式相比较，形象思维性和动手操作性是高等职业教育的显著特征。由此就决定了高职法治教育过程中，传授隐性的法律知识是高职法治教育的重要知识目标。一般隐性知识的传播途径有三种：首先，隐性知识几乎无法通过传授或正规教育获得，而是要完全依赖个人的经验总结和概括；其次，隐性知识是个体的人在不同的生存场景下如何实现目标的潜意识，其主要来源是个体的工作生活体验；最后，隐性知识与个体密切相关，包括个体的人生观、价值观、世界观，包括个体对环境变换的感知敏锐度，等等。灵活性、开放性和个体性是隐性知识的特点，因此，隐性的法律知识可以使高职

---

① 郁振:《波兰尼的默会认识论》,《自然辩证法研究》2001 年第 8 期。

学生在学习的过程中获得高度个性化的法律体验，培养具有创新性和开拓性的法律方法。高职学生自身法律知识结构的差异是其法律学习的基础，是高职学生获得法律知识的主要途径。

高职法治教育目标之所以需要一定的法律基础知识教育，是由高职学生的知识储备情况决定的。不得不承认，大部分高职学生的文化理论基础是比较薄弱的。一是我国现在实行的高职招生模式，决定了高职学生的学习成绩和学习能力较之普通高校的大学生有一定的差距。二是在长久以来应试教育的模式下，法治教育在中小学教育中是处于边缘地位甚至是缺失的，许多高职学生实际上并没有得到系统的法治教育，在高职阶段面临着一个"补课"的问题，因而高职法治教育首先应该给学生进行必要的法律基础知识教育。

近年来，在改进高职法治教育的探索过程中，我们逐渐认识到法治意识培养的重要性，一些专家强调要转移教学重心，在由法律知识为中心到强调法律意识培养的过程中，法律知识教育的基础地位在教学实践中失去应有的重视。其实，法律基础知识的传授与培养学生法律意识、提高法律能力并不矛盾，关键在于我们在教育过程中的内容取舍问题和教育方法实施的问题。法律知识是法律意识和法律能力的基础，也是法律素质形成的重要内容。我们主张的法治教育是融知识传授、能力培养、人格提高为一体的综合性法律素质教育，绝不是回归知识本位的教育。对法律知识的传授，不能仅仅采用"填鸭式"的灌输或记忆教学法，更不能教条地要求学生死记硬背法学概念、原理以及法律条文，因为即使能够把大部分法律"倒背如流"，也未必是一个具备较高法治素养的社会公民。高职院校的法治教育，是要在引导学生掌握基本法学原理和基础法律知识的基础上，更关注法治理念、法治意识的培养、塑造和提升，引导高职院校的学生养成自我学习、自我完善的能力。唯有如此，才能保证他们走入社会以后能够做到与时俱进，始终与我国的法治化建设保持同步，不断从国家法治化建设成果中汲取养分，同时又能持续地为国家法治化建设贡献力量。

因此，在传授法律基础知识的过程中，隐性知识的传授要求我们必须认识到隐性教育的重要性。著名的美国社会学家及教育学家杰克逊1968年在其著作《班级生活》中首次提出"隐性教育"的说法，后称之为"隐性课程"。隐性教育主要是通过间接的方式，潜移默化地对受教育主体施加影响，但这种教育又是积极地、有计划地、有针对性地进行。隐性课程对高职学生掌握法律基础知识有非常重要的作用，面对法治教育课时有限与法律知识学习无限的矛盾，隐性课程使高职学生需要学习的法律基础知识不单单出现在法律基础课堂中，而是渗透在学生学习生活的各个角落，时时刻刻施加影响。比如，高职学生专业课学习中专业老师的相关法律常识介绍，校园中的法律宣传栏，学生活动中的法律相关内容，等等。学生们如此在学习生活中点点滴滴地接受法律知识，可以有效地弥补课堂教育的不足，并且这种隐蔽性的教育，可以潜移默化地帮助学生增强法律观念，学习效果显著提升。

二 高等职业院校法治教育直接目标：提升学生法律能力

所谓法律能力是指学生运用已有的法律知识去思考判断其学习、生活和工作中的矛盾，以法律为指导解决问题，有效维护其合法权益的能力。提升学生的法律能力，就是要求学生增强遵守法律的能力，养成依法办事的习惯，有拥护法律、同违法犯罪行为作斗争的能力和意识。高职法治教育过程就是一个由知识向能力的转化过程，法律知识传授的目的就是培养学生的法律能力。法律能力既是法律知识学习的目的，也是法律素质高低的体现。"在法律学习的过程中，努力组织、合理地在教学各个阶段有目的、有计划、有重点地把两者统一起来。既要克服重知识轻能力的传统教学思想的束缚，又要防止把开发能力同双基教学对立起来的倾向。"[①] 在高职法治教育的过程中，要正确地认识到教学过程中学习法律知识和发展能力的内在关系，要懂得能力是在掌握和运用法律知识的过程中发展的，而法律知识的掌握和运用又是以一定的能力为前提的；同时能力的良好发展又可以进一步促进学生掌握和运用知识。

法律能力提升，学生才能学会透过复杂的法律现象认清事件的本质，才能学会明辨是非曲直，而不被表面现象迷惑，才能学会思考、

---

① 乔克裕、曹义孙：《法律教育论》，中国政法大学出版社2014年版，第190页。

探讨法律问题的本质，正确理解和运用法律、维护法律。同时，学生各种情绪的波动才能更好地得到理性的调控和缓解，其理性意识所控制的行为能力也会得到强化，将法律的规定逐渐内化为学生的自觉行为准则。比如，高职学生通过宪法教育，不但了解了宪法的相关基础理论，而且逐渐树立了宪法观念，积极主动地参与民主选举活动，提高了参政议政的能力。高职学生法律能力的提高，不仅对他们工作学习有促进作用，而且会加深他们对法律的理解，提高主动学法的积极性。

从我国高职发展和改革趋势看，社会不仅需要专业技能强的高职毕业生，更要求综合素质高的高职毕业生，而当前高职毕业生的职业素质、职业道德、法律素养远远落后于社会的需求。因此，高职教育必须转变教育理念，在致力于专业技能教育的基础上，重视法治教育的辅助功能，增强学生综合素养，切实实现"全面发展的人"的培养目标。我们应该清醒地认识到，高职法治教育决不能仅仅隶属于高职的专业技能教育，它的教育目标不仅仅是辅助专业教育培养一个专家，也不仅仅是打造一个合格的职业人，而是拥有自身独立的教育目标，即培养学生成为一个全面发展的社会人。

具体讲，从宏观层面看，高层的教育管理部门应该在设计高职人才培养评估指标标准时，将高职学生的用法能力列入其中并给予高度重视，力求使学生的法律素养与学生的专业技能和谐互动、相互促进，使高职毕业生既有专业技能又有法治精神；从微观层面看，教师在落实教学计划时，应考虑增加培养学生法律素养的内容，在具体的专业教学环节中落实到位，打造一个立体的高职法治教育体系。不论是宏观目标还是微观目标，关键还在于改进高职法治教育教学方式，调整教学内容，多角度着力提高学生的法律认知能力和运用能力。

其中，提升高职学生法律能力的关键环节是强化其法治思维能力。法治思维作为一种理性思维模式，以法治的原则规则为依据思考处理现实问题，追求法治精神的实现。十八届四中全会提出的"把法治教育纳入国民教育体系"的要求，其主旨就是为了加强法律对学生的影响力，让法律成为学生生活的一部分。对于高职法治教育而言，要培养学生的法治思维，首先逐渐清除传统非理性的人治思维，通过学习宪法、法理等知识实现对法治精神的认同。同时，不断进行法治思维的正面锻炼，引导学生主动地对自身的思维、行为以及外在环境进行分析评价，进而推动学生将法治知识运用到具体的法律实践中去。

由此可见，包括法治思维在内的法律能力的培养是一个系统复杂的过程，只有对法律能力养成的重要性有清楚的认识、明确其在法治教育系统中的重要性，才能增强高职法治教育的实效和针对性。不可否认，实践中高职法治教育由于师资力量不强、教育内容不系统等多方面原因，高职学生法律能力的养成教育还没有放到足够的高度认识，加之根深蒂固的人治传统仍然不同程度地影响着当今社会，高职学生法律能力的养成教育亟待改进。

因此，我们必须采取切实有效的方法促进高职学生法律能力的提高。首先，改变高职法治教育的传统教学模式，不仅讲授法律基础知识，还要通过课内课外多种途径和多种教学方法，教育学生重视法律法规的学习，将法治知识内化为法治思维，养成用法护法的习惯。其次，依法治校，将民主法治精神融入高职学校管理体系，主动吸纳学生参加学习的各项管理，参与学习各项规章制度的制定执行，使学生在校园生活实践中体验法治公平的理念，主动尝试用法治的方式解决学习生活中的问题。最后，充分利用社会资源，整合学校教育资源与社会司法资源。通过广泛组织和动员国家机关和社会力量参与，建立全面的法治教育网络，开发新颖的法治教育项目，通过法治教育活动的针对性和吸引力，充分调动高职学生法律学习的主动性，引导学生逐步形成自觉守法、遇事找法、解决问题靠法的好习惯。

三　高等职业院校法治教育核心目标：培养学生法治精神

法治精神是人们由法治意识、法治理念、法律信仰复合形成的一种稳定心态，是人们对公平正义、民主法治的主观把握，是人们对权利与权力关系所选择的价值标准，是人们对法治国家和法治社会的精神追求。"法治精神是法治的内在灵魂，是法治意识、法律思维、法律心理与法律文化在法治环境下形成的科学精神。"① 培养高职学生法治精神，就是要通过系统的法律体系的介绍和法治观念的培养，使之崇尚法律权威、坚持法律面前人人平等，并把这种法治精神内化于心、外化于行，养成尊法、知法、守法、用法、护法的习惯。

培养高职学生的法治精神对高职学生综合素养的提高有重要的推动作用。第一，把培养高职学生的法治精神作为高职法治教育的核心内容，改变传统"重知识、轻精神"的教育方式，更有利于学生从整体上理解所学的法律理论，更有利于高职法治教育队伍重视对学生法律能力的培养，使学生树立权利与义务相一致、法律面前人人平等、民主法治等观念。第二，把培养高职学生的法治精神作为高职法治教育的核心内容，在日常生活中加强对学生的行为规范，帮助学生养成遵纪守法、依法办事、合法维权的习惯，培养法治社会所要求的优良素质，展现当代高职大学生应有的精神面貌。第三，加强高职学生法治精神的培养，可以使学生主动地从法律的视角理解国家相关政策方针，准确把握国家的禁止与提倡，自觉地将自己的思想行动与国家法治精神相统一，为实现全面依法治国奠定思想基础。

十八届四中全会公报中指出，"必须弘扬社会主义法治精神，建设社会主义法治文化，增强全社会厉行法治的积极性和主动性，形成守法光荣、违法可耻的社会氛围"②。但是，当前作为高校大学生重要部分的高职学生法律素养欠缺却是个不争的现实。这种状况的原因，虽然跟社会环境的变化以及权力的制约不足相关，但主要原因就在于高职法治教育水平不高，特别是对法治精神培育的忽略。因此，我们必须从满足高职学生全面发展的初衷出发，改进高职法治教育模式，系统化地强化对高职学生法治精神的培养。我们可以根据高职学生法治精神培育的程度，按照由表及里、由感性到理性不断升华的认识过程，将学生的法治精神境界分为以下三个层次。

（一）法治精神的第一个层次：法治意识

法治意识，是法治精神的初级层面，指法律主体对权利、义务等

---

① 柯卫：《社会主义和谐社会与法治精神研究》，法律出版社2012年版，第26页。
② 《十八大以来重要文献选编》（中），中央文献出版社2014年版，第172页。

法律现象的观点看法,包含法律心理、法律态度、法律观念等。培养法治意识就是要通过法治教育,使高职学生认同法律规定,主动遵守法律规定的思想,以法律规定为自己的行为底线,始终在法律允许的范围内活动。法治意识所包含的内容是广泛的,不同的群体可以各有侧重的教育目标,根据高职教育的培养目标,结合我国高职学生的情况,应该着重培养以下法治意识:

第一,法律至上的意识。我们要教育我们的学生认识到,法律是好的社会治理方式,在法律至上的社会,法律是社会最高的行为准则。法律的"最高"性体现在:法律具有最高权威,法律排斥任何法外特权;法律是国家治理的基本手段,能够创造一个人人平等的社会生活,是民众尊严和价值实现的保障。高职教育培养的学生将是生产一线的主力军,是现代市场经济的建设者,对他们进行法律至上意识的培养,意义重大。当法律居于学生生活比较重要的地位,成为学生调整社会关系,维护自身权益的重要规则时,法律就在学生们的内心形成崇高的威信,他们尊敬法律、接受法律、运用法律,法律成为高职学生工作生活的基本条件和根本保证。

第二,契约意识。契约是商品经济的产物,契约关系是经济社会的产物,包含着权责对等的含义,其核心是遵守规则,诚实守信。正如洛克所言:"当每个人和其他人同意建立一个由一个政府统辖的国家的时候,他使自己对这个社会的每一成员负有服从大多数的决定和取决于大多数的义务;否则他和其他人结合成一个社会而订立的那个原始契约便毫无意义,而如果他仍然像以前在自然状态中那样地自由和除了受以前在自然状态中的限制以外不受其他拘束,这契约就不成其为契约了。"①

所以对高职学生的契约意识的培养,也应该将教育重点放在培育其诚实信用的品格,引导他们认识到平等自由的价值。根据我们的调研结果,高职学生虽然权利意识增强,但面对个人利益得失的选择时,契约意识、规则意识有待提高。在法治教育的过程中,针对高职学生责任心差、诚信意识薄弱的现状,我们要培养学生权责对等的意

---

① [美]洛克:《政府论》(下篇),商务印书馆1981年版,第60页。

识,既要肯定和规范个人的权益,又要帮助学生认识到遵守法律、执行契约的必要性。一个能把个人利益、集体利益和国家利益关系正确处理的人,才能很好地融入社会,更好地与他人合作,提高社会履约的效率。因此,培养高职学生的契约意识,不但可以引导他们自觉守法,而且可以更好地维护其个人利益,实现社会利益最大化。

第三,规则意识。概括来说是民众对包括法律规则在内的各种社会规范的认同、服从和遵守。规则意识的培养作为一种心理活动,是知、情、意、行的转化过程,是认知法律,培养情感,树立守法意识,最终养成守法行为的习惯。具有规则意识,是现代社会成员的必备素养,也是高职学生顺利进入社会,实现终身发展的必要修养。在高职学生就业创业的过程中,必然会面对各种复杂的利益冲突,只有具备较高的规则意识,才能自觉主动地履行法定义务,依法保护自身权益。

根据我们的调研,高职学生的规则意识不尽如人意。处于青春期的高职学生具有情绪稳定性稍差,知行易脱节,自控能力弱等特点,所以必须在法治教育的过程中,根据高职学生的特点以及高职学生对法治社会的重要性,加强对高职学生规则意识的培养。通过法律基础知识的传授和法律情感的培养,形成规则意识的内化;而通过规则的遵守和服从,达到规则外化的效果。理论和实践的有效衔接,规则意识的培养形成良性循环,高职法治教育的培养目标才能顺利实现。

(二)法治精神的第二层次:法治理念

"法治理念是对法治的性质、功能、目标方向、价值取向和实现途径等重大问题的系统化认识和反映,它根植于一国法治实践之中,反映法治现实,对法治实践起着指导和推动作用。"[①] 法治理念可以视为法治精神的第二层次,是法治意识的进一步提升,对于个人和国家都有重要的意义。对高职学生来说,进行社会主义法治理念的教育是法治教育的重要内容,是坚持中国特色社会主义法治教育的体现,就是教育学生认识社会主义法治的性质、功能、目标、价值以及实现

---

① 中共中央政法委员会:《社会主义法治理念读本》,中国长安出版社2009年版,第4页。

途径，以之为守法护法的指导思想。离开法治理念的法治国家建设，在理论上就失去基础和主导，在实践上就失去动力，法治社会的终极目标也就无从实现。

培养高职学生树立社会主义法治理念有重要的现实意义。经过近四十年的探索，我国法治教育已经由法律知识的传授转变到法律意识的培养，而加强法律理念的教育，更是推进了我国法治教育理念的转变过程。通过学习社会主义法治理念，可以帮助高职学生对我国法治体系有更全面深刻的认识，更加理解和认同社会主义法治的有关理论，自觉遵守和维护法律，全面提升高职学生的法律素质，使他们积极主动地参与到社会主义法治建设中来。

针对高职学生的实际情况，法治理念教育的主要任务不仅是要求学生了解掌握其内容，而是帮助学生养成一种法治的思维习惯和法治思维方式，教育学生掌握以法律为手段分析思考并解决现实问题的方法，使学生学会主动自觉履行法律规定的权利与义务，形成信仰法律的信念。按照中央印发的《关于认真学习〈社会主义法治理念读本〉的通知》的部署，高职法治教育要将社会主义法治理念教育纳入高职法治教育的教学体系中，按照高职学生的不同层次的要求，通过多种方式使社会主义法治理念"进教材、进课堂、进学生头脑"，不断丰富社会主义法治理念教育的内容形式，不断改进创新法治理念教育的方式方法，增强高职法治理念教育的针对性和实效性。

（三）法治精神的第三个层次：法治信仰

所谓法治信仰，就是人们对法律绝对认同的基础上产生绝对的信任，将法律上升到至高无上的地位，以法律为自己个人的最高行为准则，坚定地信仰和维护法律。正如郑成良所言："法治固然取决于一系列复杂的条件，然而就其最直接的条件而言，必须存在一种与之相适应的社会思想方式，即只有当人们能够自觉地而不是被动地、经常地而不是偶然地按照法治的理念来思考问题时，才会有与法治理念相一致的普遍行为方式。"[①] 所以，法治社会的建立根基是民众发自内心的全力拥护，依法治国的力量源泉是民众真诚的信仰。

---

① 郑成良：《论法治理念与法律思维》，《吉林大学社会科学学报》2000年第4期。

"法律必须被信仰,否则它将形同虚设。它不仅包含有人的理性和意志,而且还包含了他的情感,他的直觉和献身,以及他的信仰。"① 作为未来社会精英群体的高职学生是我国法治社会建设的中流砥柱,帮助他们树立积极的法律信仰尤其重要。"尤其对于我国这样一个人治观念根深蒂固的国家来说,要想在全社会普遍形成法律信仰,就更需要法律教育肩负起这一历史使命,不仅要培养法律职业者的法治理念,而且还要培养全体公民的法律信仰。"②

然而现实是,部分大学生,包括一些高职学生缺乏法律信仰,比如对法律不信任、不尊重,偏执地认为法律并不能够惩恶扬善;或者受社会不良风气的影响,信仰权力,认为权大于法。实践证明:"只有对法律的崇尚、信仰,才能激发人们对法律知识的追求,法律知识才能增多。"③ 培养高职学生的法律信仰对高职的法治教育工作有很大的促进作用。因此,根据当前我国现实国情和高职学生的具体情况,积极采取培养大学生法律信仰的对策。除了在法治教学中要改进教学方法,消除思想障碍等具体措施以外,关键还要净化法治大环境,维护法律权威。比如政府机关应该厘清与法律的关系,确保权力服从法律;司法机关要努力维护司法公正,维护司法权威。通过由浅到深、由表及里、由初级到高级、由感性到理性的逐步推进,不断提升高职学生法律信仰的精神境界,进而推进和带动高职法治教育的有效展开,为法治中国建设提供不竭的力量源泉。

四 高等职业院校法治教育终极目标:促进学生全面发展

马克思关于人的全面发展的理论认为,教育与生产劳动相结合可以实现人的全面发展:"职业教育最能体现教育与生产劳动相结合的原则,是人的全面发展的根本途径和唯一方法。"④ 与高职专业技能教育的培养目标不同,高职法治教育应该突破解决学生求职就业的技能培训,

---

① [美]哈罗德·伯尔曼:《法律与宗教》,梁治平译,中国政法大学出版社2003年版,第3页。
② 刘佳:《法律教育学》,社会科学文献出版社2012年版,第46页。
③ 刘洪旺:《法律意识论》,法律出版社2002年版,第125页。
④ 李德芳:《促进人的全面发展——职业教育功能研究》,《职教论坛》2012年第4期。

第四章 高等职业院校法治教育的目标与原则

把教育的终极目标定位于促进高职学生全面发展的综合素养的提升。

马克思关于人的全面发展的重要理论和高职教育密切相关,主要体现在两个方面:第一,人与社会发展同步。人与社会紧密联系,离开社会,人就失去了存在的意义。所以人的发展程度与社会发展程度具有统一性,即人的发展与社会的发展互相促进、互相制约,"一方面,人的发展决定于社会的发展。另一方面,人的发展又决定着社会的发展。人是社会的主体,是社会发展的主体力量"①。每一个时期的个人,在其生存和发展的过程中,都会受到同一时期的社会生产力、生产关系的约束,当时的物质生活条件既规定了人的本质,又制约着人的发展,而与当时的生产力和生产关系相适应的人才能取得更好的发展。第二,人的发展具有继承性。马克思在对费尔巴哈的哲学批判中认为,历史的每一阶段都有其物质环境、生产力总和,它规定了下一代的生活条件,也就是说:"生产力、资金和社会交往形式的总和,是哲学家们想象为'实体'和'人的本质'的东西的现实基础……但它对人们的发展所起的作用和影响却丝毫也不因此而受到干扰。"② 不论是整个人类还是单个个人的发展,都是他们对上一阶段的继承和发展,所以,整个社会的发展史和人类的发展史都会对我们每个人的发展产生或多或少的影响。

不管是人与社会发展同一性的理论还是人的发展继承性的理论,对我国高职法治教育工作的启示是:第一,当今社会的发展程度在本质上决定了高职学生的法治素质。第二,在某种程度上高职学生的法律素质可以反映出现代社会的发展程度。作为社会发展后备精英的高职学生群体,其整体法律素质的高低反映了社会发展的程度。第三,高职学生法律素质的提升符合人的全面发展的基本内容。作为高职学生能力素质一部分的法律素质,不但体现高职学生能力素质的高低,显示学生个体之间的差异和独特性,而且还可以反映社会关系的发展程度。因此,认清高职法治教育以人的全面发展为根本目标不但重要而且必要。

---

① 李大兴:《论马克思人的全面发展理论的根本变革》,《哲学研究》2006 年第 6 期。
② 《马克思恩格斯选集》第 1 卷,人民出版社 2012 年版,第 173 页。

首先，高职法治教育可以提高学生依法维权的能力。高职法治教育源于大学生全面发展的需要，是帮助高职学生解决学习生活中遇到的困惑和问题的重要手段，帮助学生处理不同时期的自我与他人之间的关系。法律的最主要作用就是保护公民权益，任何法律的最终目的都可以归结到对各种权益的保护，这既是法律的根本价值，也是人们生存发展的需要。所以，高职法治教育对高职学生提升综合能力有相当重要的作用。随着社会的发展开放，加之高职开放性的办学模式，决定了高职学生的生活环境更加复杂。相比普通高校的大学生，高职学生参与社会的时间早，参与社会实践的机会多，不论是参加社会实践还是专业实习，在其过程中都有可能涉及保护自身权益的问题。所以，高职法治教育通过理论讲解与实践教学，不但可以教育学生维护其尊严和自由，还可以帮助他们实现人性的完美。

其次，高职法治教育可以培养学生全面发展所需的思想品质。思想政治教育是指"社会或社会群体用一定思想观念、政治观点、道德规范对其成员施加有目的、有计划、有组织的影响，使他们形成符合一定社会、一定阶级所需要的思想品德的社会实践活动"[①]。法治教育可以有效地推动高职院校思想政治教育的整体推进。在培养"全面发展的高素质人才"的总体目标下，法治教育可以配合思想政治教育的全面展开，从法律强制力的角度督促学生遵守社会规章制度，内外结合，提高高职学生的思想政治水平；同时，高职学生法律意识的树立和法律素养的提高，有助于他们以更加理性的心态对待我国当前的政治现象，以合法的方式参与民主政治活动，从而促进高职学生整体思想政治素质的提高。

再次，高职法治教育有利于提升学生社会所需的道德素质。正如习近平总书记对于法律和道德关系的论述："法律是成文的道德，道德是内心的法律。法律和道德都具有规范社会行为、调节社会关系、维护社会秩序的作用，在国家治理中都有其地位和功能。"[②] 法律规范具有一定的道德寓意和价值判断，遵循诚信和公平原则的法律规范

---

① 陈万柏、张耀灿：《思想政治教育学原理》，高等教育出版社2007年版，第4页。
② 《十八大以来重要文献选编》（中），中央文献出版社2016年版，第185页。

和道德规范有共同的价值基础。"把道德素质和法律素质的培养结合起来,相互贯通、相互促进,符合大学生思想品德形成与发展的规律,有助于当代大学生从整体上提高自身的思想道德素质。"① 尤其在当今社会转型的新时期,传统的道德观念受到极大的冲击,新的道德观念尚未形成,加强法治教育不但是必须的而且也是迫切的。"法制教育不仅可以及时弥补传统道德失范所留下的社会规范空白,而且还将为新的道德观念的催生和生长提供现实的土壤和基础。法律规范对人们行为的调整,是通过其刚性约束机制实现的,这使得法制教育在道德观念日趋多元化以致人们感到无所适从的情况下,在调整人们的行为方面具有思想道德教育难以比拟的实践优势和普遍有效性。"②

最后,高职法治教育可以促进学生专业素质的发展。法治教育有助于大学生以理性与规范性的思维思考专业发展的规律。爱因斯坦认为:"学校的目标始终应当是,青年人在离开学校时,是作为一个和谐的人,而不是作为一个专家。"③ 我国几十年高职教育实践探索也证明,仅仅培养具有某一专职技能的高职毕业生是难以适应飞速变换的时代要求的,教育的真正目标应该是培养有思想、有能力,高品质的全面和谐发展的人才。包括法治教育在内的高职基础教育,有利于推动职业技能教育与综合素质教育有机结合,造就有知识、有能力、有品格的优秀高职毕业生。尤其全面实现法治中国的建设过程中,具有较高法律素养的专业人才,更能够在求职就业创业的过程中提高竞争力和工作实力,既可以依法办事,又可以以法维权,在法律允许的范围内顺利发展。

第二节　高等职业院校法治教育实施的原则

针对高职法治教育的现状和问题,结合高职教育的发展历史过程

---

① 骆郁廷、周叶中、佘双好:《思想道德修养与法律基础》,武汉大学出版社、湖北人民出版社2006年版,第12页。
② 吴潜涛:《"思想道德修养与法律基础"研究述评》,中国人民大学出版社2007年版,第380页。
③ 《爱因斯坦文集》第3卷,商务印书馆1979年版,第146页。

和教育特点,在改进高职法治教育的过程中,为了更有效地实现教育目标,我们应该高屋建瓴、做好全局规划,设定一定的标准和原则,既要脚踏实地,又要做到切实管用,力争在一个有效的框架内探索更先进的教育方法和路径。既求近功,又讲长效,依据实证调研的结果分析,学习国际上的相关先进经验,全面坚持以下基本原则。

一 终极性目标与阶段性目标相结合

提高就业能力是高职教育的阶段性目标。2004年4月,中央在《关于以就业为导向深化高等职业教育改革的若干意见》中指出,高等职业教育应以就业为导向,这是国家第一次明确"以就业为导向"是高职教育人才培养目标确立的依据。这表明,培养有一技之长、能够直接进入工作岗位的技能型或应用型人才是高职教育的重要目标。增强学生的就业能力的高职办学思想和办学方向的确立,对于现阶段提高高职毕业生的就业能力、更好地服务于社会需要、更好地解决高职毕业生就业难的问题起到了积极的作用。相比普通高校的办学目标,高职教育的重要教育思想就是使学生获得相应职业领域的就业能力,因为大部分高职毕业生要直接进入劳动就业市场,而只有部分毕业生有可能升学或接受再培训。因此,"以就业为导向"作为高职的教育目标是社会发展的需要,也是高职教育改革探索的重要成果。

高职法治教育对提高学生就业能力的促进作用。"以就业为导向"是法治教育与职业教育融合的新思路,作为配套改革措施,高职法治教育在教学模式、教学体系、教学内容,教学方法等方面也都进行了配套的改革。虽然职业能力、专业技术是用人单位选聘高职毕业生的首要选项,但高职毕业生在实习、就业过程中显示的契约意识、责任意识、规则意识等综合素质越来越受到用人单位的重视,并且对高职毕业生的这些综合素质要求是适应职业社会的发展趋势。因此,为了帮助高职毕业生成为合格的"职业人",加强法治教育的针对性和阶段性势在必行。

但是需要引起我们注意的是,"以就业为导向"应该仅仅是高职教育的阶段性目标,绝不是高职教育目标的全部。我们一定要警惕当前一些高职院校把培养就业技能视为唯一目的的教学模式,它们片面

第四章　高等职业院校法治教育的目标与原则

强调专业课对高职学生专业技能的重要性,而对于提升高职学生人文素质的基础学科忽略甚至抛弃。这种短视性的教育错误地认为：培养就业能力就是要满足既定的就业岗位,不需要素质教育。其可能造成的结果就是：不但高职法治教育失去自己的专业体系和地位,而且高职毕业生可持续发展能力差,难以满足不断发展的市场需求和现代技术对复合型人才的需求。随着科学技术综合化的发展,仅仅培养学生成为某门学科的"专才",没有较高的综合素养,是难以跟上越来越快的新技术革命进程的,更难以适应越来越高的职场要求。

高职法治教育的终极性教育目标是促进人的全面发展。1996 年,国际 21 世纪教育委员会在向联合国教科文组织递交的报告《教育——财富蕴藏其中》就明确指出,要使受教育者学会求知、学会做事、学会合作、学会生存,并且教育虽然要重视受教育者适应工作和职业需要的能力,但还应该重视人格和个性培养,充分发展适应工作和职业需要的能力。[①] 一个人格健全的现代职业人,除了具备专业的知识和技能,还应该有较好的法律规则素质、思想品德素质、心理身体素质。职业教育的目的是使高职学生学会做事,高职法治教育的目的是要促进法治教育与专业业务素质教育的结合,使学生学会做有原则、有底线的人,提升其终身学习发展的能力。

法治教育的改进措施,应该响应我国实施并推进素质教育的号召,合理完善我国高职教育的课程建构,坚持终身教育的目标与以就业为导向的阶段性目标相结合的原则。高职教育本质上首先是教育,应该具备教育的共性,即以传授知识为途径,以培养能力,塑造人格为目标,完成教化育人的过程。"全面发展"已经成为我国高职人才培养目标的落脚点,高职教育的改革创新,高职法治教育各方面工作的开展只有紧紧以"促进人的全面发展"为核心,才能切实提高高职教育的水平。"全面发展"的教育目标具体到高职法治教育中,就是培养具有法律素养的高素质的综合型人才。所以,从人的全面发展的角度理解高职教育的培养目标更适应社会发展的需要。

---

① 联合国教科文组织总部:《教育——财富蕴藏其中》,教育科学出版社 1996 年版,第 89 页。

借鉴国际职业教育的成功理念,许多国家已经认识到"岗位工种"主导的局限性,从多个视角提出了"综合素质"的全面发展的教育理念。联合国教科文组织国际教育发展委员会在其《学会生存》一书中指出:"为人们投入工作和实际生活做准备的教育,其目的应该较多注意到把青年人培养成能够适应多种多样的职务,不断地发展他的能力,使他跟得上不断改进的生产方式和工作条件而较少注意到训练专门从事某一项手艺或某一种专业实践。"① 高职法治教育不仅为提升学生的就业能力的高职教育阶段性目标服务,而且以促进学生的终身全面发展为终极目标。并且,高职法治教育培养学生的综合素养的教育原则还顺应了国内外职业教育从单纯的能力教育走向综合素质教育的潮流。

二 开放的教育内容与多样的教育方式相结合

"以人为本"决定了高职法治教育开放性与多样性的教育原则。高职教育作为高等教育的一种类型,虽然有其职业教育的特性,但首先它是教育,应保证其育人功能。所以,高职法治教育是要培养职业人才,更是要培养社会需求的全面型人才,应在人才培养活动之中全方位、全过程地体现法律品质、法治精神等非智力因素或"非技术因素"。换言之,高职法治教育应本着以人为本的理念,从素质教育的理念出发,选择开放性的教育内容和多样性的教育方式,全面改进高职法治教育。

但是,长期以来,我国高职法治教育实践中,受一些社会历史因素的影响和教育理念的局限,我们把更多的注意力放到社会发展、政治经济改革、文化技术改进,忽略了人的全面发展的本质需求。例如,我们在设置高职法治教育课程时,更多地考虑是办学条件、师生比例、课时限制等因素,迫于办学的压力往往将重心放在强调学生专业技能,而极少关注学生法律品质的发展,忽视对学生法律意识、职业法规和职业情感的培养。尽管国家规定高职法治教育的目标是培养

---

① 联合国教科文组织国际教育发展委员会:《教育世界的今天和明天——学会生存》,上海师范大学外国教育研究室译,上海译文出版社1979年版,第259页。

第四章 高等职业院校法治教育的目标与原则

全面发展的高素质人才，但许多高职院校过于重视与学生求职就业紧密联系的技能训练，高职教育背离了促进人的全面发展的目的，最终导致了学生整体法律素质的低下。

因此，选择开放性的教育内容是高职法治教育改革的新原则。所谓开放的教学内容，要求法律专业老师时刻关注法律界及高职教育相关的最新动态，并有甄别地吸收近几年的研究成果，增加新的理论知识和教学素材。以开放的视角，以能否满足学生的成长需求为标尺，及时根据高职学生的学习生活需求和社会需求不断丰富调整教学内容。法律教师要突破传统的法律基础课的知识讲解的教学局限，不断调整教育思路，做到教学与时俱进，充分利用校内校外、现实与网络各种教育资源，增强法治教育为高职教育的"造血"功能，提高高职毕业生的竞争力。"开放"应该成为高职法治教育改革的新原则。

高职教育的特点决定了高职法治教育开放性的教育理念。与普通高校的办学模式相比，高职教育学制一般是三年，在校集中学习只有两年半，学制时间短，加之专业实践教学课时较多，所以高职法治教育教学任务更重、难度更大，而且对高职学生的法律职业知识、法律生活中的运用化要求更高，这些特殊情况进一步增加了高职法治教育的工作量。为此，选择开放性的教学内容，不拘泥于法律基础课的传统教学内容，随时根据学生工作、学习的需要调整增删教学内容，有助于提高高职法治教育的针对性和实效性。当然，这对高职法治教育团队提出了更高的要求，应提高专业教育能力、转变教育理念、加强团队合作、改进教育方法，全面贯彻执行开放性的教育原则。

所谓多样的教育方式原则，就是要求在教学形式上打破校园封闭式的教学环境，加强学生与社会间的互动。虽然起步晚、师资力量薄弱，导致高职法治教育向普通高校学习法治教育经验是其发展改革的捷径之一，但高职毕竟是与普通高校不同类型的高等院校，其法治教育必须有其自身特色和教育原则。这是由高职教育自身的特色决定的，否则一味模仿与雷同将使高职法治教育失去其应有的作用和价值。立足于高职教育特色，本着扬长补短、坚持高职特色的原则，不断创新高职的教育方式，从而提高高职法治教育的综合质量和效益。

与普通高校的法治教育相比，绝不能因为高职专业性、职业性要求强,作为素质教育和通识教育部分的高职法治教育就可以关起门来办学,固守旧的传统教育方式。恰恰相反,作为高职教育一部分的法治教育,它必须不断创新,以灵活多样的教育方式去适应高职教育特色。比如,探索多途径的法治教育的实践教学,加强校企合作、加强产学研紧密联系,调动地方、各行业、各用人单位的法治教育资源,通过学生在校外实习、实训、社会实践调研等教育方式,增强高职学生对法律的切身体验。在探寻教育方式时,要突破传统的单一课堂教学模式,结合高职教育职业性、实践性的特点,注重隐性教育的方式,强调借助专业教育进行法治教育的渗透,强化实践教学,充分利用高职学生实训实习的途径延伸法治教育课堂,积极借助社会资源丰富法治教育内容和方式。以基本理念为导向,根据高职教育的特点和需要选择教育方式,将成为高职法治教育的必然选择。

总之,虽然高职法治教育必须在国家指导的范围内开展进行,但这绝不意味着我们只能固守传统进行简单的法律知识传授。国家在发展,社会在进步,为了培养适应新时期需求的优秀高职毕业生,高职法治教育必须坚持以人为本的教育理念,坚持并不断改进开放性、多样性的法治教育模式。

三 法律基础课堂教学与法治教育实践相结合

我国现代化建设需要大量高素质的高职人才,而优化的知识结构和能力结构是合格高职毕业生的必备条件,高职院校正是肩负着为国家和社会培养大量高素质人才的重要角色,传授知识技能、发展能力是高职教育的两大主要任务。传授法律基础知识的主要阵地在课堂,增强学生法律能力的主要途径在实践,坚持基础的课堂教学和法治实践的教学应成为高职法治教育的基本原则。

首先,法治教育应该坚持课堂教学的原则。当今,随着移动通信设备的升级和通信技术的发展,我们已经进入移动互联时代。为了提高高职法治教育对学生的吸引力,针对高职学生接受新事物较快的特点,许多高职院校与时俱进,在法治教育的内容和方法上不断创新,逐步推广网络课堂,开始把微信、QQ、微博等移动互联平台作为法治教育的重要途径,在法治教育的改进方面取得了一定的成果。但是，不论探寻新的教学模式如何，高职法治教育的主渠道都应该是课堂教学，是"本"，任何时候都不能舍本逐末。

开展法治教育首先要坚持课堂教学的主阵地。通过课堂教学，向学生传授法律基本知识，介绍马克思主义法律观，讲解我国社会主义法律体系。在必修课《思想道德修养与法律基础》之外，可以根据学生的专业特色，让学生有选择地学习一些部门法。作为传授知识经验最丰富、效率最高、授课成本最低的教学模式，课堂教学在高职法治教育的地位无可替代。当然，我们坚持课堂教学，并不是要否认传统的课堂教学存在的一些弊端，这恰恰是我们要积极探索实践教学新模式的动力。我们要以学生为根本，通过多种教学方法的改进，充分调动师生参与法治教育的积极性，通过有效的师生互动，让学生在发现、分析、解决问题的同时把死记硬背的知识变为可以灵活应用的知识，表现为法律知识的获得、能力的发展和思想觉悟的提高。

其次，实践性原则贯穿高职法治教育全过程。作为高职院校的一门公共基础课，高职法治教育一定是要适应高职教育重实践的特点，要满足高职学生学习生活工作的需求，否则就难以确立在高职教育体系的重要性，难以调动学生学习参与的积极性。如果法治教育的课堂教学是让学生知晓"法律是什么"，那么实践教学的目的就是帮助学生学会"怎么做""通过什么方式做"。从这个角度来说，没有实践教育的法治教育是难以达到其根本目标的。高职法治教育的很多问题不是单纯的法律知识性问题，而是具有很强的法律实践性。如果没有真实的、与学生现实生活紧密联系的法律实践，就很难完成真正法律素质的"养成"和"内化"。所以，生活实践对于提升高职学生法律素养非常重要。

法治教育与高职专业教育的有机结合是高职法治教育的特殊实践途径。高职学生必备的法律知识和能力，突出以应用为主旨，在学生实习实训的企业实践环境中更易养成。校企合作、产学研结合的过程中，高职学生可以在亲身体验中感受法律对自己的重要性，更主动地认同法律规定。高职法治教育要适应社会发展变化，满足职业岗位新需求，提升学生职业能力，就必须产学研紧密结合，充分满足学生通过实践锻炼法治能力的需求。为了提高法治实践教学水平，高职院校既要建立完善校内法治教育基地,又应该扩展到校外多个部门、建立校外法治教育实训基地。即使开展校内法治教育活动,为了增强实效性,也应该和企业密切联系,虚心向有关部门请教;校外实训更需要学校与机关部门、企业的共同合作,比如企业参与高职法治教育需求调研、共同设计法治教育内容,从教育目标、教育模式的设置,到教学计划、课程内容的制定,再到法治教育的实施考核。以产学研结合的方式进行法治教育,使高职院校能够密切跟踪企业需求改进教学方法,按照社会需求确定教育内容,充分体现了高职法治教育的特色。

当然,对高职法治教育教学模式的评价也应坚持多样化原则。高职法治教育是素质教育而不是智育或技能教育的认识一定要推广,不论是对高职法治教育的课堂教学还是实践教育,必须有科学有效的评价准则。第一,设定具体明确的评价标准。一些高职院校在改进法治教育的过程中,虽然探索试行了一些新的教学模式,试图改变传统的课堂教学、加强实践教育,但是由于缺乏一个普遍认可的评价标准,使得学校主管部门的评价、具体实施部门的落实缺乏一个统一的标准可参照。其后果就是,许多法治教育教学模式的探索最后不了了之,优秀的成果没有得到认可和鼓励,得到的教训没有及时总结。第二,评价标准要避免"课堂化""单一化"。鉴于以往的经验教训,对于法治教育的评估,不论对于课堂教学还是实践学习,要避免一刀切的做法。我们应根据不同的教学模式,确定不同的评价标准。比如对课堂基础教学的评价,重在学生积极主动地参与,关键是学生的法律知识的收获和对社会主义法律理念的认同,必须改变以往教师"一言堂"、学生"法律知识量化"的评价标准;对于实践教学的评价标准,主要应该是根据高职的实践能力和法律行为来作为判断法治教育实践教学效果的主要依据。第三,以培养高职学生法律能力为宗旨设计评估准则。一些高职院校存在的高职法治教育智育化的现象,往往与这些院校采用应试教育的评估标准有关。简单的以法律知识记忆、案例理论分析为评估依据,使高职法治教育沦为纯理论的传授。高职法治教育原则改进的思路应是多样化、灵活化、实用化,实践考核的方式的设计选择应该以提升高职学生法律能力为宗旨,以"应用"为指向和目标构建法律课程考核体系,促进高职法治教育教学质量的提升。

四　法治教育专业性与高职教育职业性相结合

美国实用主义教育学家约翰·杜威认为："职业教育不等于狭隘的职业训练，在教育内容上应将普通课程与职业课程融合与互补，因为职业技能的获得应有一个广泛的文化知识背景。"① 因此，单一的职业技能训练是难以适应社会发展需要的，于是，专业性与职业性的结合就成为高职法治教育的必然选择，成为高职法治教育的教学的基本选择。

要使高职毕业生真正成为法律的主体，就应该培养其以法的主人的姿态自觉、积极、主动地去守法，完全实现法的自我内化，真正具备法律素养。而法律素养本身是一种非常专业的理念、能力、技能体系，对于培养学生法律素养的法治教育就应尊重法治教育的内在规律，注重提升高职学生对于法律的内在信仰，使自觉遵守法律成为一种内在发展的需求。"现代社会需要的人才，是一批又一批跨学科、泛学科的能力强的扩展型人才。要培养这样的人才，没有学科知识与内容的交叉与综合是难以实现的。"② 因此，专业性应是法治教育的突出特征，高职法治教育课程的设置和教学环节的安排均应该首先服从于专业的培养目标，教学过程也应该围绕着法律的专业规律开展，教学内容更应该具有明显的专业倾向性。

培养职业能力是具有高职特色的培养目标。通过接受高职教育，高职学生不但可以学会一项或几项专业技能，而且掌握一些基本的终身发展的能力，高职教育的这种特性决定了高职法治教育必须坚持职业性的教育原则。具体来说，职业性原则在高职法治教育课程要求是：在法治教育课程目标方面，以促进高职学生的职业法律素养为目标；在法治教育课程建设方面，丰富改进与职业法律知识相关的课程设置；在法治教育课程改革的主体方面，引进相关职业领域的专家参与；在法治教育的实践教学方面，通过校企合作、工学研相结合等途

---

① ［美］杜威：《民主主义与教育》，人民教育出版社1990年版，第20页。
② 孟宪平、李宾：《论职业教育课程内容改革的原则》，《职教论坛》2003年第10期。

径增加职业教育资源；在法治教育考核方面，以学生学习专业相关的法律知识和素养为考核内容。尤其是高职法治教育实践课的改进过程中，可以增添与职业相关的法律文化，通过丰富多彩的实践教学，使职业文化与校园文化有机结合，使高职学生在社会实践活动中既体验到法律的重要性，又感受到职业文化的熏陶。

总之，高职职业教育的特性，决定了我们在实现全面发展的终极性目标和以就业为导向的阶段性目标的过程中，应该注重法治教育内容的开放性与法治教育方式的多样性，以课堂教学为基础，积极拓展实践教育的多种路径，坚持法治教育的专业化与职业教育的专业性相结合的原则。改进高职法治教育的过程中，坚持以上基本原则，可以更有针对性地提高高职法治教育的实效性。

第五章　高等职业院校法治教育的改进建议

法治教育，作为高校思想政治教育的重要组成部分，要不断地进行改革创新，不断增强其思想性、理论性和亲和力、针对性。高等职业院校法治教育的改进思路正如2019年3月习近平总书记在思想政治理论课教师座谈会上所强调的："要坚持政治性和学理性相统一；坚持价值性和知识性相统一；坚持建设性和批判性相统一；坚持理论性和实践性相统一；坚持统一性和多样性相统一；坚持主导性和主体性相统一；坚持灌输性和启发性相统一；坚持显性教育和隐性教育相统一。"[①] 当前，我国高职院校法治教育存在的问题是历史发展进程中阶段性的问题，也是多种社会问题、普遍性教育问题在高职院校的集中体现，所以改进高职法治教育也必须社会各界齐抓共举，从内容、途径、方法、管理等多方面联动齐发。

第一节　建构高等职业院校法治教育内容体系

高职法治教育的培养目标重点在于提升学生的法律素养、塑造学生的法治精神。因此，在教育的过程中，有针对性地选择法治教育的重点内容有重要意义。不仅要巩固梳理有关基础法律素质的教育内容，还应根据高职教育的特点扩展丰富与专业有关的专业法律素质教育以及与就业创业有关的法律内容。

---

① 习近平：《用新时代中国特色社会主义思想铸魂育人　贯彻党的教育方针落实立德树人根本任务》，《人民日报》2019年3月19日第1版。

一 强化基础法律素质教育

高职学生既是我国高等教育的重要主体部分,也是我国普法教育的重要目标群体,提升其基础法律素养对我国法治建设有重要的促进作用。要切实提高高职学生的法律素养,首先要做好基础工作,即要强化高职学生的法律素质教育,要求高职学生掌握基础法律知识。作为非法律专业的高职法治教育,我们可以通过课堂内外的知识传授和实践活动,以多途径、全方位的教育模式,引导学生学习我国法律体系中的基础法律知识。如通过梳理新中国社会主义法律体系建设历程,厘清我国宪法的发展脉络,引导学生理解宪法内容,树立宪法权威;通过真实案例分析,联系学生学习生活工作的方方面面,加深学生对民商法的兴趣和理解;通过旁听听证会等法律实践活动,引导学生学习行政法,树立依法行政、依法办事的理念,养成法治精神;通过社会影响巨大的一些刑事案例的介绍,加深学生的规则意识和责任意识,体会刑法与社会个体的紧密关系,进一步规范自己的行为;通过旁听庭审、模拟庭审等活动,促进学生学习法律程序,了解依法解决矛盾和纠纷的途径,养成重视程序的习惯。知识是理念的先导,只有掌握扎实的基础理论,才能进一步培养学生的法律素养。

现阶段,高职院校学生学习法律基础知识的途径主要有三种:一是通过必修课《思想道德修养与法律基础》的学习,学习初步的各类部门法。从2005年"05方案"通过后,《思想道德修养与法律基础》在我国高校统一推广,教材后三章内容介绍了我国社会主义法律体系的各主要部门法,在高职学生法律学习的过程中起到承上启下的作用,既帮助学生复习了中学时期学习的部分内容,又扩展了新的学习内容。通过法律基础课的学习,高职学生初步系统地学习到基础的各部门的法律知识,为法治精神的培养奠定基础。二是通过开设选修课,丰富法律知识的学习。在必修课学习的基础上,高职院校还应该根据高职教育的特点和学生的具体情况,增设一些选修课,既可以考虑开设面向全校学生的通识法律教育选修课,如以"法与社会""法律与生活"为主要内容;又可以针对不同年级学生的需要,开设不同的选修课,如大一开设"法学概论",大二开设"劳动合同法";或者根据高职各专业学习的需要，开设不同的课程，如对会计专业的学生开设"经济与法"，对计算机专业的学生开设"知识产权法"。这些课程不但有助于拓宽学生获取法律知识的途径，实现高职法治教育促进学生全面发展的教育目标。同时，通过帮助学生了解我国社会主义法律体系，引导高职学生关注法治社会的建设，可以有效地提升高职学生的法治理念和法治思维，对全面实现法治社会也有重要的促进作用。

当然，在我们对高职学生进行法律基础知识传授的过程中，要避免传统的知识教育误区，将法律知识的学习理解为纯粹法律知识的死记硬背。本着素质教育的原则开展法治教育，通过学生法律知识的学习激活学生的法律学习兴趣，引导学生从知法学法的基础层面，上升到责权一致、民主自由的意识层面，逐步将公平、正义等法治价值内化于心。法律知识的掌握不是学习的终点，而是起点，通过强化法律基础学习，保障学生从理论学习到法治意识的转变，才能真正实现法治教育的目标。在确保高职学生掌握一定法律知识的基础上，引导他们了解和思考法治的缘起与价值，法治对个人、社会和国家的重大意义，中国特色社会主义法律社会的价值取向等深层次问题。

法律基础知识教育是为高职法治教育的最终目标的实现服务的，是以培养大学生成为自觉捍卫、忠实崇尚法治的社会主义合格公民，树立规则意识，权利义务观念。因此，在法治教育实践中，在进行理论知识传授的同时，一定要重视理论联系实践，积极回应学生的生活学习困惑，澄清他们在学习过程中的一些理解误区。并且，扩展学生法律知识学习的路径，不但在法律课堂上传授法律基础知识，而且引导学生在专业学习、实习实训等过程中，通过实践体验加深对法律知识的理解。

二 开展职业法律素质教育

开展职业法律素质教育是由高职教育的特点决定的，是高职培养复合型人才的需要。《国家中长期教育改革和发展规划纲要（2010—2020）》强调，高等教育改革的重点是扩大复合型人才培养规模，而国家近几年高度重视高职教育的发展改革也是为了满足社会对复合型人才的需要。而复合型人才，不仅要有扎实的专业知识，高超的专业技能，还应该有较高的法律素养和职业精神，这就要求我们应该高度重视高职法治教育。高职法治教育绝不是可有可无的人文教育，而是通过提升高职学生法律素养，提高其在未来职位中的竞争力，提高高职教育内涵的重要途径。

开展职业法律素质教育的重要内容之一就是相关专业的职业法规的学习。比如《会计法》《税法》《公务员法》等法规，它们是在社会生产发展过程中经过长期的实践积累，逐步形成的关于某职业的法律规定，它是适应职业活动规则和社会生产要求的法律规范，是工作中的规则制度以法律的形式确定下来，成为职业活动中人们必须知晓并遵守的行为准则。在当今法治社会，各行各业都有日渐科学规范的法律规定，高职学生在学习专业技能的同时，当然应该学习相关职业法律规定。如，学习汽车专业的学生应该了解知识产权法规、消费者权益保护法规等；学习工商管理专业的高职学生应该学习商经法等。现代社会仅凭专业技能是难以在激烈的竞争中纵横职场的。

开展职业法律素质教育的另一重要内容就是培养职业精神，是教学生学会做人做事的教育。在法治教育的调研过程中，我们发现，企业不仅仅希望职工有高超的专业技能，更要求职工有一定的职业素养，比如工作生活中的规则意识，对职业的忠诚意识，与同事的合作意识，等等。现实社会中，企业出现的一些重大责任问题，往往并不是技术原因，而是由员工的职业素养造成的。所以，高职法治教育通过职业法律素质教育，可以更好地培养学生从事社会职业、承担社会角色。我们应从帮助学生适应职业生活的角度出发，挖掘职业法律素质教育的意义和内涵，提高高职法治教育的实效性。从实际需要出发，认识到适应职业生活应当成为高职院校开展职业法治教育的本源和载体，而专业法律教学和实训恰恰是最能帮助学生直接了解到未来职业的相关法律规定，它比单纯的法律基础知识讲授更能够体现法治精神，更加直接、更加具体、更有说服力。因此，更应该从职业教育目标出发，发掘各专业相关法律教育的意义和内涵，提高高职法治教育的针对性。

加强高职院校法律法规专业课程建设，应该重点抓好两个方面的工作。一方面是加强通识法律基础知识学习和专业法律知识学习的有机整合。法律基础知识的学习主要通过我国高校统一推行的《思想道德修养与法律基础》课开展，而体现高职教育特色的专业法律知识主要指《劳动法》《广告法》《合同法》《经济法》《安全生产法》等。通过整合高职法治教育的内容，高职法治教育改进的重点在教育内容方面就应该是全面提升学生的专业法律素养。专业法律知识学习的前提是掌握了法律基础知识，同时，学好法律基础知识又可以促进专业法律知识的掌握。二者有机结合，才能真正提高高职法治教育的教学质量。

另一方面是促进法律基础课与专业技能课教学以及生产实践环节的整合。在重视高职法律基础课学习的基础上，结合学生未来职业岗位的职业特点，明确其通过所从事职业对社会所负有的责任，履行规章，讲求效益，进行明确化的法律辅导和专业技能培训，不断强化职场法规，加强职业道德。比如，在高职学生大一完成法律基础学习的前提下，根据不同专业的要求，对不同专业的学生开展法治教育。如理工科的学生进行信息安全法、知识产权法的学习，人文学科的学生学习旅游法、国际贸易法，等等。根据高职学生实习、实训时间长的特点，注重实践法治教育，通过学生的实践体验，可以对法律有更强烈的体会，掌握更深刻的法律技能和真正可以用得上的法律知识。这种实践体验不但可以提升学生职场竞争力，而且对法治精神的认同感会更加强烈。

三 重视就业创业法治教育

近几年来，国家高度重视就业创业教育，尤其强调职业教育是我国就业创业教育的重要基地。在2010年出台的《国家中长期教育改革与发展规划纲要（2010—2020）》中提出，职业教育要着力培养学生的就业创业能力，2014年颁发的《国务院关于加快发展现代职业教育的决定》进一步强调，要高度重视培养青年人的就业能力。而开展高职法治教育，既是提高高职生就业创业能力的重要途径，又可以丰富高职法治教育内容，增强高职法治教育的针对性。

具体来说，开展就业创业法律素质教育的必要性在于，一是有助于提升高职学生的法治能力。通过对高职法治教育调研,我们发现学生对求职就业过程中遇到的法律问题非常关注,他们在课余兼职、暑期打工等亲身经历和听到看到的一些劳动权益被侵害的案例,使学生体会到了依法维权的重要性。通过法治教育,既让学生学会签订劳动合同,辨别不合理不合法的条款,又能够在权益受到非法侵害时,依法维权。二是开展就业创业法治教育,有助于提高学生的创业能力。市场经济是法治经济,投入市场经济的创业活动,当然要在法律允许的范围内进行,任何人创业都会面临各种法律风险,高职学生当然也不例外。通过法治教育,可以帮助学生掌握与创业相关法律知识,避免创业过程中的法律陷阱,提高创业能力。现实中一些学生创业失败,往往与其缺乏法律意识有关。有的学生不依法办理工商登记或纳税,创业初期就出师不利;有的学生不知道自己从事的经济活动属于非法交易,以致迷迷糊糊走上犯罪道路;有的学生缺乏证据意识,交易时不签合同,结果维权无据;有的学生缺乏维权意识,面对权益受害,手足无措。高职法治教育开展职业法律素质教育,可以给学生必要的法律指导,降低创业风险,提高创业成功率。三是高职法治教育的就业创业教育,可以提升高职学生的诚信形象和高职院校的声誉。美国劳动部曾将个人品质列为就业能力三大基础之一。[①] 优秀的个人品质对个人职业发展有重要的影响,而优秀的毕业生对高职院校的发展也有重要的影响。以往,一些高职学生在求职就业过程中不遵守企业纪律,违背诚信原则,既降低了自己的职业声誉,也损害了学校的整体形象,导致用人单位降低了对高职生的信任度和与高职院校的合作意向。通过开展职业法律素质教育,可以培养高职生的契约精神和规则意识,减少学生在求职创业过程中的违约、违法事件,提升高职学生的诚信品质,提高高职院校的办学质量。

高职就业创业法律教育的分类:从教学途径的角度,可以分为知识类讲授和实践性教学两部分;从教育内容的角度,可以分为就业教

---

① O'Neil, HF. et al., Workforce Readiness: Competencies and Assessment, Lawrence Erlbaum Associates, 1997, pp. 4-6.

第五章 高等职业院校法治教育的改进建议

育与创业教育两大块。从知识讲授途径上看，就业创业法律知识教育的主要方式就是课堂教学。《思想道德修养与法律基础》课作为高职学生的必修课程，在法律基础知识的传授过程中对全体高职学生进行初步的就业创业法律知识的宣讲。除了《思想道德修养与法律基础》必修课程的学习外，学校还可以对不同专业的高职学生开展专题讲座或选修课。在实践教学环节，高职院校可以通过就业教育、专业实训、毕业实习等活动，对学生进行模拟签订劳动合同、职场法律知识竞赛、实训辅导、实习指导等。学生们通过实践体验，不但对就业创业有了更深刻的认识，而且进一步认识到法治教育的重要性，提高了法律学习的积极性。

从就业创业法治教育内容的角度分析，就业法律知识按照学生就业的过程，可以分为求职、签订就业协议、正式订立劳动合同、试用期、正式就业、辞职、解决劳动纠纷七个模块，包括劳动合同法、劳动法、就业促进法等部门法。同时，还可以根据学生在学校驻地实习兼职的情况，讲解本地的地方性劳动法规和规章。创业法律知识从投资创业、事业扩展巩固到破产清算三个模块，可以给高职学生介绍包括公司法、合同法、合伙企业法、知识产权法、个体工商户条例、破产法等部门法，帮助高职学生选择创业模式，了解创业流程，合法经营，让学生勇于承担法律责任并依法维权，降低创业风险。

就业创业法治教育重在实践。在法治教育过程中，注重通过社会实践强化就业创业法规的学习，帮助高职学生增强就业创业的主动性和理智性。比如，不论是法治教育的实践教学中的模拟面试、模拟签订合伙协议、采访用人单位的活动，还是专业课的实习实训中的顶岗培训、企业考察，诸多形式，可以引导学生切身体验就业创业的全过程，对自我进行准确定位，及时自我调适，既感知职业生涯的喜悦与艰辛，又提升了职业法律素养。尤其在高职学生实习、实训阶段，是学生运用课堂上所学到的相关劳动职业法律法规于实践的最佳阶段，针对学生的需要，及时向学生传授与就业创业相关的法律问题，如实习顶岗的规定、就业协议的签订、劳动合同法的规定等。

第二节　拓展高等职业院校法治教育途径

高职学生的法治精神培育是一项复杂的系统工程，需要遵循学生成长和教书育人的规律，整合学校、家庭和企业各方面的社会力量，从理论基础、法律应用、管理制度、社会环境等多方面入手，进行多角度的推进。正如习近平总书记在2016全国高校思想政治会议上指出的，我们要用好课堂教学这个主渠道，其他各门课进行渗透教育，要守好一段渠、种好责任田，使各类课程形成协同效应，坚持在改进中加强，满足学生成长发展需求和期待。①

一　完善法律必修课加选修课的课程体系

从目前我国高职院校法治教育的课程设置的情况来看，法治教育的主渠道就是《思想道德修养与法律基础》的教学。改进高职法治教育，首先要从高职《思想道德修养与法律基础》课的教学改革做起。

改进高职法治教育课堂教学，首先，处理好德育与法治教育的关系。当前，高职院校统一推广的必修课《思想道德修养与法律基础》本身就体现了德育和法治教育融合统一的关系。我们在法治教育的改进过程中，一定要注重教材各部分内容的有机联系，在总的教学目标的指引下，尽力做到整体课程教学的融会贯通。其次，更新课堂教育理念。根据高职教育注重职业性、应用性与实践性的特点，结合当今社会经济利益多元化的背景，法治教育面临的新挑战，要在服从国家教育精神的前提下，走出绝对一元化和全国统一的条条杠杠的束缚。应该根据高职教育特点和各高职院校的具体情况，增强高职法治教育的针对性与时代感，坚持法治理想与社会法治现实的统一，调整全国高校法治教育统一性与各地高职法治教育的多样性的统一，充分考虑高职学生的教育主体性和独特性。最后，改变法治教育旧的教学理

---

① 习近平：《把思想政治工作贯穿教育教学全过程　开创我国高等教育事业发展新局面》，《人民日报》2016年12月9日第1版。

念，加强社会主义法治意识与法治精神教育。作为非法律专业的高职学生唯一的法律必修课，《思想道德修养与法律基础》在做好基础理论知识教学的前提下，着重提高高职学生的法治能力。在实际教学中，必须改变某些高职院校沿袭传统教学思想，重法律知识学习、轻法治理念培育，重法律工具价值、轻法律理念价值实现的现象，以课堂教学为主阵地提高高职法治教育质量。

当然，仅仅依靠《思想道德修养与法律基础》课中一二十个课时进行法治教育，显然是不够的，应鼓励有条件的高职学校开设法治类选修课，丰富课程类型和课程内容，吸引更多学生选修。从而形成以《思想道德修养与法律基础》课为主干课程，法治教育相关课程为延伸课程，有序衔接、互相补充的课程体系。延伸课程分为两个层次，第一层次是延伸课程中的必修课程，主要是法治价值和法治文化类选修课，如法理课、宪法课，课程内容主要包括法治的规范性、政治性、价值性内容。这类课程侧重于对法治价值的理解，鼓励和满足对法律有足够兴趣的学生高层次深入的法律学习。第二层次是延伸课程中的选修课程，主要是实用型法律选修课，课程内容包括职业法律规范、常用法律规范等，如《公务员法》《消费者权益保护法》《劳动合同法》等。

考察当前大部分高职院校法治教育课程安排不难发现，各学校开课情况比较随意，除《思想道德修养和法律基础》课为必修课，有统一教材和教学要求外，其余选修课是由各校根据实际情况开设，而开课依据常常是师资力量，在课程的开设数量和教学内容上都有较大不同。对于有师资的学校而言，开始法律选修课自然不成问题，而对于一些法律师资不足的学校，除了规定的《思想道德修养与法律基础》课外，就很少开设法治教育选修课。法治教育选修课的开设方式也存在一些问题。一是一些课程偏重于部门法律知识传授，专业性较强，仍属于知识教育课程，如《环境法学》《外国行政法》《知识产权法》《刑事政策学》等；二是一些课程与《思想道德修养与法律基础》课中的内容有所重合，如《劳动法》《婚姻法》与《思想道德修养与法律基础》课第六章"培育职业精神，树立家庭美德"中关于劳动法和婚姻家庭法的内容重复；三是有的课程之间略显重复，如

《知识产权法》与《知识经济与知识产权管理》、《人权与法》与《法治社会的公民权利》、《法律与跨文化交往》与《全球化时代的法律冲突与对话》、《环境与资源保护政策》与《环境法学》,等等。这些问题都说明,高职法治教育课程还没有形成科学合理体系。

高职法治教育课程体系设置改进的基本方向。在目标设定上,从高职院校的具体情况出发,有层次有针对性地设置各门法律必修课或选修课,体现时代性,使高职法治教育课实现现实性与理想性的有机统一。在课程内容选取上,紧密联系法律学科理论新成果,符合党和国家的政策导向,使法治教育课更贴近高职教育目标、贴近高职学生实际需求。通过多元的、内在相互贯通的路径设计,形成高职特色的法治教育体系。

总之,高职学生法治精神的自觉养成和法律技能的娴熟掌握,不是通过学一门《思想道德修养与法律基础》课所能及的,高职学生的法治教育应贯穿于整个大学期间,形成科学系统的法律课堂教育体系。要充分利用课堂传授这一特定的文化传递方式,发挥各法律专业课程在进行法治教育方面的不同作用和功能,使学生在学习法律的过程中受到比较系统的法治教育。

二 扩展法治教育向职业教育的渗透途径

渗透教育是改进高职法治教育的新思路,探索高职法治教育显性教育与隐性教育的辩证关系,这是由高职的具体教育特点决定的。一方面,由于高职年限较短,技能实训任务较重,作为高职通识课程之一的法治教育课程的课时有限,将法治教育渗透于专业课程教学或职业技能实训中是扩展法治教育的有效途径;另一方面,体现高职特色的企业校园文化和实训基地的专业环境,可以使学生在环境熏陶下逐渐形成良好的法律素质,使法律教育内化为学生素质。

(一)加强高职各专业学科的法治教育渗透

法律,作为一门社会科学,其本身就涉及许多社会学科的相关内容,可以说是一门多学科交叉融合的专业。因此,通过其他专业实施法治教育渗透是有可能性的。通过借鉴其他专业的教学方法、教学思想或原则,对学生进行法律的渗透教育,使高职学生在学习专业知识

第五章 高等职业院校法治教育的改进建议

和技能的同时,通过潜移默化的法治教育,吸收与专业教育相关的法律因素。另外,以专业教育的渠道实施法治教育渗透也是有必要性的。在目前大部分高职院校强调专业技能培育,法治教育教学日益边缘化,法治教育时间一再被压缩的情况下,高职法治教育通过专业教学实施渗透教育不仅越来越必要,而且已经成为延伸法治教育课堂的必需路径。

实施渗透教育虽然有可能、有必要,但从目前实际调研的情况来看,高职院校还没有对法治教育的渗透工作给予足够的重视。比如,有些高职院校管理部门,人为隔断专业教育与法治教育的内在联系,专业教育与法治教育衔接不畅;许多专业学科的教师法律素养不够,缺乏对学生主动进行法治教育的积极性;即使一些专业学科加入了法治教育因素,但方法牵强生硬,教育效果不理想。这种法治教育在高职教育过程中单打独斗的局面,导致教育资源的浪费,影响了高职学生综合素养的提升。

以此为鉴,我们应该深入挖掘高职其他各专业科目和学科所蕴含的法治教育资源,丰富法治教育的内容,增强法律在高职各专业学科中的渗透。这是充分利用现有教育条件,整合法治教育资源,发挥法律的育人功能,对拓宽高职法治教育的路径有重要意义。

第一,深度挖掘高职专业学科中的法律教育资源。培养高职学生专业技能的各专业学科,是高职教学体系的主体部分,是实现高职教育目标的主要途径。高职法治教育应充分利用此重要渠道,准确敏锐地挖掘各专业学科内容中的法治教育资源,把凡是可以纳入高职法治教育渗透的内容都丰富到高职法治教育的内容体系。在法治教育途径方面,要利用高职重实践、职业性强的办学特点,灵活运用专业教育的教学渠道,全方位拓宽法治教育领域;在教学目标方面,探索专业技能教育与高职法治教育的契合点,实现专业技能教育与法治教育目标的统一,使高职学生在提升职业技能的同时,法律素养亦同步提升,成为全面发展的现代高素质人才;在教学过程方面,培养学生形成专业学科逻辑思维与法治思维的统一,以专业学科教学过程为教育渠道,以专业学科知识为载体的法治教育得以贴近学生生活,既保证了法治教育的课时量,又保证了法治教育的系统性和延展性。

第二，整合高职各学科的法治教育教育资源。法治教育工作者应加强与各专业学科教育工作者的沟通，确保其认识到实施法治教育渗透的必要性，并且明确各专业学科在法治教育渗透中的共同任务及分科任务，充分发挥法律学科与高职各专业学科的整合作用；通过合理组织、巧妙设计、积极创造法治教育的实践环境，帮助学生在专业学习的过程中完成法治教育目标；还可以分解法治教育目标，将法治教育的任务渗透到学科教学与实习实训当中，提升学生的法律素养，尤其是把诚实守信、契约精神等内容渗透融合到各专业教学中；高职法治教育还应该注意因材施教，根据高职学生的专业不同以及将来可能职位的要求，有针对性地实施渗透，既发挥专业技能培养的实践优势，又重视法治教育、道德教育的辅助作用，实现高职法治教育的课堂内外、校园内外的理论与实践的结合、产学研相结合、工学相交替等模式，使高职法治教育形成合力，达到最佳的教育效果。

第三，积极借鉴发达国家法治教育的综合性与跨学科性。放眼世界，西方发达国家在法治教育和职业教育方面都有许多我们学习借鉴的东西，比如一些发达国家，突破纯粹的专业教育的局限性，注重对理工科大学生实施综合教育，尤其加强在法律政治、思想道德等方面的教育，巧妙地实现了法治教育对专业教育的渗透融合。比如，20世纪60年代开始的"科学、技术与社会（STS）教育运动"，以美国康奈尔大学、宾夕法尼亚州立大学以及理海大学为代表，对科学技术展开人文、技术和科学的教育。以及20世纪70年代科罗拉多矿业大学开设的必修课"自然与人类价值"，其核心内容包括道德与伦理、法治与社会等综合性的跨学科内容。这些教育运动或课程，有机地将法治教育与专业教育结合在一起，提高了教育对象的综合素养。结合我国高职教育的当前状况，以理工科院校居多，以技能和服务培训的专业居多，这就有利于我们借鉴国外的相关经验，进一步改进法治教育的学科渗透性和综合性教育，提高高职法治教育的实效性。

第四，重视发挥高职学生法治教育学习的主体性。实施法治教育渗透的目的是帮助学生将法治教育内化于心，形成稳定的法律品质，因此，在法治教育渗透过程中，要始终将发挥学生的主体积极性放在第一位。所以，高职法治教育的渗透，绝不是法律与各专业学科的简

第五章 高等职业院校法治教育的改进建议

单加减拼合,而是在高职教育总目标指挥下的各学科的有机融合、自然渗透。即这种有机渗透是对学生在精神、知识、方法全方位的渗透,是对学校教育在各领域、各层面的综合渗透。在专业学科需要的导引下,学生学习法律的积极性被激发,发展了学生的主体性和创造性,使学生主动自觉地将法律知识运用于学习生活中,实现专业技能教育与法治教育的协调发展。

(二) 整合高职法治教育中显性教育与隐性教育的有机关系

苏联教育家苏霍姆林斯基说过:"教育者的教育意图越是隐蔽,就越是能为教育的对象所接受,就越能转化成教育对象的内心要求。"① 探索创新高职法治教育方法,就应该注重法治教育的显性教育与隐性教育的有机结合,使这两种教育方法在提升高职学生的法律素养的过程中各司其职,各显神通。

长久以来,显性教育是高职法治教育的主要方法,在法治教育过程中居于绝对的主导作用。法治教育在高职教育中,有正式统一的课程设置,在各阶段有明确的教学目标和教育内容,具有教育意图公开、教育方法直接的显性教育特点。这种显性教育在法治教育的过程中,对提升教育对象整体的法治水平曾起了重要的直接推动作用,并且今后在法治教育中仍将具有重要的作用。但是,显性法律教育同时有缺乏教育的针对性、不能满足受教育者个体的利益诉求等局限性。随着当代高职学生独立自主意识的增强,显性教育方法愈发不能满足改进高职法治教育的需求,将法治教育从显性教育主导的模式中解放出来是高职法治教育亟待改进之处。

所谓隐性教育,就是高职法治教育充分挖掘各种教育资源,通过校园内外、课上课下等各种渠道,潜移默化地对学生进行法治教育。与显性教育相比,它具有潜在性、渗透性的特征。比如法律渗透性教育就是一种隐性教育,它巧妙地将高职法治教育的要求与法治教育的教育内容隐藏于高职教育的各种非法律教育的活动中,使高职学生在不知不觉中接受法律思想的洗礼。在高职法治教育改进的过程中,充

---

① [苏联]苏霍姆林斯基:《给教师的一百个建议》,教育科学出版社1984年版,第208页。

分发挥隐性教育的功能是必不可少的改进路径。应充分发挥隐性法治教育的教育潜能，使其成为高职法治教育体系中的日益重要的部分，更好地实现法治教育工作的层次性、整体性、有效性。

要处理好高职法治教育中隐性教育与显性教育的辩证关系。多元化的现代社会，要善于组合显性教育与隐性教育方法，探寻新的隐性教育方法并不是要全盘否定显性教育方法。要按照高职法治教育的目标与要求，综合考虑受教育者的需求，灵活选择最优方法。一方面，要坚持发挥显性教育的优势，坚持用公开直接的显性教育方法对高职学生进行法治理念的灌输；另一方面，积极创造隐性的法治教育环境，如学科渗透式、工学交替式，产学研结合式等，开展多式多样的教育活动，使教育对象在不知不觉中认同接受法治教育理念。只有将显性教育方法与隐性教育方法紧密结合，相互补充，才能共同有效地促进高职学生的法律素养提升，取得最佳的法治教育效果。

调研显示，在一些高职院校的法治教育改进过程中，已经能够在主渠道开展显性教育的同时，注重各专业学科的渗透教育，注重发挥隐性教育的功能，基础素质教育与专业技能教育紧密配合，形成合力，发挥了显性教育与隐性教育整合的优势，增强了高职法治教育的实效性，教学改革中取得了较好的教育效果，这些经验值得我们推广学习。

三 打造学校企业家庭社会的立体教育环境

高职法治教育的实施，需要一个适宜和谐的教育环境，单单依靠学校是远远不够的，学校、企业、家庭、社会各自都有着无可替代的教育资源。充分开发利用各方面的资源，搭建一个丰富、系统的法治教育资源平台，可以促进高职法治教育的针对性和服务性，为高职学生提供更多的法律实践机会。当前，打造一个立体高效的法治教育环境，已成为高职法治教育改进的当务之急，也必然是高职法治教育体系完善的重要趋势。

（一）建设完善的校园法治环境

法治教育作为高职教育体系中的一门基础学科和通识教育课程，绝不是单纯的知识理论的传授，而应该是一种文化的传承，是打造校园环境的手段,是培养学生适应社会进步的法治理念和正确的价值观的重要途径。所以,高职院校应该使法治成为校园环境的一部分,将法治理念蕴含到高职院校的文化建设中。

首先,高职院校要从认识上强化法治教育的重要性,形成重视法治教育的学习风气。高职院校应该改变"就业至上"的功利主义办学理念,正确认识法治教育对高职学生终身发展的重要意义,以及对高职院校内涵式发展的促进作用,从根本上改变学校上上下下的认识。亟待改变的高职法治教育的现状是,一些高职院校把法治教育看作上级强派的指令性任务,把法律教学当作一种应付上级检查的行为,法治教育在理论知识传授的层面停滞不前,缺乏系统规划和改革创新。形式上虽然完成了法治教育的教学任务,但实质结果是教师工作积极性不高,学生学习主动性不强,高职法治教育实效性不强。

其次,高职学校应建立完善的制度环境。高职学校的制度环境就可以成为学生重要的教育资源,通过高职院校的各项规章制度的制定让学生了解程序法的相关内容。一是通过组织学生学习学校各项规章制度并严格有效执行,帮助学生树立依法办事的习惯,引导学生树立法治观念。二是制定维护学生主体地位的校园规章制度。建设法治校园环境的主旨就是培养学生的法治思维。所以,在学校各项规章制度的制定过程中,应尊重学生的主体地位,给予学生参与的权利,培养学生的民主意识和管理能力。三是完善高职法治教育管理制度。不论是执行国家管理要求设立法律副校长,还是学校法治教育管理权的归属部门,以及高职学校法治教育的具体开展与评估制度都应该有明确的制度规定。

最后,打造高职校园法治舆论环境。以校园媒体为主导的舆论环境是高职学生学习法律的重要窗口。随着科技水平的提高,传统的校园媒体,如由校园广播、班级板报、校园橱窗等,已经扩展到有线电视、校园网站等平台,并且对学生的影响越来越大。深入推进对社会主义法治理念的宣传推广,通过对学生关心的重大热点问题的深度报道分析,引导学生运用法治思维分析判断,对生活学习中的事情作出正确的法律判断和理智选择。我们应充分利用这个有利的契机,将校园舆论环境改造为培养学生法治精神的宣传沃土,加强法治文化熏陶，以隐性的教育方法滋养学生的法治情感，坚定学生的法治信仰。

尤其，要打造具有高职特色的法治教育校园环境。高职院校是我国高等教育的分支，自然应该具有高校法治教育环境的共性。但是，高职教育毕竟是职业教育的一种类型，其法治环境必须重视自身特性，决不能简单模仿复制普通高校的模式。在建设高职法治教育的校园环境过程中，要尽可能的强调"职业"特色，遵循高职教育的规律，坚持高职教育的办学理念和目标追求，将更多的职业要求融进法治教育过程中。为此，高职法治教育的校园环境建设应该合理规划、准确定位、统筹实施，将法治教育与高职专业技能培养融合于环境建设中，形成催人奋进的法治氛围。

（二）增强企业的参与度，完善生产育人的法治教育环境

实践性是高职教育的显著特点之一。与普通高等教育相比，高职教育在教学科研、实习实训、社会服务等各个环节都具有很强的实践性。可以说，生产育人、实践育人是高职教育的特色，是高职教育产学研改进的目标。特别是随着高职办学质量的提升，教学改革继续探索，校企合作的进一步发展，工学结合的继续改进，企业参与教育的可能性和必要性继续加强，这就必须增强企业的参与度，赋予企业法治教育的主体资格。

所谓增强企业的法治教育参与度，就是企业以指导老师的身份，对参加顶岗实习或生产实践的高职学生进行职业技能和职业素养的培养，提高学生的责任感和规则意识，培养学生的法治精神，使学生在企业实践中的法治教育落到实处，延伸了高职院校法治教育课堂。高职学生在企业实习实训过程中遇到的各种问题，得到了企业指导老师的及时帮助得以解决，使学生既达到了知行统一，强化巩固了在学校接受的法律知识，又遵守职业岗位的法律法规，成为知法、用法、护法的现代职业人，适应社会生产、管理、服务的岗位需求。

按照教育学原理，任何教育都应该包含有一定的训练成分，决不能局限于理论传授。从这个角度来说，高职法治教育不能满足于法律理论知识的学习，应该通过一定的培训，提升能力、塑造人格。因此，完善高职法治教育企业环境主要注意两个问题：第一，加强高职各专业的项目课程建设中的法治教育，通过鼓励学生参与一定的生产

经营活动，积累法律经验、丰富法律知识，深化对法治精神的理解。第二，重视高职学生实习实训场景中的法治教育。重规则讲程序的法律素养必须在生产实践中强化，因此，就必须把高职法治教育引导出课堂，进入一定的工作场景，引导学生把课堂获得的法律知识在真实工作中验证，并不断丰富完善。

（三）注重家庭法治教育环境的建设

高职法治教育离不开家庭教育的支持。毕竟，在任何时候，家庭教育环境对孩子的影响都是深刻和深远的，父母的言行举止对孩子有潜移默化的影响，即使孩子已经长大成人。家长重视法治教育，就可以提高孩子对法治教育的认识，家长主动提高自身法律素质，处处依法办事，那孩子的法律素质也会提升。所以，高职法治教育在重视学校教育的同时，还应注重家庭法治教育环境的建设。

但是，随着时代主题的变化，不同教育理念的变化，许多高职学生家长与子女间的沟通与交流正逐渐减少。尤其是在孩子读书离开家，有些家长放松了对孩子的教育监督，甚至认为孩子进入大学，孩子的教育就都是学校的事情了，在法治教育方面对孩子的关注更是少之又少。现实是，许多高职院校由于管理制度还不完善，加之高职学生的数量巨大，学校很难做到对每一个学生的管理关怀面面俱到。学校也不会过多地干预大学生的学习与生活，难以根据高职学生的具体情况在法治教育方面"因材施教"。这样，就出现了学校与家长的管理空白，实践中，一些高职学生违反法律法规，甚至走上犯罪的道路，往往与家庭教育的不到位有直接关系。因此，高职法治教育应该注重加强与学生家长的沟通，促进家长与学生的紧密联系，提升家长对孩子思想状况的关注。

打造家庭法治环境的建设，具体实施机制可以通过高职学生管理部门来执行。其中，学生辅导员的工作尤其关键。因为在学校，辅导员是代表学校直接和学生接触的管理人员，对学生的思想状况最了解，和家长的沟通也最方便合适。当前，在电话、书信等传统的交流方式的基础上，还可以采用家长QQ群、微信群等方式进行沟通协调，及时提醒家长对家庭法治环境的重视。辅导员还可以通过要求学生定期给家长打电话、定期写信的方式，促进学生与父母的沟通。通过我们的调研发现，有家长有效参与的高职院校的法治教育的实效性明显高于学校与家长零沟通的情况。

毕竟，亲密的家庭关系、有效的家庭教育，对提高高职法治教育的实效性有巨大的推动作用，因此，要建设良好的法治教育环境，必须重视家庭参与的必要性。家长要与学校保持密切联系，学校和学生家庭建立良好的沟通和协调机制，共同关注学生的成长。

（四）打造高职法治教育的社会大环境

从广义上讲，法治社会的一切环境都是高职法治教育的大环境，一个"有法可依、有法必依、执法必严、违法必究"的法治社会必然是实现高职法治教育目标的社会大背景，构建民主法治、公平正义的和谐社会，既是构建社会主义基本要求，也将为高职学生法治教育带来强大动力。因此，打造高职法治教育的社会大环境，就必须突破学校教育的单一机制，建立全社会协同育人的模式，形成社会各方面力量主动参与的局面，共同培育学生法治理念。

所谓"全员、全程、全方位"的立体育人环境，就是调动社会多方力量，建立协同育人的联动机制。关键点有两个：一是建立一个广泛的平台，打破学校与社会之间的壁垒，将社会上的法律实务部门引入高职法治教育体系中来，不论是政府机关，还是公检法部门，或者律师事务所、有关企业，只要可以提供优质有效的法治教育资源，都可以加入高职法治教育平台建设中来。二是建立高效的沟通交流机制。高职院校的法治教育部门应该主动积极地与社会法务部门联系，定期交流学生学法用法的信息，了解学生依法维权的需求，分析学生践行法治教育的情况，总结概括多方协作进行法治教育的经验，探索协同创新的法治教育新方法，调动全社会的积极性推动高职法治教育质量的提升。

虽然高职院校为法治教育的主体已形成共识，但却与法治教育的大环境不够融合，力量不足。因此，在以教育部门为法治教育主导力量的前提下，应多方调动社会各界力量推动高职法治教育改进。首先是强化政府的主导责任。充分发挥政府机关法务部门的普法宣传的推动性，坚持国家主流媒体正确的舆论导向，把握网络宣传主旋律，充分利用微信、微博等学生喜爱的新媒体手段。其次是以公检法部门为主体的司法机构。众所周知，公检法机构拥有大批的法律专业人士，这些法律专职人员既具有深厚的法律功底又掌握大量真实的案例教学资源，完全能够胜任对高职学生的法律实践教育。再次是与法律相关的一些民间机构。通过借助法律援助中心、律师事务所等民间机构的法律工作平台，可以增强高职法治教育的实效性。如邀请律师参加论坛、公益讲座等活动，通过平面媒体、互联网等途径倡导加强对青少年的权益法律保护，丰富了高职法治教育的内容和形式，给高职学生提供了更多法律实践体验的机会，从客观上促进了法治教育的开展。当然，要想充分利用这些社会力量的优势，发挥其在法治教育方面的特色，就必须对这些机构进行合理定位，进一步整合这些社会资源。

概括之，高职法治教育的教育途径是综合立体的，必须将其作为一个系统工程，以完善课堂教学为基础，扩展法治教育向专业教育的渗透，处理好显性教育与隐性教育的关系，同时整合学校、企业、家庭、社会的法治教育资源，营造良好法治社会氛围，形成全社会关心、支持、参与高职法治教育工作的和谐局面。

第三节　整合高等职业院校法治教育管理体系

提高高职法治教育质量，从根源上来看，最重要的就是加强管理，打造一个适应新形势新要求的管理队伍，整合当前高职法治教育管理体系。所谓高职法治教育管理体系，就是由法治教育政策环境、领导体制、规章制度、教育队伍等多元素、多方法整合而成的整体，要解决的是由谁来管、为什么管、如何管的问题，是高职法治教育顺利推进的重要保障。从系统管理模式的角度："它指管理者把法律教育视为一个复杂的动态系统，有层次、有结构、有联系地进行管理。"[①] 高职法治教育管理体系，通过组织规划整个教育系统中的各类教育力量，合理配置各类法治教育资源，不断改善法治教育条件，并协调监控整个法治教育的有序进行，最终实现高职法治教育的良性循环。

[①] 乔克裕、曹义孙：《法律教育论》，中国政法大学出版社2014年版，第218页。

不可否认，当前我国高职法治教育管理方面存在许多问题。比如国家政策管理不到位，对高职法治教育重要性认识不够，法治教育处于学校教育领域的"边缘"地位；高职法治教育领导机构不健全，存在工作部门各自为政、缺乏统筹规划的状况；法治教育队伍实力不强、各教育力量在教育工作中作用发挥有限等问题。这些管理方面的问题，如果不尽快改进，将会阻碍高职法治教育工作的高效有序的运行。因此，我们要学习习近平在十八届中央政治局会议的讲话精神："要加强宏观思考和顶层设计，更加注重改革的系统性、整体性、协同性，同时也要继续鼓励大胆试验、大胆突破、不断把改革开放引向深入。"①

一 完善高等职业院校法治教育的政策法规

目前我国关于法治教育的政策主要包括国家层面的普法规划、各部委制定的行业系统普法规划、各地制定的地方性普法规划、各单位制定的本单位普法规划等。高职学生法治教育的政策还包括大学生思想政治教育政策中涉及法治教育的相关政策，发展高职教育政策中提升学生整体素质的有关文件。概括来说，既包括高端的国家层面的宏观政策，也有承上启下的中间层面的政策法规，还有具体贯彻落实的基层地市政策。

但是，深入到此框架之下，不难发现其中存在一些根本性的问题，制约着高职法治教育。一是法治教育政策设计和决策存在滞后性。普法规划五年为一个周期，在此周期内社会法治进程和法治状况都在不断变化，而普法规划则无法同步调整。二是法治教育政策本身的约束力不够。由于法治教育政策没有强制性条款，开展法治教育主要靠领导重视，接受法治教育主要靠个人自觉，导致一些地方法治教育重形式、走过场，只求总结报告写得好看，不求教育质量和效果。对法治教育的检查也只看有没有开展、开展了几次，而对教育的效果则很少考量。实践中，高校法治教育几乎是"一刀切"的硬性要求，有简单的提倡和号召之嫌，量化要求不具体，可操作性不强，没有把

---

① 《习近平谈治国理政》，外文出版社2014年版，第68页。

第五章 高等职业院校法治教育的改进建议

法治教育的效果与对单位的评价相挂钩，也没有把对个人的评价与其接受法治教育的情况与表现相挂钩。三是法治教育政策针对性不足。一些地区性或单位的普法规划简单照搬国家普法规划或行业性普法规划，缺乏相应的针对性，也造成法治教育的感染力、实效性不足。尤其高职学生法治教育政策，没有根据高职学生的特点与具体情况，联系高职法治教育的目标作出更具有针对性的规定。四是大学生法治教育政策相对偏少。不论是2002年的《关于加强青少年学生法制教育工作的若干意见》，还是2013年的《关于进一步加强青少年学生法制教育的若干意见》，以及2016出台的《青少年法治教育大纲》，虽然对提高青少年法律素养提出了一些具体建议，但具体针对大学生的法治教育内容少且泛化，规定高职学生法治教育的国家层面的专门政策更是少之又少。在大学生思想政治教育政策中，对法治教育的表述也很少。上述问题的存在，制约了高职学生法治教育的发展。只有从国家层面强化完善法治教育相关政策，进一步调整制定配套文件，才能更好地发挥政策环境对高职法治教育的推动保障作用。

根据中央"把法治教育纳入国民教育体系"的精神，我们应该高度重视法治教育体系的建设，从政策法规方面加强引导。首先，在国家政策方面，应该细化对高职学生进行法治教育的政策要求，更有针对性地提出高职法治教育的课程设置的具体要求，使之更加有可操作性；其次，根据高职教育有地方性的办学特色，各省市可以出台符合地方发展要求的高职法治教育的政策法规；最后，为加强依法办学，应颁布更多政策法规，不但使高职教育在办学过程中有章可循，而且也使高职法治教育的改进有更具体明确的法律依据。正如我国由政府主导的、自上而下的普法宣传运动，我国高职法治教育也是以政府为主导，因此完善相关的政策法规是推动高职法治教育改进的政策前提。

二 改进高等职业院校法治教育的领导体制

习近平强调，办好中国的事情，关键在党。高职教育的运转核心，领导体制可以说影响整个学校法治教育工作全局，控制着高职院校法治教育的健康运转，对高职法治教育工作的改进起着导向、保障、动力的作用。因此，必须健全完善高职法治教育的领导体制。借鉴《中国普通高等学校德育大纲》的相关规定，针对高职院校法治教育领导体制不完善的现状，建议推行高职法治教育党委领导制，以校长或书记为一把手，党政群齐抓共管，建立既有纵向支撑，又有横向连接的领导体制和实施网络。

首先，成立高职学校法治教育领导机构。在学校党委的领导下，可以由书记、校长亲自挂帅，组建学校法治教育办公室。校长为办公室主任，副主任由分管学生思想政治教育的副书记或分管学生工作的副院长担任，人事处、教务处、宣传处等职能部门的负责人以及校企共建的企业代表、家长代表担任办公室成员。办公室的职责有两个：一是坚持党和国家的教育指导思想，按照学校党委的指导部署，负责制定本学校法治教育工作的总体规划和具体实施计划；二是协调各部门的关系。法治教育办公室可以根据法治教育工作目标，通过具体组织指导工作，把法治教育贯穿到学校工作各个环节。同时，又通过监督、检查、评价等环节，保障本校的各项工作保质保量地有序进行，使高职法治教育工作信息灵敏、决策科学、反馈及时、反应灵敏，真正把法治教育工作落到实处。

其次，明确高职院校法治教育工作的具体实施部门，比如成立法治教育工作小组。小组由各院系的书记或主任担任组长，副书记或副主任担任副组长，团支书、辅导员等行政人员担任小组成员，根据上级的指导思想、总体规划和工作要求，制定本院法治教育的具体实施计划，并且通过与企业、家长的有效沟通，把多种教育资源整合，建设学校、家庭、企业"三位一体"的法治教育新格局，保证学校整个高职法治教育的有序、高效运作，形成全员、全方位、全过程的育人局面。

最后，提高学校管理层的依法治校意识。依法治国落实到学校层面，就是依法治校，全体学校师生在中央统一精神的指导下，依据宪法精神，遵守法律规定，在参与学校事务的过程中依法办事，使学校的各项工作在合法的框架内进行。党政领导更要遵循依法治校的精神，校长在党委领导下，依据《教育法》《高等教育法》等国家和地方的各项法律的规定，不但依法制定学校的各项规章制度，而且要在法律允许的范围内开展工作，保证学校各项任务的完成。对于高职法治教育来讲，党和国家法治教育方针政策的落实情况，法治教学质量的提高，高职学生法治素养的提升都和学校领导有密切的关系。高职法治教育一方面要依靠学校党政领导的重视，列入工作日程，加大投入和支持力度。此外，学校党政领导的依法治校意识也十分重要，是影响学校法治教育环境的关键。依法治校要求民主治校、科学治校、防止法外特权、盲目决断、专制独行，学校党政领导是不是能够约束住自己的权力、用好自己的权力，依法管理学校，维护学校合法权益，尊重和保障教职员工和学生权利，影响到学校和谐发展。如果一所高校的依法治校工作开展得好，大学生在学校里感受到民主法治就在身边，那么法治教育就会事半功倍。反之，如果一所高校实际上是以权治校或以威治校，成为书记或是校长的"一言堂"，就会助长学生的特权意识，法治教育的效果就会削弱。因此，要经常对高职院校党政领导进行依法治校的培训，帮助他们增强依法治校意识，提高依法治校能力。

三　提高高等职业院校法治教育的师资力量

正如仅仅依靠法务人员不可能完成国家法治建设，仅仅由法律教师也不可能完成高职法治教育的任务，而应该由一个职责分工完备全面的高职法治教育团队来推动。然而，在当前高职教育中，学科化和专业化的特点十分鲜明，学校对专业知识技能的重视冲淡了对学生思想的培养和人格的塑造。1998年2月，中央在《面向21世纪深化职业教育教学改革的原则意见》中将"双师型"教师作为职业院校教师遴选的标准，把"双师型"教师队伍确定为我国高职师资队伍建设的目标，自此，许多高职学校的教育工作者用关注职业技能代替了对学生道德纪律的关心，对教师作为技能培训者的技能关注代替了传统上对教师综合素养的要求，这不但间接地对高职法治教育队伍实力增长起到了阻碍作用，而且揭示了我国高职法治教育队伍力量薄弱的现状。

在法治教育队伍组建方面，其他国家和地区法治教育的成功经验值得我们借鉴。一些国家或地区的学校法治教育队伍是无限扩张的，学校根据不同的教学任务，吸纳各类社会人士和不同的社会组织参加学校各类教学活动，充分利用各类社会资源开展形式多样的法治教育，丰富了法治教育的形式和内容，提高了法治教育的实效性。以香港地区法治教育为例，学校所有教学科目都要求包含法治教育内容，各类专业教师都要求向学生进行直接或间接的法治教育。根据我们的具体教育情况，借鉴其他国家和地区的成功经验，建议从以下几个方面发展高职法治教育队伍的力量。

一是专业教师队伍。专业教师队伍包括两部分，其一，《思想道德修养与法律基础》的任课教师。高职法治教育的主渠道是思想政治理论课中的《思想道德修养与法律基础》课程，该课程任课教师是学生法治教育的队伍主体的重要组成部分，肩负着对大学生进行系统法治教育的主任务。法律专职教师应该发挥其专业优势，用最新的中国特色社会主义法治理论成果武装高职学生，不但要灌输正确的法治知识理论，还要负责对学生的法律问题答疑解惑，帮助学生养成依法办事的习惯，树立法律信仰。其二，非法律专业的任课教师。适应市场经济改革发展和法治国家建设的现代职业教育的内容必然蕴含着丰富的教育资源，不但是法律基础课程，其他类专业课程也可以成为开展法治教育的渠道。各专业课教师通过本专业的教学，同时施加法治教育的渗透，不但提高了自身的法律修养，而且以新的角度和方法丰富了高职法治教育模式，为高职学生打造了一个立体的学习环境。所以，高职各专业课老师也是高职法治教育的重要力量，在高职法治教育改革的过程中，应该进一步发挥他们的辅助作用。

长期以来，由于高职法治教育边缘化的地位，导致法治教育队伍专业化程度不高。而要提高法治教育质量，高职院校首先应该对法治教育的教师队伍给予足够的重视。比如，高职院校应该增加资金投入，加强对教师的专业培训，赋予法律教师更多的组织法律实践活动的权利。还比如增设专门的法治教育教研室，组织教师集体备课、课题研讨等教研活动，提高教师的法律专业能力。

对于教师要主动提高自己的专业化水平，从多方面改进法律教学：其一，转变教育理念。在法治教育科研与教学过程中，要认识到

第五章　高等职业院校法治教育的改进建议

教师不再仅仅是知识的"传播者",更是学生学习的"促进者"①。教师的最重要的作用不是传授法律知识,而在于激发学生对法律学习的兴趣,主动用法律指引自己的生活学习,以法律规范自己的行为,树立法律信仰,养成法治精神。其二,加强师生交流,促进师生互动。互动的价值在于促进学生对法律的体验、思考,不但可以端正法律观念,还可以提高学习法律的兴趣。在师生互动过程中,法治学习不再是最终结果,而是在过程中,学生获得全面的成长。其三,帮助学生学会自主学习。高职教师应该赋予学生在法律学习过程中足够的自主权,不但充分利用高职院校专业教学过程中的各种实习、实训等实践教学的资源,而且引导学生主动利用网络、传媒、图书馆等各种自学工具,学会自学。给予学生一定的法治学习自主权,放手让他们自主学习,不是放任不管,而是给学生支持和鼓励,给他们提供一定的自主空间,使他们成为会思考的反思型学习者。其四,提高法治教育的实践能力。高职法治教育绝不是单纯的知识教育,我们关注的不是高职学生从教育中掌握多少法律知识,而是强调通过法治教育,教会学生理解关心国家法治建设,主动参与法治社会的构建。教师不仅是通过自己的专业知识传授施加对高职学生的影响,还要用自己的法律行动去鼓励学生参与法律实践,如通过实践教学,使学生学会依法维权,学会正确解决冲突。

二是辅导员班主任队伍。高职院校的辅导员是工作在一线的学生健康成长的管理者兼生活老师,是与学生关系最密切、接触最多的教育主体。虽然没有明确的规章制度规定高职辅导员必须承担法治教育工作,但从很多高职学校的实际工作状况来看,辅导员已经开始兼任学生的思想政治教育与法治教育工作。他们在课堂以外或学生的日常生活中,或者潜移默化地灌输法治教育理念,或者组织开展各种校园内外法治实践活动,引导学生树立正确的法治理念,养成良好的依法办事的行为习惯。

要进一步发挥高职辅导员的法治教育作用,提高辅导员的能力素

---

① George S. Perry, Jr. Designing Citizenship Education Programs for Urban Secondary Schools, NASSP Bulletin. vol. 76, 1992. 15.

质成为关键环节。因为要提高辅导员的法治教育工作水平，前提是辅导员有一定的法律专业能力和较高的政治修养。辅导员只有掌握足够的法律知识，较高的法律理论水平，才能将法治教育诉诸实践教育，得心应手地开展各项工作。另外，高职辅导员还应该具有较强的政治素质。我国高职法治教育的实际情况，决定了高职法治教育中包含了大量的政治性内容。辅导员必须具有坚定的政治立场，准确把握政策，才能在法治教育过程中坚持正确的政治方向。其次，高职辅导员应该有高度的责任感。责任心，是辅导员做好法治教育工作的保证。高职学生的数量较多，高职辅导员承担着高负荷的工作量。只有具有高度的责任心，他们才能严于律己、勤奋踏实，在完成本职工作的基础上做好法治教育工作。

三是行政与后勤人员队伍。其实，高职法治教育队伍还有一股易被大家忽略的力量，那就是行政人员和后勤人员。虽然他们跟教师、辅导员相比，和学生接触的机会较少，但他们的工作过程和工作结果，往往会给学生造成潜移默化的影响。他们在工作中，表现出来的以人为本、公平民主，都会影响学生的法治观念。比如，高职院校行政人员在学校管理中坚持原则，遵守学校的规章制度，其实就是"依法行政"的法治教育。虽然他们不是社会的执法者，但由于他们在高职院校中的管理地位，对高职学生的法治理念还是有深刻影响的。如果高职院校的行政人员在履行管理职责时粗暴、滥用职权、趋炎附势或是出现了贪腐现象，大学生又该如何相信社会上的法治状况呢？

因此，高职院校的行政人员以及后勤人员也应该加强管理，提升各方面的综合素养。首先，就是认识到自己在高职法治教育工作中的重要性，积极主动地提升法治教育的能力，培养正确的育人观念。其次，提高组织管理能力。不仅仅是行政人员，包括后勤人员也应该能够较好地协调多方人员参与实施法治教育活动。最后，行政与后勤人员还应该具有一定的分析研究能力。就是在把握社会法治状况的基础上，不但能够分析研究国家全面依法治国的大政方针，还能够依据高职教育的实情，正确认识高职学生的法律学习状况和不足，有针对性地开展实施法治教育工作。

四是校外法律职业工作者队伍。除了高职院校的法治教育队伍，社会上还有许多可以引进的法律工作者参加到法治教育中来,他们在高职法治教育的开展中也起着举足轻重的作用。不仅是公检法的工作人员还包括政府部门从事与法律相关工作的工作人员,以及律师事务所的律师,他们具有丰富的法律实践经验,可以通过大量鲜活真实的案例,向学生介绍我国法律规定以及当前我国法治建设的开展情况,能够使高职学生更直接更真切地感受到法治的重要性。并且,校外法律工作者还可以提供更为广阔的法治教育模式,如参观校外法治教育基地、旁听听证会、参观监狱,等等。校内与校外联动展开法治教育活动,让学生对课堂接受的法治教育理论有了真实的感受,提高了学生学习法律的积极性和法治教育的效果。

习近平总书记在全国高校思想政治会议上指出:"传道者自己首先要明道、信道。高校教师要坚持教育者先受教育,努力成为先进思想文化的传播者、党执政的坚定支持者,更好担起学生健康成长指导者和引路人的责任。"[①] 无论是高职院校内的法治教育队伍还是校外的法律工作者队伍,作为传道授业的法治教育主体,他们本身的法律素质状况以及综合素养,在他们进行法治教育的过程中已经深深地对学生产生了潜移默化的影响。因此,提高他们的整体素质,尤其是法治素养,养成法治思维,已经是高职法治教育的一个重要迫切的课题。

四 健全高等职业院校法治教育的规章制度

法治教育规章制度是高职法治教育管理的重要依据,是高职法治教育管理的重要手段,也是高职法治教育管理体系的重要组成部分,主要是指高职学校依据国家相关的各种法规、规则、规章、条例的精神,结合本校具体情况制定的各种规章制度。科学规范的法治教育规章制度,可以促进高职法治教育的健康发展,是高职法治教育的制度保障。

健全高职法治教育规章制度,就是要树立"以制度管人、以制度

---

① 习近平:《在全国高校思想政治工作会议上的讲话》,《人民日报》2016 年 12 月 9 日,第 1 版。

管事、以制度育人"的理念,依据法律和章程的要求,制定并完善关于高职法治教育各方面的管理制度,包括关于领导管理制度、教育教学模式、评估制度、人事财务制度、对外合作等管理制度,同时还可以包括法治教育实施程序、管理议事规则、机构组织规则等,目标是形成规范、统一、健全的法治教育制度体系。而高职院校对本校法治教育规章制度的严格执行,又可以为学生树立遵纪守法的示范。因此,推动高职法治教育改进,建议从以下几方面健全高职教育相关规章制度。

其一,规范并实施高职法治教育规章制度。首先,完善各项规章制度。不论是关于高职法治教育的组织管理还是监督考核,按照科学有效的标准,对于各项制度都应该详细制定,要做到各项制度的系统化、整体化,既形成有效的教育制度体系,又明确各类主体的分工和职责。其次,具体化各项规章制度。以全员化法治教育管理制度的详细化为例。所谓全员化管理就是包括学校、企业、家庭、社会在内的众多力量都加入法治教育体系中,通过有效协调沟通,充分发挥这些部门和人员的作用。而全员化管理制度的具体化,就是将这些管理元素的要求具体化、规范化、制度化,形成完善的工作体制,形成全员育人的良好管理制度,为高职法治教育的长期稳定运行提供基础与保障。最后,加大高职法治教育规章制度的宣传力度。可以组织全校范围内的关于法治教育制度的讲座与学习,定期检查督促法治教育规章制度的落实与执行情况,公示检查结果,对相关人员和组织进行奖励或惩戒。要重视广播影视、报刊书籍等大众传媒的正负影响,创造有利于高职法治教育的现代传媒环境。

其二,完善高职院校依法治校的管理制度。高职学校的管理制度与章程,既是依法治校的根本依据,又是高职法治教育的制度保障。只有完善高职院校各项管理规章制度,切实实现依法治校,可以帮助学生树立"规则意识",为高职法治教育打好基础。因此,我们应该进一步完善以下各项规章制度。

一是健全校园民主管理制度。涉及学生利益的各项规章制度的制定,应坚持民主决策机制,要给予学生充分表达诉求的机会。通过畅通民主渠道,让学生参与到学校发展和涉及自身切身利益的重大决策

第五章 高等职业院校法治教育的改进建议

中来表达自己的权利诉求，有利于"规章制度"与时俱进，有利于学校与大学生之间的沟通，也有利于学生体会法治精神。二是构建以人为本的学生管理制度。传统的高校学生管理规则倾向于"秩序至上"，在具体制定及实施过程中只考虑管理者操作方便，忽视了管理的根本目的是教育，致使学生管理制度沦为强制学生、压抑学生的工具，甚至造成学生与学校的对立情绪。正如洛克所言："法律按其真正的含义而言与其说是限制还不如说是指导一个自由而有智慧的人去追求他的正当利益。"[①] 因此，我们应该转变理念，从尊重学生、满足学生需要出发，变管理为服务、变管理为教育。在制定学生管理制度时，要合乎教育目的与教育规律，符合学生身心发展规律及特征，体现公正合理的法治精神。三是制定全面的师生行为规则。学校的行为规则可以说是法律的雏形，法律无非是一种较学校规章制度更加严格的纪律。有了遵守纪律的品德，才能够自觉遵守法律。

其三，大力推行校务公开制度。校务公开是高职院校实行民主决策、民主管理和民主监督，提高管理水平与办学水平的重要途径和形式。列宁早就指出民主应该包括两个重要的条件："第一，完全的公开性；第二，一切职务经过选举。没有公开性而谈民主制是很可笑的，并且这种公开性还要不仅限于对本组织的成员。"[②] 以教代会、公告栏、座谈会、简报、广播、网络等多种形式，把学校改革与发展的重要规划、决策和实施方案重大事项和重要情况告知全体师生，使师生能够在全面了解学校工作的基础上，提出自己的看法和意见。

建立健全监督反馈机制是推行校务公开的有效措施。完善基层民主制可以促进高职院校监督反馈制的落实。一方面，扩展学生参与学校管理的渠道，通过组织学生会、学代会、团代会的学生代表参与学校管理，可以切实保障学生的知情权和监督权的实施。对涉及高职学生切身利益的重大问题，都应主动置于学生的监督反馈之下。另一方面，通过扩大社会力量参与学校管理的方式，健全社会参与机制。社会力量的加入，既是提高学校的办学力量，同时也是加强了对学校管

---

① [美] 洛克：《政府论》（下），商务印书馆 1973 年版，第 35—36 页。
② 《列宁选集》第 1 卷，人民出版社 2012 年版，第 417 页。

理方面的监督制约，可以使学校的运行更加规范，为高职法治教育创建了一个良好的法治氛围。

完善高职法治教育的各项法规制度和学校管理制度，引导学生和校内外各方力量依法积极参与学校的民主管理，遵守学校各项规章制度，使之既积极履行法定义务，又依法维护自己的正当权益，最终实现高职法治教育的目标，帮助大学生培育和践行法治精神。

第四节 改进创新高等职业院校法治教育方法

高职法治教育的改进过程中，教育方法对提升教育质量的重要性不可轻视。通过探索改进高职法治教育方法，可以提高高职学生学习的积极性，增强高职法治教育的实效性。根据高职教育的特点，高职法治教育的开展应该以"课程"为依托，以"社会实践"为重心，以"评价标准"为导向，三者相互促进、协调共生，并且根据高职教育的特点，尝试进行项目化教学。坚持传统的课堂教学的同时，探索向"以问题、兴趣、任务为导向"的法治教育项目的过渡，而实践是连接二者的桥梁。

一 丰富高等职业院校法治教育的课程教学法

"课程"主要指传统的课堂教学形式，是当前高职法治教育的重要方式，课程教育方法的选择是由高职法治教育的目标决定的。高职法治教育的目标是使学生接受和内化法治价值和法律规范，培养学生法治精神。高职法治教育目标的明确性和价值导向性，决定了高职法治教育课程教学方法改进路径。

认清教育者与受教育者的互动关系是高职法治教育改进的前提。"教育"本质上就是一个教育者与受教育者双向互动的过程。离开了教育者的引导，受教育者的学习就很可能会失去方向；而忽视受教育者的主体性，教育就成为"填鸭式"的单向灌输；离开了受教育者的主体参与，教育者的主体引导和影响就将失去价值。高职法治教育过程中的师生互动是不断修正法治教育的方法，使其适应高职教育目标和高职学生需求，构建和谐师生关系的关键。高职法治教育的过

第五章　高等职业院校法治教育的改进建议

程,就是教育者施教过程与受教育者受教过程的统一。有效的师生交流沟通,有助于教育者掌握受教育者的情况特点、认知规律和学习需求从而有针对性地对受教育者进行教育引导,最终实现高职法治教育的目的。

当然,由于受教育者的个性特点不同、成长环境差异,因而在面对现实生活时,会遇到不同的法治情境,出现不同的思想问题,产生不同的法治教育需求。如果不考虑这些差异,忽视高职学生的创造性和个性特征,限制学生主体性的发挥,就会影响到法治教育的效果。在法治教育中重视受教育者的主体性,就是要贴近、重视、关心受教育者的思想和实际,回答受教育者所关心的问题,解决受教育者的实际问题,充分实现受教育者的主体地位,增强法治教育的针对性。因此,高职法治教育的课程实施方法要根据高职教育本身的情况、高职学校自身的不同、高职学生的个性特点等选择不同的方法。学校法治教育的开展要"因时、因地"制宜,基于学校所能利用的社区资源、学校特色、办学理念等开展法治教育,从学校、学生长远发展的角度来系统考虑法治教育课程的实施。

教育是要通过知识来进行的,法治的价值、精神、文化、历史都需要通过一定的知识内容体现出来,学生对法治的理解、认同、接受和内化,也是建立在掌握了一定的法治知识的基础上。因此,高职法治教育必然包含有一定的知识性内容,比如我国的法律制度、我国法治历史、我国公民的权利义务,等等。可以说,法治知识的多少直接影响学生的法治行为。

然而,法治作为一项人类实践活动,高职法治教育仅仅传授知识显然是不够的。正如爱因斯坦所说:"我也要反对学校必须直接教授那些在以后生活中要直接用到的专业知识和技能这种观点。"[1] 因为社会发展变化是无穷的,每个人的个体差异也是千变万化的,学校不可能面面俱到地教给学生可以直接用到的所有知识,而且这种教育方式还可能会阻碍学生独立思考、自主学习的能力。可惜的是,由于教学理念和教学水平的限制,在以往的法治教育过程中,高职院校的确

---

[1] 《爱因斯坦文集》第3卷,商务印书馆1979年版,第147页。

存在法治教育"被智育化"的现象。法治教育过程被简单化为一些法律理论，再简化为一些法律概念，然后教学过程就异化为概念加案例，最后要求学生记住结论。这种单纯的知识教育并不能促进学生对法治价值的理解和认同，反而会使他们对此产生误解，甚至反感。高职法治教育不是专业教育，不纯粹是知识教育，而是价值教育，是思想教育，是用基本事实的知识来发展增进学习者的思考力。因而，在进行课堂教育中，教师应树立法治教育的理念，决不能把高职法治教育变成照本宣科式的讲解和让学生死记硬背一些法条，应实施新的教学策略，比如注重讨论法和案例教学法。

启发学生思考，提高学生学习的积极性。实践证明，教条式的教学方式难以收到良好教学效果，讨论式的教学方法是提高高职学生学习法律积极性的好方法。通过引导学生思考发现有关的法律规范、事实材料，分析各因素之间的关系，得出自己的答案，巩固所学知识，深化对法治知识和价值的理解。当学生积极参与教学时，他们的理论思考和学习热情被激发，这要比仅仅作为被动的接受者，更容易获得法律知识和理解法治理念，也能更好地践行社会主义法律观。当然，能否切实取得这种教学效果，关键在于调动学生参与的积极性，比如根据学生的知识掌握情况和对法律的需求点，教师精心选择既引发学生兴趣，又与法治教育理念紧紧相关的学习材料。由于高职学生法治理论水平有限，要避免直接提出抽象理论问题让学生回答的简单教法，而是尽可能地为学生思考发言提供具体有趣的材料，如生活中一些真实轰动的案例。这样，不仅有助于学生更深入地了解社会主义法治实践，而且调动学生去认同理解社会主义法治理念。

开展案例教学。哈佛大学法学院的院长朗代尔曾经说过："有效地掌握法律原理的最快最好的途径之一是学习那些包含这些原理的案例。"[①] 案例教学法是通过对一个具体的法律情境的描述，引导学生对这种典型、特殊的情景和境况下的法律问题进行讨论，以培养学生批判性思维和创造性能力的一种教学方法。案例教学法是一种互动式的教学方法，它使教师和学生共同参与到对现实的情境的讨论之中。

---

① 张文显：《法学基本范畴研究》，中国政法大学出版社1993年版，第289页。

第五章　高等职业院校法治教育的改进建议

教师的作用不是给学生提供正确答案，而是通过提出问题、分析问题的方式，引导学生学会从法律的角度思考和论证，从而掌握法律相关知识、分析技巧及运用方法。同时，教师还要引导学生思考案例的道德意蕴和价值意义，使学生学会从道德和法律结合的角度全面客观地看问题。案例教学法是美国法治教育的重要方法，科罗拉多州法治教育咨询委员会提出的法治教育的指导原则中，就要求教师指导学生对有争议的案例进行讨论。

高职法治教育采用案例教学法应注意以下几点：一是案例的真实性。法治教育的案例不同于法学教育的案例，不能由教师编造或者随意改编，而应当选择现实法治生活中真实发生过的案例，在陈述案例时也应当实事求是，再现案例的真实情况，这样才能让学生信服。二是案例的代表性。同类型的案例可能有很多，要选取最有代表性的案例，特别是那些对法治进程起到关键影响的案例作为主要案例来讨论分析，其他相关案例可以作为拓展材料，进行比对分析，加深学生印象。三是案例的新颖性。案例的选择要与时俱进，尽量选择法治实践中的最新案例，以使案例教学更加贴近现实生活，适应学生对热点法治问题的关注。四是导向性。大学生法治教育是教育教学活动，在案例选择时要突出教育作用，注重通过案例引导学生树立正确观念，建立对我国法治建设的信心。

二　完善高等职业院校法治教育的实践教学法

实践，作为一种人类主观见之于客观的活动，是人类认识的源泉，也是人类认识的根本动力和最终目的，它决定着人类认识的形成与发展。毛泽东指出："无论何人要认识什么事物，除了同那个事物接触，即生活于（实践于）那个事物的环境中，是没有法子解决的。"[①] 高职法治教育作为一项教育活动，也应该重视实践，既让学生在实践中掌握理论知识，又让学生对法治有更切身的实践体验。诚如卢梭所说："一切法律之中最重要的法律，既不是刻在大理石上，

---

① 《毛泽东选集》第 1 卷，人民出版社 1991 年版，第 286—287 页。

也不是刻在铜表上，而是铭刻在公民的内心里。"① 高职法治教育目标最终要落实于学生的法治实践，光有头脑中的知识，而没有将其内化为行动的能力和意识，法治教育就流于空谈。为了内化和固化学生的法治精神，就应该引导和支持高职学生坚定法律信仰，成为践行法治精神的忠实实践者。

实践品格是马克思主义最为重要和根本的品格，实践也是高职院校知识技能教育的一个重要环节，实践对于高职法治教育也有着莫大的关系。因为学生许多对法律的感悟，对法治的经验，对法治社会的认识，对法律规则的了解以及人与人之间的交往规则都是从实践中来的。社会实践不仅是学生职业技艺或职业技能的练习，还是人生阅历的丰富，是形成法治思想意识的基础。从高职学生职业化的要求来看，高职法治教育强调实践活动，其目的不仅是构建高职学生的法律知识体系，打造均衡的课程结构，而且给学生提供更多的社会实践活动，以实用的实践经验和法律策略为重要教育内容，通过实践教学来提升学生法治能力，做到知识结构与践行能力相统一，理论与实践相结合，通过学生主动对法律知识体系的构建并与工作过程中的行动相融合，来提升学生的法律素养。

高职学生社会实践活动的形式非常多样，比如参加实习实训、法庭旁听、志愿服务、模拟法庭、法制宣传、个案走访和社会调查等。

第一，组织学生到政法机关和法律机构调查访问。这种实践教学模式主要是帮助学生考察了解我国法治社会的建设情况，可以让学生更加直观地感受到我国法治运行状况，把课堂上学习到的对法治的理性认识和参观中得到的感性认识结合起来，从而对我国法治社会作出更加全面、科学的了解。高职院校可以组织多种活动进行这类实践。例如，旁听法院公开审判。公开审判是我国宪法明文规定的审判原则，它既提高了司法的透明度和公信力，对司法机关的审判活动也起到有效监督。一般各法院都会将公开审理案件的开庭公告公布在法院门口的公告栏中，公民凭身份证或其他有效证件即可旁听庭审。大学生可以自行前往，也可以班级、小组为单位集体

---

① [法]卢梭：《社会契约论》，何兆武译，商务印书馆2005年版，第70页。

前往，通过旁听庭审，了解法庭审判程序，见证我国法治的运行。另一种是参观监狱。这是一种警示教育，让学生了解到违法犯罪行为的危害性，增强守法观念。同时也可以让学生了解到我们国家在保障罪犯人权方面所取得的进步。参观监狱需要学校协助联系，集体组织前往，在参观前要对学生进行监狱规章制度教育，比如不能拍照、不能私自与服刑人员交谈、不要帮服刑人员传带东西等，确保参观活动安全有序。另外，可以到人大或政府的立法工作部门访问，了解我国立法工作制度和程序；到公检法单位参观访问，了解我国法律的运行情况；甚至还可以到律师事务所或者法律援助中心参观，感受律师的工作环境。

第二，参观法治教育基地。2016年6月颁发的《青少年法治教育大纲》规定，各地和各部门要积极组织学生参加各种社会实践活动，不但要积极建设综合性的青少年法治教育基地，而且要在司法机关、相关部门、有关组织或者学校创建专项法治教育基地。以往，我们只是重视法学专业的学生在法治教育基地的专业学习体验，并且往往局限于毕业实习阶段。这实际上大大削弱了法治教育基地的作用，也限制了高职学生法治教育的学习途径。所以，今后应该充分挖掘法治教育基地的资源和作用，更广泛地调动各种社会力量参与法治教育基地的建设，利用包括网络资源在内的各种教育平台，提高法治教育基地的利用效果。另外，高职法治教育还应该抓住高职教育实践性强的特点，充分利用好专业实习、实训等场所，在高职学生实习、实训的过程中渗透法治教育。总之，实践是检验真理的唯一标准，法治教育基地可以给学生提供一个真实的场景，让学生深刻理解社会主义法治理念的精髓，提高了法治教育的水平。

第三，借助各种学生活动普及大学生法治教育。与课堂教学、参观教育基地相比，通过组织各类学生活动进行法治实践教育，可以更好地扩展教育的覆盖面和辐射度，更充分地调动学生学习法律的积极性。经过长期的实践探索，高职法治教育积累了很多的活动方式和经验。不论是组织学生参加各种法律宣传，还是让学生体验各种职业的法律经验，或者参加各种讲座报告，这些活动让学生在轻松的体验中加深了对法律的理解。

例如法制宣传。利用消费者权益保护日、法制宣传日等契机,组织学生开展法制宣传活动,走入社区、中小学、工厂、部队等宣传相关法律知识。活动以学生为主体开展,活动的策划、宣传资料和海报制作等都由学生自行完成,辅导员或相关任课教师指导学生事先收集相关信息及典型案例,了解熟悉有关法律知识。学生需要向社会公众宣传有关法律知识,这对学生无形中是一种鞭策,可以有效激发学生学习动力,激励他们先自行学习并掌握有关知识。在法制宣传活动中,学生运用自己的法律知识解答公众的问题,得到公众的肯定,又可以增加他们的自我效能感,进而促使他们对学习法律知识产生更为浓厚的兴趣。表5-1列出了一些可以利用的法制宣传契机。

表5-1　　　　　　高职法治教育可以利用的宣传活动日

日　期	节　日	主要宣传内容
3月15日	全国消费者权益日	消费者权益保护法
3月最后一个周一	全国中小学安全教育日	道路交通安全法
4月22日	世界法律日	宪法等
4月26日	世界知识产权日	知识产权保护法
4月30日	全国交通安全反思日	道路交通安全法
6月5日	国际环境保护日	环境保护法
6月25日	全国土地日	土地管理法
9月第三个周六	全民国防教育日	国家安全法
12月4日	国家宪法日	宪法等

法律辩论和模拟庭审。真理越辩越明,辩论可以锻炼学生的思辨能力、表达能力、逻辑思维能力,是深受大学生喜爱的一类校园活动。法律辩论与一般的辩论活动不同之处在于,一般辩论活动的辩题具有矛盾对立关系,辩论的目的是通过严密论证和缜密逻辑推理,追求真理取得共识,是"求真"的活动。而法律辩论是依据法律对案件中有争议的法律问题和事实问题进行争辩,通过辩论尽可能地还原事实,让法官作出支持本方诉讼主张的判决,是"求实"的活动。通过辩论,检验的是学生在具体案例中掌握和运用法律知识的能力。

第五章 高等职业院校法治教育的改进建议

有了法律辩论的基础，还可以开展模拟庭审活动，让学生扮演成法官、原告、被告、庭警等角色，模仿法院庭审程序对案件进行审理，法庭辩论是法庭审理中的一个环节。在组织学生旁听法院审理有困难时，可以通过模拟庭审让学生了解司法过程，进一步掌握程序法律知识，树立程序正义观念。

另外，还应充分利用实习实训环节提升高职学生的法律素养。相对于普通高校的教育模式，高职教育实践性、职业性的特点决定了高职教育专业实训机会多、职业实习时间长的优势，高职学生法治教育应该充分利用这些有效环节强化其法治教育的实践性。高职学生法律素质的培养决不能局限在法律单科教学中，一些专业实践课程可以更有职业针对性地在教学活动中进行法治教育。在我们进行的法治教育情况的调研中发现，一些高职院校的法治教育通过匹配一些专业技能训练得以很好地完成，其探索的法治教育"教、学、做"合一模式积累了一些成功经验，值得总结。

对高职法治教育实践教学探索的反思。尽管实践教学在实现高职法治教育中具有不容置疑的优越性，并且一些高职院校也在总结经验的基础上，结合自己学校的具体情况，探索出各种各样的实践教学模式，但是，目前，高职法治教育的实践教学还有一些亟待解决的难题。主要是三个问题：一是认识方面的问题。高职法治教育的实践中，由于社会和学校管理方面认识不到位，对法治教育实践教学的重视程度不够。虽然"05方案"和"高校思想政治理论课程建设标准"规定了相关的实践教学的学时与学分，但是如何确保将这些政策文件规定在高职法治教育的教学计划和课程方案中落实，尚需要多方面的长久努力。二是在实践教学具体化的问题，即如何具体落实实践教学在教学计划、教学目标、教学内容、教学主体、考核评估等方面的问题。三是保障方面的问题，即法治教育需要高职院校在教学管理体制、法律师资队伍建设、教学实践经费等方面予以一定的保障。显然，仅仅依靠法治教育单一部门的教学改革和创新是不够的，需要多部门的关注及社会各界的支持。

三 落实多元化的高等职业院校法治教育评价方法

科学合理的考核评价是落实高职法治教育实效性的重要保障。法治教育搞得如何，最终要体现在实际效果上，落脚在高职学生的法律素养上。高职学生的思想、品德、法律素质是精神性的、变动性的元素，要经历知、情、意、信、行，经历由简单到复杂、由量变到质变的循环往复的过程，即经历一个由认知到思想、由思想到行为、由行为到实践的过程。因此，高职法治教育是一个系统过程，这就决定了必须构建科学的评价体系。高职法治教育评价是教育过程中一个非常重要的环节，对于客观准确了解高职学生的法律知识与品格及行为面貌，对于高职法治教育效率的提高与教育效果的增强，都有重要意义。

高职法治教育评价体系是由法治教育评价对象所包含的一系列有效评价指标构成的，但由于法治教育涉及的诸多范畴是多元化的，有显性的，也有隐性的，确立评价指标一定的量的规定性，难度是很大的。包含对法治教育质量的检查、督导与评估的高职法治教育评价体系，是高职法治教育体系整合创新的重要环节。但如何对高职法治教育体系进行评价，仍然是一个很大的难题。目前现有的高职法治教育评价体系还很不全面、缺乏科学性，存在许多不尽人意的问题：如评价内容单一，只注重学生法律基础课成绩分数，缺乏对学生思想发展状况、道德认知与行为能力等方面的综合评价；评价结构不合理，对理论知识考核比重过大，而对学生法治实践能力的考核不够；评价主体单一，往往仅有法律专业教师、思想政治理论课教师；评价目的从属于职业教育的功利性，等等。实践教学中，法治教育对许多高职院校的学生来说，就是上"思想道德修养与法律基础"课程，上必修课修学分，听听法制讲座，应付考试，等课程结束了学分拿到了，法治教育就结束了。直到现在，一些高职院校的法治教育仍没有形成检查、督导、评估的教育质量评价标准，没有建立系统、完整的评价体系。因此，我们应本着体系健全、科学简明的原则建立一套易于操作的高职法治教育评价体系，从目标到效果进行整体评估，优化控制过程，提高法治教育效率。增强法治教育效果，真正发挥评价机制的激

第五章 高等职业院校法治教育的改进建议

励导向功能。

（一）组织多元化的评价主体与环节

健全高职法治教育评价体系是一项系统工程，涉及众多因素，需要学校、家庭、企业、社会等多方的大力支持和配合，也需要一个循序渐进、不断完善的过程。这个体系应该包括学校评价、企业评价、班级评价和学生自我评价。由此形成一个多主体多环节的法治教育评价系统，发挥这个系统的作用，是促进法治教育整体工作优化的根本保证。

以往的法治教育评价主体往往只有教育者，主体单一，忽略了受法治教育的学生的感受与体验。事实上，科学的评价方法的评价主体应该是多元的，其评价结果才能更准确、全面地反映评价客体的真实状况。具体来说，高职法治教育的评价主体，根据高职学生学习生活环境的不同，可分为校内评价主体和校外评价主体两个大的群体。由教务处、团委、宣传、学工等部门组成的校内评价组织，是从学校部门的工作角度，对高职学生进行法治教育课程和行为表现方面的评价，而法律任课教师、专业课教师、学生等具体的评价主体，从学校个体的角度，多角度、多层面评价高职学生的法律素质养成情况。对于校外评价主体，主要是由学生实习单位、实训基地、工作单位、学生家庭及生活社区等部门组成的评价团队，他们负责对高职学生在课堂外的实际工作和生活中所体现出来的法律学习情况进行评价，并且，高职学生在走出学校、走进社会后所反映出来的法律素养，更能反映出法治教育的最终效果。因此，在搭建校内、校外联合统一的评价组织系统的同时，更应对校外组织机构加强建设，增加其在整个高职法治教育评价体系中的权重。同时，不仅教育组织是评价的主体，受教育的学生也应该是评价的主体。并且，每个评价主体既是对高职法治教育评价的实施者，也是他人评价的承受者，既对他人进行评价，也进行自我评价。

同时，开展高职法治教育活动的评价，不能忽视过程环节，不但使单个法治教育活动的各环节有序展开，而且应使多个法治教育活动之间有机协调、有序连接。各个评价主体应进行定期联络沟通，根据影响学生法治教育的主要环节，比如平时表现、课程成绩、实践能力、法律素质等实际情况建立法律课积分档案，分阶段、分学期的对学生的知识、能力、行为、素质等作出评价，并在毕业时进行综合性评论。我们应摒弃传统的以静止的形而上的观点评价学生的做法，加强过程性评价，并且把过程性评价结果作为整体性评价的主要构成，充分发挥评价的教育与激励作用。

总之，对高职法治教育加强多元化的评价主体建设，多环节协调联系，从多角度、全方位的进行法治教育评估，这样才能准确地反映出高职法治教育的实际效果。

（二）丰富扩展立体化的评价内容

培养高素质的技能型人才的教育目标决定了高职法治教育职业性、实践性和社会性的教育特点，与此相适应，高职法治教育评价的内容理应更加丰富，应紧紧围绕促进学生全面发展的法治教育目标，体现高职法治教育特点和内容。

长久以来，在以就业为目标的功利性的职业教育观的影响下，一些高职院校还存在着"重技能，轻素质"的现象，高职学生被像工厂生产产品一样标准化的培养，法律素质教育没有得到应有的重视，甚至一些院校已经边缘化了法治教育，导致高职学生的法律素养较差。其实，当今社会需要的是"高素质、强能力、宽基础、广适应"的职业人才，要求从业人员具有较高的法律素养。并且，法治教育不但帮助高职学生提高基本素养，而且有助于提高学生的专业技能，为学生职业能力的提高提供精神动力，为学生的成长成才指明方向。

法治教育的这种精神动力往往是通过情感、意志，包括动机、信念、信仰、习惯、本能等非理性的因素，影响着学生的身心，调节控制着学生的心智。因此，进一步丰富高职法治教育的评价内容，就需要遵循法律专业教育规律及职业教育规律，并且与高职学生具体行为准则有机结合起来，充分考虑各种因素在高职法治教育中的作用，将情感、意志纳入评价内容中，制定便于学生遵守、便于对学生评价的规范要求。

（三）扩展丰富多样化的评价方法

对高职法治教育效果的评价，不应偏重于某个单项评价结果，而应该采取多样化的评价形式，不但包括高职学生在法律基础课的理论学习，更应该包含对学生行为表现的评价、学生法治思维的判断等多角度全方位的综合评价。现阶段，高职法治教育的评价方法主要是法治教育课程的考试或考查，简单的直接用分数对学生进行法治教育评价，教师用理论上雷同而且单一的考查模式对学生的法律素质给以评论，实践中难以准确评价学生的法治教育情况。因为法律基础的理论课考试成绩仅仅可以衡量出学生掌握法律书本知识的情况，但难以考量出学生在情感、意志与行为上的表现。教师评价学生日常的表现，往往只是根据学生在课堂上的出勤、课堂讨论发言等方面下结论，作出平时操行评价，并不能体现出学生的真实法律学习情况。除此以外，有些高职院校在校企结合、工学结合的环节中法治教育或被忽略、或流于形式，企业对学生的法治教育评价往往是简单划一的结论，难以发挥作为评价主体的作用。

因此，应当对高职法治教育评价方法适时的进行调整，以动态的、开放的调整模式，紧密结合社会经济对人才需求的变化，不断改进。所谓灵活进行，就是要多维度的评价标准，根据不同的评价环节、不同的评价内容和目标，选择不同的评价方法，要避免固定化、模式化或全面量化的评价方法。

整合创新高职院校法治教育评价体系，就是要彻底改变形式化的评价形式，积极探索并扩展多样化的评价形式，将法治教育评价工作与高职的法治教育课程开展、学校人才教育的各个环节有机结合，从而形成过程与结果有机结合、定量评价与定性评价有机结合的多样化的灵活的法治教育评价形式，实现法治教育评价体系真正反映学生法律素质的目的。

四　探索高等职业教育特色的法治教育项目化教学法

长期以来，高职法治教育课通用的是知识本位教学法，强调教师的主体地位，偏重于法律知识的理论性、逻辑性与系统性，这与当前高职的现代教育理念格格不入，使高职法治教育理论课陷入一种尴尬的状态。基于改进高职法治教育的需要，项目化教学是当前高职院校倍受推崇的新教学法。其主要特点是：以项目为载体，通过师生共同实施一个完整的项目，将高职法治教育目标与项目内容有机结合；以能力为本位，创新高职法治教育的方法与途径；以学生为主体，创新高职法治教育的管理与评价机制，贯彻高职教育的以人为本；以任务为驱动，在项目化教学中实现高职法治教育内容的"整合"与"序化"；做学教一体化的过程中素质渗透，对提高高职法治教育的实效性进行有益的探索，对增强高职法治教育的实效性探寻了一个新的视角。

（一）高职法治教育实行项目化教学的意义和价值

第一，项目化教学有利于提高高职学生对法治教育的学习兴趣。传统的课堂教学模式，法律老师唱主角，以"填鸭式"向学生灌输法律知识，学生上课时缺乏主动性，参与的机会较少。但通过项目化教学改革，实行"做、学、行"一体化，以法律相关项目为载体，要求学生在做中学、学中做、边做边学，达到掌握知识、提升能力、培养素质的法治教育目标；同时，通过综合性的职业教育项目，与其他专业课程形成合力，提升了高职学生的就业竞争力，使法治教育给予学生一生受用的职业能力与法律素质。

第二，项目化教学有利于提高高职法治教育课的实效性。贯彻理论与实际相结合的原则，凸显高职法治教育课的实践特质。项目化教学适合高职院校的生源特点，以能力为本位，体现了高职法治教育的探究性和实践性，是高职法治教育方法与手段的创新。具体来说，项目化教学契合了法治教育要求的理论性、实践性的要求，也契合了高职教育具有的职业性、应用性的特点，将法治教育的共性与高职特性有机地结合起来。

"因为对头脑正常的人说来，判断一个人当然不是看他的声明，而是看他的行为；不是看他自称如何如何，而是看他做些什么和实际是怎样一个人。"[①] 正如在法治教育中，即使学生背熟了全部的法律规定，如果没有诉诸实践，缺乏内化的过程，最终都是知与行的脱节，并不能真正实现法治教育的目标。高职法治教育尝试的项目化教学就是在保证知识传授的基础上，积极探寻知识与行动的最佳结合点，帮助学生在法治教育的过程中实现理论灌输与行为体验的最佳结

---

① 《马克思恩格斯选集》第1卷，人民出版社2012年版，第644页。

合，实现认知与实践的共振。高职学生在完成项目任务的过程中，通过对教师设定的或法律或综合情景的参与体验，不但可以加深对法律知识的认知理解，而且形成了未来岗位和职业所需要的法律素养和综合能力，提高了高职法治教育课的实效性。

第三，项目化教学有利于提高学生的各项能力。学生思考问题及处理问题时有了全面和思辨的思维方式。通过辩论、探讨、沙龙等形式，同学们参与了大量的讨论，对守法护法等传统的理解作出了新的阐述，在对大量正反案例的分析、理解与总结后，同学们看问题处理问题更加全面与成熟。学生资料收集能力、表达能力、团队协作能力等均得到较好的培养与提高。学生们需要通过网络等各种渠道收集各类型的资料，以完成项目的前期工作。同时，学生们还需集体作战，以共同完成各个项目。整个过程下来，同学们的表达能力，协作能力、创新思维能力得到了较大的提高。

（二）高职法治教育课项目化教学的运行

美国学者柯尼特（Cornett）认为好的法治教育项目必须具备以下条件：教师对于课程的周密布置与协调；对于项目的高效管理；专业的支持网络（法官、律师等）；为学生提供高质量的课程和机会（如模拟法庭、社区服务等）；为学生提供高层次、挑战性思考的机会；学生对项目的积极参与。[①] 所以高职法治教育项目化教学的运行，应该结合法律专业要求，确定符合高职教育特色的项目；明确师生分工，提高学生的主体地位；明确各个环节任务，做到连贯有序；最终通过科学有效的评估，实现高职法治教育目标。具体来说，分为四个部分：

第一，结合专业、确定项目。项目的选择应既有专业特色又保证公共基础性。项目化教学的关键是体现其专业特色，所以，高职法治教育项目化教学作为面向全部高职学生的基础课程，首先要根据高职学生不同的专业需求来设计法治教育项目，改变以往"一个教案讲遍

---

① Jeffrey W. Cornett, Richard H. Chant, Educating Youth for Decency and Virtue: Law-Related Education and Its Implication for Character Educators, The Journal of Humanistic Counseling, Education and Development, Vol. 39, 2000. 28.

所有专业"的做法，增强法治教育的针对性。因此，高职法治教育项目化教学改革成功的第一步是具体情况具体分析，花时间与精力反复推敲，确定优质的项目。

第二，师生分工，完成任务。高职法治教育的项目化教学的运行，应该以项目为中心，既充分发挥教师的主导作用，又要强调学生的主体地位，师生协作共同推进项目任务的顺利进行。教师的主导作用体现在，不仅要设计出科学高效的项目，而且要求教师要尽力为学生搭建一个好的法治教育平台。因为法治教育项目往往是一个综合性的课题，完成项目任务可能需要多个学科的专业知识，需要组建多部门多专业的综合性团队，有时甚至需要校外法律机构成员的支持。所以，相比传统法律课堂教学而言，法治教育项目对于教师工作能力的要求更高。发挥学生的主体地位，就是在项目运作中更加强调学生的感受和体验，可根据学生自身兴趣及将来的职业方向组成不同项目小组，沟通、协作，共同完成项目任务，在任务完成中提高学习兴趣，增强学生的相互协调和综合处理问题的能力。

第三，环节明确，连贯有序。高职法治教育的项目化实施路径应该是连贯有序的，一方面贯穿高职各学年始终；另一方面又要根据实施步骤，紧密联系各个环节。项目化教学法通常分为资讯、决策、计划、实施、检查、评价六个步骤，每一环节的选择都应有不同的侧重点，如资讯环节重在法律认知，决策与计划环节重在价值判断，实施环节重在角色体验，检查与评价环节重在行为探究。整个项目实施过程既要体现出法治教育的整体性与层次性，又要帮助学生顺利实现角色转换。

第四，有效评价，达成目标。教学项目任务的完成，绝不是项目化教学的完成，还要进行进一步的总结反思，以真正达成高职法治教育的最终教学目标。高职法治教育项目考核的根本目的是通过项目的完成使法治教育内化为高职学生的素质和能力，外化为高职学生良好的精神面貌和守法护法的行动。对高职法治教育教学项目的考核，具体可以包括以下几项：项目报告书完成情况、项目实践状况、师生的评价与意见、学生的具体行为表现、理论学习成果等。同时，要及时将项目成果进行展示，使取得的成绩给师生鼓励，使学生在总结反思中不断提升自我。

（三）高职法治教育项目教学法的规范化保障

可以说，高职法治教育项目化教学是一个系统的工程，离开完整规范的管理保障机制，难以实施。从文件规范、团队组建、日常管理到经费支持，各环节紧密联系，缺一不可。第一，项目文件的规范化。对高职项目化教学有指导规范作用的项目文件是指高职院校统一制定并正式批准的、是高职法治教育进行项目化教学依据的规范性文件，属于高职院校的人才培养方案，主要包括项目完成目标、项目实施计划、项目教学标准等内容。教师按照学校批准的教学项目文件进行项目教学的编制，引导学生完成项目教学任务，实现项目教学的目标。第二，项目管理机制规范化。以项目为载体、以任务为驱动的项目化教学，突破了传统的单一思政部的教学管理，形成一个由项目组牵头，由教务处、学生处、专业院系、思政部支持的项目管理机制。规范化的管理机制，避免了高职法律教师势单力薄的单打独斗，避免了项目运作过程中各部门的混乱扯皮，提高了法治教育的实效性。第三，建立多层次、多结构的项目教学队伍。队伍建设是法治教育的关键，更是完成项目化教学的关键。一个完整有效的法治教育项目的完成，需要在项目分析、任务驱动、具体操作等多个环节对学生进行详细认真的指导，这有挑战性繁重的工作仅仅依靠法律专职老师是难以完成的。因此，必须扩大法治教学队伍，打造由专任教师、行政干部和辅导员为主导的"三位一体"法治教育教学队伍。只有团队协作，才能有效地保证法治教育项目化教学的顺利开展。第四，争取实践教学经费支持。"巧妇难为无米之炊"，取得一定的经费是法治教育项目化开展实践教学的经济保障。不仅是社会调查、课题研究这类实用性的实践教学项目需要一定的经费支持，对于项目开展过程中指导老师的实践教学工作也应该按照实际工作量核算，给予一定的经济补偿。

（四）高职法治教育项目化教学的实践效果

高职法治教育项目化教学已经在许多高职院校全面展开，并且一些院校经过实践探索，已经取得较好的实践效果。

第一，以项目为载体的高职法治教育实现了理论与实践的统一。

高职法治教育的项目化实现了教学内容的一体化和形式的标准化。一方面，通过项目化的实践，将法治教育各部分的内容从教材体系中剥离提取，并依据项目任务要求构成一个有机的整体，避免了实践教学与理论教学的脱钩。另一方面，通过法治教育项目规范化设计，实现了法治教育的教学流程和环节的规范化，避免了实践教学的随意化，有效地实现对实践教学的管理和控制。

第二，借鉴高职专业技能教育的项目化教学，在高职法治教育的教学过程中为高职师生提供了新的学习思路。对法治教育专业教师来说，项目化教学提供了一个新的实践教学模式。根据教学目标的不同、教学形式的需要，对教学资源和教学内容进行整合评估，并帮助教师选择最佳的教学模式。对高职学生来说，法治教育的项目化教学是一个开放的系统，学生们可以根据自己的实际情况灵活参与项目运作。项目化教学有效地调动了高职学生学习法律的积极性和主动性，提高了法治教育的实效性。

第三，项目化教学模式的探索为解决高职法治教育的实践教学困难提供了新的思路。在采用项目化教学方法开展法治教育的过程中，学校和组织教师要对法治教育的实践资源进行合理的配置，通过机动调整项目的数量和实践的权重比例，合理地利用实践教学资源，提高了资源的利用率。实践证明，高职法治教育项目化教学通过调动全员参与的教学模式，充分挖掘了时空方面的法治教育资源，提高了高职法治教育的实践能力。

（五）对高职法治教育项目化教学的反思

作为高职法治教育教学方法的改进新思路，项目化教学法在高职教育的改革进程中取得了一定的成果，但我们绝不能形而上地美化它，并且我们还应对其全面总结反思。

首先，项目化实践教学仅仅是代表高职法治教育改革的一种方向和思路。当前职业教育新理念中，项目驱动具有非常大的可操作性，具有现实可行性。但对于高职教育的基础课之一的法治教育课来说，项目教学只是代表一种改革的方向、一种思路，绝不是必须套用的唯一模式。因此，法治教育工作者在教改过程中，必须正确认识项目化教学的意义。

第五章　高等职业院校法治教育的改进建议

其次，全面设置项目化教学的法治教育目标。在高职专业项目化教学过程中，知识和能力是主要的教育目标，但这不能完全准确的体现高职法治教育的培养目标。因为作为高职教育的一门通识课程，高职法治教育与高职专业课程是有很大区别的。法治教育素质目标，作为一种思维方式、一种品质修养，它不是具体的能力，也不能归纳为某一具体的知识，而是一种独立的教育目标。因此，我们在高职法治教育项目的目标设置上，除了能力目标与知识目标外，应该增加"素质目标"的内容，这是适应高职法治教育的要求、体现高职法治教育的特色的改进方向。

最后，高职法治教育课程教学改革，依然要坚持"教无定法""因材施教"的原则。虽然高职法治教育项目化教学取得了一定的效果，但我们仍然要秉持"因材施教""教无定法"的理念，不断探索新的教学方法，找寻新的改革方向。我们应该根据高职学生的个人特点、专业要求不断变化的情况，选择科学有效的教学方法，真正使学生认同法治教育，并学有所获、能力素质得到提升。

附　录

附录一　高职学生法治教育状况调查问卷

亲爱的同学，我们正在从事一项有关高职学生法治教育方面的调查研究，问卷调查不涉及您的个人隐私和您所在学校的利益，数据仅供研究之用。请您客观、公正地回答下列问题，并把答案填写在括号内。非常感谢！

一　基本情况

1. 性别：[　]（1）男　（2）女
2. 年级：[　]（1）一年级　（2）二年级　（3）三年级
3. 专业：[　]（1）文科　（2）理工科　（3）其他　　您的具体专业是[　　　]

二　大学生法治教育状况调查

1. 我国的法制宣传日是哪天？[　]
（1）12月4号　（2）1月24号　（3）2月14日　（4）不知道
2. 我国民法规定的具有完全民事行为能力的年龄是多大？[　]
（1）14周岁　（2）16周岁　（3）18周岁　（4）20周岁
3. 《劳动合同法》所规定的试用期最长是多久？[　]
（1）三个月　（2）六个月　（3）一年
4. 您认为现阶段我国政府机关与法院、检察院的关系是？[　]
（1）政府机关的权力最大　　　　（2）检察院权力最大

（3）三部门是互相制约、互相配合的关系　　（4）法院权力最大

5. 您认为现实生活中权力与法律关系如何？[　]

（1）权大于法　　（2）法大于权

（3）权法并重　　（4）视情况而定

6. 您认为法律能发挥应有的作用吗？[　]

（1）能，法律惩恶扬善

（2）不能，法律被图谋不轨的人利用

（3）不都能，法律需要进一步的完善

7. 您对我国当前法治建设的看法是？[　]

（1）虽然不完善，但前景是美好的　　（2）不完善，建设缓慢

（3）建设缓慢，有些失望　　（4）没感觉到有真正的法治建设

8. 您认为一些大学生违法甚至犯罪的主要原因是什么？[　]

（1）掌握的法律知识不够，不知自己的行为是法律禁止的

（2）知法犯法，法治意识不够

（3）主要是道德修养水平低

（4）心理不健康，与法律修养无关

9. 您认为自己获得法律知识的最主要途径是什么？[　]

（1）通过报刊书籍　　（2）通过电视、网络了解

（3）通过学校法治教育　　（4）不怎么关注，平时用不到法律

10. 您认为高等职业院校进行法治教育有意义吗？[　]

（1）有，对我影响重大　　（2）有，但是不怎么重要

（3）有可能有吧？我不清楚　　（4）没有

11. 对于马路上闯红灯的行为，您觉得：[　]

（1）违反交通规则，不闯　　（2）身边人都闯，我也闯

（3）视情况而定吧

12. 在大学里，当别的同学为谋取利益考试作弊时，您的感受是？[　]

（1）非常反感，违反公平竞争的原则，是一种不诚信的行为

（2）偶尔一次可以理解

（3）很正常，很多学生都做过

13. 您会为了找到一份理想的工作对自己的简历作假吗？[　]

(1) 不会，作假迟早会被发现

(2) 诚信为本，自己决不会作假

(3) 只是撒个小谎，无所谓

(4) 别人作假找到了好工作，我实事求是还被拒绝，所以我也作假

14. 您认为假的求职简历有利于找到好的工作吗？［　］

(1) 肯定有利于　　　　　　(2) 不利于

(3) 不太利于　　　　　　　(4) 视作假程度而定

15. 假设您毕业时已经与一个单位签订劳动合同后，又遇到更理想的单位，您会咋办？［　］

(1) 直接和新单位签约

(2) 和原单位协议解除劳动合同后再签新约

(3) 保险起见，先签新约再违旧约

(4) 一定坚持履行原劳动合同

16. 您认为大学生诚信缺失的主要原因是？［　］

(1) 社会风气的败坏　　(2) 利己主义的增长

(3) 迫不得已　　　　　(4) 从众心理

17. 当您权利受到侵害时，您首先想到的是？［　］

(1) 感觉很委屈，但认为也是没有办法的事　　(2) 用武力解决

(3) 拿起法律武器来保护自己　　　　　　　　(4) 通过关系解决

18. 您尝试过用法律维护您的合法权利吗？［　］

(1) 没有过，感觉应该很麻烦　　(2) 没有碰到过权利受到损害的情况

(3) 打官司请律师太麻烦自己解决简单　　(4) 不知道怎么通过法律途径解决

19. 您认为您目前学习法律的主要问题是什么？［　］

(1) 有了法律知识但联系实际问题就不会用

(2) 法律知识不足

(3) 能运用所学的法律知识解决实际问题

20. 一个小偷在校园里被同学们逮到后，被同学狠狠教训了一顿并将其关押了几天，您认为［　］

（1）合法，应该好好教训一下

（2）违法，应扭送执法部门

（3）不知道

21. 您对当代大学生的法律素质的评价是？［   ］

（1）很好，法律意识强

（2）一般，遇到问题不懂得怎么维权

（3）差，不懂法也不会维权

22. 一些大学生法律意识不强，你认为最主要原因？［   ］

（1）法规总体质量不高、法律不健全　（2）国家整体法治环境不好

（3）国家学校的普法教育力度不够　（4）大学生自身不重视法律

23. 如果学校开设法治教育讲座，您会去听吗？［   ］

（1）一定主动去，认真学习　（2）如果没有其他事情就去听

（3）偶尔会去听　　　　　　（4）无所谓，感觉收获不大

24. 对于到法院旁听案件庭审、旁听听证会、参观监狱、参观戒毒所等社会实践你参加过几项？［   ］

（1）参加过三项以上　（2）参加过两项

（3）只参加过一项　　（4）都没参加过

25. 您认为提高大学生法治意识的最有效的方法是？［   ］

（1）通过学校设置的法律相关课程学习理论

（2）各种法治宣传活动如讲座、社团

（3）通过各种传媒如网络、电视的案例分析

（4）在实习、实训过程中结合专业进行法治教育项目化教学

26. 在求学期间做兼职工作或毕业后求职就业时，您会主动要求与单位签订劳动合同吗？［   ］

（1）是的，我会主动要求签合同

（2）不会特别关注，视情况而定

（3）不是很重要，无所谓

27. 在做兼职时，老板没有按约定足额支付报酬，您会［   ］

（1）忍气吞声，息事宁人　（2）据理力争

(3) 向有关部门投诉　　　(4) 使用法律手段追索

28. 您是否了解《劳动法》《劳动合同法》等与就业相关的法律 [　　]

(1) 比较了解　　(2) 不是很了解

(3) 不了解　　(4) 了不了解无所谓

29. 您是如何了解《劳动法》《劳动合同法》等与就业相关的法律规定的？[　　]

(1) 学习的就业法治教育课或讲座　　(2) 阅读相关书籍了解

(3) 通过网络了解　　　　　　　　　(4) 咨询法学专业老师或同学

30. 学校对学生进行与职业相关的法律法规培训情况？[　　]

(1) 经常　　　(2) 偶尔进行

(3) 不进行　　(4) 不知道

31. 您认为法治教育课与专业课学习的关系？[　　]

(1) 互相促进

(2) 耽误专业课程学习

(3) 关系不大

32. 除了法律基础课程，您的专业是否还有其他法律课程 [　　]

(1) 没有

(2) 有两门以上

(3) 有一门

33. 您的专业课老师在教学中是否对学生实施"诚信""规则""权利"等法律素养方面的教育？[　　]

(1) 经常进行　　(2) 偶尔进行

(3) 不进行　　　(4) 说不清楚

34. 学完法律基础课后，您还会继续学习法律知识吗？[　　]

(1) 辅修法学双学位　　(2) 根据自己专业选修一些法律课程

(3) 工作需要自学法律基本知识　　(4) 不感兴趣

35. 您对当前的法律基础课的教材的看法是？[　　]

(1) 满意，认真学习了　　(2) 教材和中学课程重复，没意思

(3) 教材法律内容理论性太强，看不懂　　(4) 没怎么看过

36. 您对目前学校安排的法律基础课的课时安排的看法是？[　　]

(1) 课时太多了　　(2) 应该增加课时

（3）保持现状就好　　（4）无所谓

37. 您对《思想道德修养与法律基础》的教学效果的评价是？［　］

（1）效果很好，法律意识提升作用显著　　（2）效果较好，有提升法律意识作用　　（3）蜻蜓点水，效果一般　　（4）照本宣科，没有帮助作用

38. 您对所在学校的法治教育课老师讲课效果总体评价如何？［　］

（1）很好　　　（2）较好

（3）一般　　　（4）较差

39. 你认为学校是否重视学生法治意识的提升？［　］

（1）很重视　　　　　　（2）一般

（3）不重视，没有重点强调过（4）不知道

40. 您对学校法治教育工作总体的评价是？［　］

（1）很好　　　（2）较好

（3）一般　　　（4）较差

附录二　高职院校法治教育状况调查问卷（教师版）

亲爱的老师：您好！

本问卷旨在了解当前我国高职院校法治教育的真实状况。如果您从事高职法治教育及相关工作，请您根据问卷提示表达您的真实看法。调查结果仅供学术研究之用，答案无对错之分，并严格保守秘密。非常感谢您的支持！

1. 性别［单选题］［　］

（1）男　　　（2）女

2. 年龄［单选题］［　］

（1）30岁及以下　（2）31—40岁（含）　（3）41—50岁（含）　（4）51岁以上

3. 教龄［单选题］［　］

（1）1—5年　　（2）6—10年

（3）11—15 年　　（4）16 年以上

4. 学历［单选题］［　］

（1）大学本科　　　　（2）硕士研究生

（3）博士研究生　　　（4）其他

5. 您所学专业［单选题］［　］

（1）法学相关专业　　　　（2）思想政治教育专业

（3）其他文科专业　　　　（4）其他专业

6. 您在学校的工作岗位是［单选题］［　］

（1）教师　（2）辅导员　（3）行政人员　（4）其他

7. 您的职称级别［单选题］［　］

（1）助教　　（2）讲师　　（3）副教授　　（4）教授

8. 作为法律老师，您目前的工作状况是什么？［单选题］［　］

（1）高成就感　　（2）有一点压力，但能应付

（3）低成就感　　（4）精疲力竭

9. 您认为影响法律课教师专业化发展的主要因素是什么？［单选题］［　］

（1）专业不受重视　　（2）待遇不高

（3）职称晋升困难　　（4）培训体系待完善

10. 按照高职教育教学的要求，您认为法律专业教师最需要加强的能力？［单选题］［　］

（1）实践教学能力　　（2）教学设计能力

（3）学习能力　　　　（4）责任意识

11. 您对高职学生的法律素质的评价是？［单选题］［　］

（1）很好，法律意识强　　（2）一般，遇到问题不懂得怎么维权

（3）差，不懂法也不会维权

12. 一些高职学生法治意识不强，您认为最主要原因是？［单选题］［　］

（1）法规总体质量不高、法律不健全（2）国家整体法治环境不好

（3）国家学校的普法教育力度不够（4）大学生自身不重视法律

13. 您认为一些大学生违法犯罪的主要原因是什么？［单选题］［　］

（1）掌握的法律知识不够，不知自己的行为是法律禁止的

（2）知法犯法，法治意识不够　　（3）主要是道德修养水平低

（4）心理不健康，与法律修养无关

14. 您认为高职开展法治教育工作最主要困难是？［单选题］［　］

（1）法治教育机制不完善

（2）理念不一致，认识不到位

（3）学生认识不足，参与积极性欠缺

（4）教师水平有待提高

15. 您清楚学校学生的法治教育工作由哪个部门负责吗？［单选题］［　］

（1）学生处　　（2）宣传部门

（3）思政部　　（4）不清楚

16. 您认为学校在促进大学生法治教育方面应该重点加强的工作是？［单选题］［　］

（1）提高教师教学水平

（2）完善学校的法治教育管理机制

（3）加强对学生法律素养的评价考核

（4）建设依法治校的校园文化

17. 您认为提高法治教育在高职教学体系中的地位应该采取的措施是？［多选题］［　］

（1）国家出台高职法治教育建设标准

（2）明确高职法治教育负责部门

（3）设立专门法治教育教研室

（4）明确高职学生法治教育考核标准和办法

18. 您认为提高高职学生法治意识最有效的途径有？［多选题］［　］

（1）通过学校设置的法律相关课程学习理论

（2）各种法治宣传活动如讲座、社团

（3）渗透教育，结合工作实践体会法律的作用

（4）在实习、实训过程中结合专业进行法治教育项目化教学

19. 对于到法院旁听案件庭审、旁听听证会、参观监狱、参观戒毒所等社会实践，学院组织学生参与过几项？［单选题］［　］

(1) 参与过三项以上 (2) 参与过两项

(3) 只参与过一项 (4) 都没参与过

20. 您认为加强法治教育的实践教学困难的主要原因有?［多选题］［　］

(1) 需要整合社会力量,没有上级主管部门的支持

(2) 学校管理层不够重视,缺少经费支持

(3) 没有明确的评估标准,不能调动教师积极性

(4) 学生不感兴趣

21. 您认为对高职学生加强法治教育应该重点在哪一方面?［单选题］［　］

(1) 法律理念教育,因为学生课时有限

(2) 法律知识教育,学生法律基础薄弱

(3) 通过具体法律知识讲解提升法治理念

22. 您认为在《思想道德修养与法律基础》课的教学中重点部分是?［单选题］［　］

(1) 理想部分　(2) 道德部分

(3) 传统文化部分　(4) 法律基础部分

23. 您对思想道德修养与法律基础两部分内容合为一门课的看法是?［单选题］［　］

(1) 二者都属于社会价值教育的范畴,赞同合并

(2) 道德重在净化内心,法律规范行为,不应该成为一门课

(3) 受教学课时的限制不得不合并,但弱化了法治教育

(4) 二者互相补充,有利于增强教学实效性

24. 您对学校法律基础课的课时安排的看法是?［单选题］［　］

(1) 课时太多了　(2) 保持现状就好　(3) 应该增加课时

(4) 无所谓

25. 您对现行的法治教育教材的看法是?［单选题］［　］

(1) 很好,学生比较爱读　(2) 不错,内容全面丰富

(3) 内容相对理论性太强,不能满足高职学生实践需要

(4) 可读性不强,不能吸引学生阅读兴趣

26. 总体而言您觉得法律教师在教学方面存在的最突出困难有哪

些？［多选题］［　　　］

（1）教学理念比较落后，教学设计不能充分体现教学理念

（2）没有掌握最先进的教学技术，教学资源的整合开发不充分

（3）实践教学有待加强，以传统课堂讲授为主

（4）课堂组织与管理方法单一，师生互动交流少

（5）教学工作量大，无暇顾及有关教学能力提升的学习

（6）法治实践教育不足，教学内容偏理论

（7）其他

27. 在课堂教学中，您经常使用的教学方法是？［多选题］［　　　］

（1）讲授法　　　（2）讨论法　　　（3）任务驱动法

（4）案例教学法

（5）角色扮演法　（6）分组合作法　（7）其他

28. 您认为学校行政管理人员及其他专业教师重视学生的法律修养吗？［单选题］［　　　］

（1）都能　（2）部分能够　（3）少数能够　（4）基本不能

29. 学校除了开设《思想道德修养与法律基础》之外，还有开设其他法律类课程吗？［多选题］［　　　］

（1）有部门法律类选修课　　（2）与专业相关的法律课

（3）与就业相关的法律课　　（4）没开设过

30. 学校对学生进行与职业相关的法律法规培训情况？［单选题］［　　　］

（1）经常　　　（2）偶尔进行　　　（3）不进行

（4）不知道

附录三　高职学生法治教育状况调查问卷（用人单位版）

尊敬的领导：您好！

　　本问卷旨在了解当前社会各类型用人单位对高职学生法律素养的评价，以及对高职院校法治教育开展状况的看法和建议。请您按照问卷的提示根据您了解的情况仔细填答。问卷答案没有对错之分，只是帮助我们分析研究高职法治教育的整体情况与不足，以便我们及时调

整改进法治教育工作思路。调查结果仅供学术研究之用,没有任何商业用途,并严格保守秘密。衷心感谢您对本次调查的帮助与支持!

1. 您所在单位名称:_____
2. 贵单位具体地址:_____
3. 贵单位性质:
○行政机关 ○事业单位 ○国有企业 ○民营企业
○科研设计单位 ○学校   ○部队   ○外资企业
○个体   ○其他
4. 单位的业务领域:
○信息、电子、计算机类 ○金融、银行、保险类 ○建筑、房地产、物业管理类
○餐饮、酒店、服务业类 ○咨询、法律、教育、科研类
○生物、制药、医疗类 ○商贸、零售、物流类
○媒体、广告类   ○文艺、体育类
○其他
5. 贵单位招聘时比较看重学生哪些方面的素质?[多选题][ ]
(1)敬业精神   (2)工作经验   (3)综合素养
(4)学历   (5)能力   (6)高校名气
(7)在校成绩及获奖情况   (8)其他
6. 您对高职毕业生法律素质的总体评价是?[单选题][ ]
(1)很好   (2)一般   (3)差
7. 单位对人才的综合素质方面有何要求?[多选题][ ]
(1)知识渊博   (2)诚信意识   (3)交际能力
(4)管理能力   (5)遵纪守法   (6)写作能力
(7)外语水平   (8)其他
8. 您认为提高大学生的法律素养与就业后的个人发展的关系?[单选题][ ]
(1)非常重要,是个人综合素质的重要部分
(2)比较重要,有利于扩展个人发展空间
(3)关系不大

9. 您对当前高职院校学生"诚信"水平的看法是？［单选题］［　］

（1）诚信度普遍较高　　　　　（2）大多数人讲诚信

（3）只有少数人讲诚信　　　　（4）诚信度普遍较差

10. 高职毕业生在遵守单位规章方面表现如何？［单选题］［　］

（1）从不因个人事务影响工作，严格遵守单位规章制度

（2）偶尔因个人事务影响工作，比较重视单位规章制度的相关规定

（3）经常因个人事务影响工作，缺乏规则意识和责任意识

11. 高职毕业生入职时对待劳动合同的态度？［单选题］［　］

（1）仔细慎重地对待，主动要求及时签订劳动合同

（2）比较重视，服从单位安排

（3）无所谓的态度，消极对待单位签劳动合同的要求

12. 您认为单位招聘大学生最大的忧虑是？［单选题］［　］

（1）实际动手能力不强，眼高手低

（2）缺乏敬业精神跳槽问题严重

（3）对工资待遇要求不切实际

（4）缺乏诚信意识，不能遵纪守法

13. 目前大学毕业生在实际岗位中突出的问题是？［单选题］［　］

（1）管理知识薄弱　　　　　　（2）缺乏规则意识

（3）不讲诚信，不能忠于职守　（4）不了解相关行业的法规

（5）基础理论知识与实际工作脱节

（6）缺乏团队精神和协作能力　（7）其他

14. 单位高职毕业生跳槽情况是？［单选题］［　］

（1）从未跳槽　　　（2）跳槽时按法定程序办理离职手续

（3）跳槽时不给单位提前通知，造成工作上的麻烦

15. 您对大学生跳槽及毁约行为的看法是？［单选题］［　］

（1）不诚信的表现，不能接受

（2）是个人发展需要，可以理解

（3）视情况而定

（4）如果按照法律规章行事，可以接受

16. 下面法规中，您认为与毕业生职业、生活方面关系最紧密的

法律法规是？请按需要程度选出前三项：[多选题][　　]

（1）合同法　　（2）经济法　　（3）会计法　　（4）劳动法

（5）刑法　　（6）公司法　　（7）知识产权法

（8）国际贸易法

17. 您认为一些大学生违法犯罪的主要原因是什么？[单选题][　　]

（1）掌握的法律知识不够，不知自己的行为是法律禁止的

（2）知法犯法，法治意识不够　　（3）主要是道德修养水平低

（4）心理不健康，与法律修养无关

18. 您认为职业院校的毕业生最有待提高的能力和素质是什么？[多选题][　　]

○责任意识　　○团队精神　　○道德诚信　　○沟通能力

○自我管理能力　　○外语水平　　○创新能力　　○法律素养

○学习能力　　○计算机水平

19. 您认为高校在人才培养和法治教育方面应做哪些改革？[多选题][　　]

（1）加强法律基础知识的培养　　（2）加强法治意识的培养

（3）强化教学的实习、见习及社会实践环节，加强法律应用能力的培养

（4）加强个人道德修养、职业道德的培养

（5）加强专业培养与法治教育的相互支撑

（6）法治教学方法要灵活多样，教学内容要"与时俱进"

（7）其他

20. 如果贵单位参与工学结合的高职法治教育项目化教学，您建议采用哪种教学模式？[单选题][　　]

（1）法律基础课课堂教学为主　　（2）企业实训等实践教学为主

（3）聘请法律专家讲座为主　　（4）引导学生自主学习为主

参考文献

一 文献资料

《马克思恩格斯选集》第1—4卷，人民出版社2012年版。

《马克思恩格斯全集》第3卷，人民出版社2002年版。

《列宁选集》第3卷，人民出版社2012年版。

《列宁全集》第35、36、39卷，人民出版社1985年版。

《毛泽东选集》第1—3卷，人民出版社1991年版。

《毛泽东文集》第6、7卷，人民出版社1999年版。

《邓小平文选》第2卷，人民出版社1994年版。

《邓小平文选》第3卷，人民出版社1993年版。

《江泽民文选》第1卷，人民出版社2006年版。

《习近平谈治国理政》，外文出版社2014年版。

《习近平关于全面深化改革论述摘编》，中央文献出版社2014年版。

习近平：《在首都各界纪念现行宪法公布施行30周年大会上的讲话》，人民出版社2013年版。

习近平：《习近平总书记系列重要讲话读本》，学习出版社、人民出版社2016年版。

教育部社会科学司：《普通高校思想政治理论课文献选编（1949—2006）》，人民出版社2007年版。

教育部思想政治工作司：《加强和改进大学生思想政治教育重要文献选编（1978—2008）》，人民出版社2008年版。

教育部思想政治工作司：《加强和改进大学生思想政治教育重要文献选编（1978—2014）》，知识产权出版社2015年版。

《三中全会以来重要文献选编》，人民出版社1982年版。

《十八大以来重要文献选编》（上），中央文献出版社2014年版。

《十八大以来重要文献选编》（中），中央文献出版社2014年版。

《十二大以来重要文献选编》，人民出版社1986年版。

《十四大以来重要文献选编》（中），人民出版社1997年版。

《十一届三中全会以来重要教育文献选编》，教育科学出版社1991年版。

《中国高等职业教育改革与发展报告——2009年度文件资料汇编》，高等教育出版社2010年版。

《中华人民共和国重要教育文献（1998—2002）》，海南出版社2003年版。

《中华人民共和国重要教育文献（2003—2008）》，新世界出版社2010年版。

二　学术著作

蔡定剑：《历史与变革——新中国法制建设的历程》，中国政法大学出版社1999年版。

曹建民：《中国特色社会主义法治问题研究》，兰州大学出版社2009年版。

陈万柏、张耀灿：《思想政治教育学原理》，高等教育出版社2007年版。

陈兴良：《法治的使命》，法律出版社2003年版。

程燎原：《从法制到法治》，法律出版社1999年版。

房文翠：《法学教育价值研究：兼论我国法学教育改革的走向》，北京大学出版社2005年版。

葛锁网：《高等职业教育人才培养模式研究》，研究出版社2004年版。

公丕祥：《法理学》，复旦大学出版社2016年版。

顾海良、佘双好：《高校思想政治理论课程教学改革研究》，武汉大学出版社2006年版。

顾明远、梁忠义：《世界教育大系·中国教育》，吉林教育出版社

2000年版。

顾明远：《实用教育学》，北京师范大学出版社1990年版。

管仲：《管子》，吴文涛、张善良校注，北京燕山出版社1995年版。

洪浩：《法治理想与精英教育——中外法学教育制度比较研究》，北京大学出版社2005年版。

黄炎培：《黄炎培教育文选》，上海教育出版社1985年版。

江必新：《法文化的建构及法制教育工程》，中国人民公安大学出版社1993年版。

蒋传光：《新中国法治简史》，人民出版社2011年版。

教育部社会科学研究与思想政治工作司：《比较思想政治教育学》，高等教育出版社2011年版。

教育部思想政治工作司：《思想政治教育原理与方法》，高等教育出版社2010年版。

教育部思想政治工作司：《走进美国高校学生事务管理》，中国人民大学出版社2011年版。

靳诺：《德治法治与高校思想政治教育》，光明日报出版社2004年版。

柯卫：《当代中国法治的主体基础——公民法治意识研究》，法律出版社2007年版。

匡英：《比较高等职业教育：发展与变革》，上海教育出版社2006年版。

梁治平：《法辩——中国法的过去、现在与未来》，贵州人民出版社1992年版。

梁治平：《法律的文化解释》，生活·读书·新知三联书店2011年版。

梁治平：《法治十年观察》，上海人民出版社2009年版。

刘洪旺：《法律意识论》，法律出版社2002年版。

刘佳：《法律教育学》，社会科学文献出版社2012年版。

刘雪松：《公民文化与法治次序》，中国社会科学出版社2007年版。

罗军强、方林佑：《高等职业教育历史研究》，光明日报出版社2011年版。

骆郁廷：《高校思想政治理论课程论》，武汉大学出版社 2006 年版。

骆郁廷、周叶中、佘双好：《思想道德修养与法律基础》，武汉大学出版社、湖北人民出版社 2006 年版。

潘文安：《同职业教育 ABC》，世界书局 1929 年版。

亓光：《新中国法治建设历程》，世界知识出版社 2011 年版。

商鞅：《商君书》，张觉校注，岳麓书社 2002 年版。

沈宗灵：《法理学》，高等教育出版社 1994 年版。

苏力：《法治及其本土资源》，中国政法大学出版社 1996 年版。

孙晓楼：《法律教育》，中国政法大学出版社 1997 年版。

谭秀森：《高校学生教育管理法律问题研究》，人民出版社 2015 年版。

檀传宝：《公民教育引论》，人民出版社 2011 年版。

王人博、程燎原：《法治论》，山东人民出版社 1998 年版。

王树荫：《中国共产党思想政治教育史》，高等教育出版社 2016 年版。

王玄武、骆郁廷：《思想教育、政治教育、道德教育比较研究》，武汉大学出版社 2002 年版。

吴潜涛：《"思想道德修养与法律基础"研究述评》，中国人民大学出版社 2007 年版。

邢国忠：《社会主义法治理念教育研究》，中国社会科学出版社 2011 年版。

杨进：《中国职业教育发展报告》，高等教育出版社 2015 年版。

张波：《马克思主义法律思想中国化路径研究》，人民出版社 2011 年版。

张光杰：《法理学导论》，复旦大学出版社 2006 年版。

张念宏：《中国教育百科全书》，海洋出版社 1991 年版。

张文显：《二十世纪西方法哲学思潮研究》，法律出版社 1999 年版。

张文显：《法理学》，高等教育出版社 2011 年版。

张文显：《法哲学范畴研究》，中国政法大学出版社 2001 年版。

张耀灿、郑永廷、吴潜涛、骆郁廷：《现代思想政治教育学》，人民出版社 2006 年版。

赵婷：《微时代背景下大学生法制教育研究》，九州出版社 2014 年版。

郑永廷：《现代思想政治教育理论与方法》，广东高等教育出版社 2000 年版。

中共中央政法委员会：《社会主义法治理念读本》，中国长安出版社 2009 年版。

祖嘉合、宇文利：《思想道德修养与法律基础前沿问题研究》，安徽人民出版社 2012 年版。

三 期刊论文

艾红梅、刘荣华：《高校就业法制教育"335"模式探究》，《教育与职业》2012 年第 1 期。

车雷：《英国的学校法制教育及其启示》，《教育探索》2011 年第 11 期。

陈大文：《关于大学生道德教育与法制教育有机结合的探讨》，《思想理论教育导刊》2011 年第 3 期。

陈大文、孔鹏皓：《论大学生社会主义法治思维的培养》，《思想理论教育导刊》2015 年第 1 期。

陈大文：《谈谈大学生法律意识教育》，《思想教育研究》1997 年第 5 期。

储战平：《职业技术学院法制教育的探讨》，《河北职业技术学院学报》2007 年第 4 期。

邓小华：《论高等职业院校章程的精神构建》，《中国职业技术教育》2018 年第 9 期。

丁语和：《依法治国方略的历史发展综述》，《天津行政学院学报》2015 年第 1 期。

董翼：《大学生法治教育存在的问题及对策思考》，《思想理论教育》2016 年第 3 期。

樊成刚：《高职院校法律专业教育的课程体系构建》，《教育与职业》2015 年第 10 期。

方益权：《提高高校法制教育实效的宏观视角》，《中国高教研究》

2004年第6期。

顾相伟：《高校道德教育与法制教育的发展、关联与融合》，《思想教育研究》2012年第1期。

韩华、马亚美：《道德教育与法治教育有效融合的文化视野》，《北京教育（德育）》2017年第1期。

韩世强：《基于"依据"与"方法"视角的高职法制教育研究》，《教育与职业》2005年第35期。

韩世强：《试析我国高校法制教育模式的重构》，《经济与社会发展》2004年第3期。

黄佳：《"法治中国"背景下高校法治教育的发展》，《思想政治教育研究》2015年第2期。

黄文艺：《论高校社会主义法治理念教育》，《思想理论教育导刊》2010年第5期。

黄云霞：《大学生法制教育存在的问题及对策研究》，《教育理论与实践》2007年第3期。

李大兴：《论马克思人的全面发展理论的根本变革》，《哲学研究》2006年第6期。

李栋：《十八届四中全会〈决定〉在中国法治历史进程中的地位》，《法学评论》2016年第1期。

李俊杰：《高等院校大学生法制教育之探讨——中美法制教育之比较及启示》，《周口师范学院学报》2007年第11期。

李全文：《全面依法治国视域中的大学生法治教育》，《思想理论教育导刊》2016年第5期。

李修庆：《职业院校法制教育创新初探》，《湖南文理学院学报》（社会科学版）2008年第7期。

罗辉雄、刘献军：《必须重视和加强对大学生进行法制教育》，《高等教育研究》1986年第3期。

马振清：《社会主义法治建设中加强思想政治教育的必要性分析》，《思想政治教育研究》2013年第6期。

孟宪平、李宾：《论职业教育课程内容改革的原则》，《职教论坛》2003年第10期。

倪怀敏：《大学生的法律意识状况分析及其对策》，《思想教育研究》1996年第1期。

潘懋元：《规模速度、分类定位、办学特色、中国当前高等教育发展中的若干问题》，《龙岩学院学报》2006年第4期。

丘丽丹：《法治文化视野中的高职院校治理现代化改革》，《教育理论与实践》2017年第30期。

宋慧宇：《大学生法治意识现状调查及培养模式的改革与创新研究》，《行政与法》2015年第9期。

孙冬喆：《青少年"法制教育"向"法治教育"的理念转型及其体系构建》，《青少年犯罪问题》2016年第5期。

唐际昂：《传统道德对高校法制教育的影响论析》，《南华大学学报》（社科版）2002年第2期。

田桂莹：《论道德素质与法律素质的整合教育对人才培养的重要性》，《中国人才》2011年第7期。

汪蓓：《中日青少年法治教育改革比较研究》，《新疆师范大学学报》（哲学社会科学版）2016年第1期。

王静：《关于高校法制教育网络化的思考》，《经济与社会发展》2003年第6期。

王康康、徐延平：《强化大学生道德教育与法制教育的探讨》，《内蒙古师范大学学报》（教育科学版）2009年第9期。

王世豪：《我国高等职业技术教育发展的经济学思考》，《海峡两岸高等职业教育（技职教育）论文集》2001年版。

王树荫、房玉春：《试论从"法制教育"到"法治教育"的转变》，《甘肃社会科学》2017年第2期。

王树荫：《深入开展法治宣传教育》，《北京党史》2014年第6期。

王晓慧：《我国高校法制教育的现实困境与理性选择》，《河南大学学报》（哲学社会科学版）2009年第4期。

吴江梅：《试析高校法制教育中的观念误区》，《昆明师专学报》2004年第3期。

夏玉钦：《新形势下高校大学生法制教育问题及对策》，《中共教育学刊》2016年第2期。

徐斌：《马克思关于"现实的人"的思想及其当代意义》，《中共中央党校学报》2013年第2期。

徐德智：《职工大学要积极开展法制教育》，《北京成人教育》1986年第2期。

徐继超、郑永廷：《论公民道德教育与法制教育的功能互补》，《中山大学学报》（社会科学版）2004年第3期。

颜湘颖：《大学生法治教育研究综述：主要观点与若干反思》，《当代青年研究》2016年第3期。

颜湘颖：《大学生法治教育研究综述：主要观点与若干反思》，《当代青年研究》2016年第3期。

殷樱：《让法治渗透育人管理每个细节——德阳市"三治"融合依法治校新模式观察（下）》，《教育导报》2016年第1期。

于桂凤：《高职学生法律意识缺失及解决策略》，《法制博览》2015年第9期。

俞军、张泽强：《美国高校法制教育的经验及其启示》，《当代教育理论与实践》2012年第12期。

郁振华：《波兰尼的默会认识论》，《自然辩证法研究》2001年第8期。

袁贵仁：《深入学习贯彻党的十八大精神 把立德树人作为教育的根本任务》，《思想理论教育导刊》2013年第1期。

张宝成：《影响大学生法律意识培养的因素》，《内蒙古师范大学学报》（哲社版）2006年第2期。

张润枝：《以问题为导向的思想政治理论课分众教学模式探索》，《思想理论教育》2015年第2期。

张文显：《全面推进依法治国的伟大纲领——对十八届四中全会精神的认知与解读》，《法制与社会发展》2015年第1期。

张小平、曾裕华：《浅谈"思想道德修养与法律基础"教材中法制教育内容的完善》，《教育与教学研究》2009年第6期。

赵爱玲：《十八大报告的十八个亮点》，《学校党建与思想教育》2013年第1期。

郑成良：《论法治理念与法治思维》，《吉林大学社会科学学报》2000

年第 4 期。

郑咏霆：《论高校学生法律意识的培养》，《法学评论》1986 年第 5 期。

周明星：《论职业教育的出发点问题——兼评职业教育的三种基本理念》，《职业技术教育》（教科版）2003 年第 25 期。

朱国良：《在大学生中积极推进法治宣传教育的若干思考》，《思想理论教育导刊》2015 年第 2 期。

四　学位论文

陈洁：《我国大学生法治教育研究》，博士学位论文，复旦大学，2012 年。

高宝立：《高等职业院校的人文教育问题研究》，博士学位论文，厦门大学，2007 年。

林韧翠：《高职院校德育体系整合创新》，博士学位论文，哈尔滨理工大学，2014 年。

刘冰：《高职院校法制教育存在的问题及对策分析——以唐山市高职院校为例》，硕士学位论文，河北师范大学，2012 年。

刘莹：《改革开放以来中国普法教育之嬗变》，博士学位论文，西南交通大学，2013 年。

刘颖：《公民教育中的法制教育及其价值研究》，博士学位论文，武汉理工大学，2010 年。

门燕历：《人的全面发展理论视野下的高职教学模式研究》，博士学位论文，天津大学，2013 年。

王会军：《中国特色社会主义法治理念研究》，博士学位论文，东北师范大学，2014 年。

王军梅：《高职院校法制教育的有效性研究》，硕士学位论文，华中师范大学，2006 年。

易元祥：《中国高等职业教育的发展研究》，博士学位论文，华中科技大学，2004 年。

张雁：《社会主义法治精神培育机制研究》，博士学位论文，东北师范大学，2015 年。

五 译著

［德］《爱因斯坦文集》第3卷，商务印书馆1979年版。

［法］保罗朗格朗：《终身教育引论》，周南照、陈树清译，中国对外翻译出版公司1985年版。

［法］卢梭：《社会契约论》，何兆武译，商务印书馆2003年版。

［法］孟德斯鸠：《论法的精神》（上册），张雁深译，商务印书馆1961年版。

［古希腊］柏拉图：《理想国》，商务印书馆1986年版。

［古希腊］亚里士多德：《政治学》，商务印书馆1965年版。

联合国教科文组织总部：《教育——财富蕴藏其中》，教育科学出版社1996年版。

联合国教科文组织国际教育发展委员会：《学会生存：教育世界的今天和明天》，上海师范大学外国教育研究室译，上海译文出版社1979年版。

［美］伯尔曼：《法律与宗教》，生活·读书·新知三联书店1991年版。

［美］博登海默：《法理学：法律哲学与法律方法》，邓正来译，中国政法大学出版社2004年版。

［美］杜威：《民主主义与教育》，人民教育出版社1990年版。

［美］哈罗德·伯尔曼：《法律与宗教》，梁治平译，生活·读书·新知三联书店1991年版。

［美］罗斯科：《法律与道德》，陈林林译，中国政法大学出版社2003年版。

［美］洛克：《政府论》（下篇），商务印书馆1981年版。

［美］英格尔斯：《走向现代化》，载徐学初等编《世纪档案——影响20世纪世界历史进程的100篇文献》，中国文史出版社1996年版。

［美］约翰·杜威：《民主主义与教育》，王承旭译，人民教育出版社1990年版。

［苏联］苏霍姆林斯基：《给教师的一百个建议》，教育科学出版社1984年版。

［英］戴维·M. 沃克：《牛津法律大辞典》，光明日报出版社 1988 年版。

［英］哈特：《法律的概念》，张文显译，中国大百科全书出版社 1996 年版。

［英］麦克·扬：《未来的课程》，谢维和、王晓阳译，华东师范大学出版社 2003 年版。

六 外文文献

Bryan A. Garner, *Black's Law Dictionary*, Eighth Edition, Thomason West, 2007.

Jeffrey W. Cornett, Richard H. Chant, "Educating Youth for Decency and Virtue: Law-Related Education and Its Implication for Character Educators", *The Journal of Humanistic Counseling*, Education and Development, Vol. 39, 2000.

Klimoski R., "Mohammed 5. Team Mental Model: Construct of Metaphor", *Journal of Management*, 1994, 178 (10).

Liz Polding, James Catchpole and Jill Cripps, "Interaction and Reflection: A new Approach to Skills and Accounts Teaching on the Legal Practice Course, *International Review of Law*, Computers & Technology, Vol. 24, 2010.

O'Neil, HF. et al. Workforce Readiness: Competencies and Assessment. Lawrence Erlbaum Associates, 1997.

Raplh Blunder, "Vocational Education and Training and Conceptions of the Self", *Journal of Vocational Education and Training*, Vol. 51, No. 2, 1999.

Samual M. Burt, *Industry and Vocational-Technical Education*, New York: McGraw Hill, 1967.

后 记

　　法治，是人类社会文明发展之成果；依法治国，是中国发展之要义；法治教育，更是实现伟大中国梦之关键。但审视今日之中国，众多问题与民众法治意识有待提高有关，中国特色社会主义法治教育理念尚未充分发挥其应有的历史作用，我国法治教育的任务依然任重道远。

　　本书是在我的博士学位论文《高等职业院校大学生法治教育研究》的基础上修改而成的。在读博之初，我就希望能将自己在高职院校法治教育的工作经验与在学校的理论学习紧密结合起来，希望能够在法治教育、思想政治教育、职业教育之间找到最合适的联系点。随着党的十八大以及其后的十八大三中、四中全会的召开，重视法治教育得到举国上下一致认识的同时，十八大以来党和国家对高职教育在国民经济发展中的重要作用也是空前重视，提升高职教育质量已成为高等教育改革的焦点。正是根据当前时代背景，综合考虑自己的科研能力和兴趣点，并经过与导师的多次探讨，最终确立了以高职院校大学生法治教育为读博期间的研究点。

　　本书的写作过程中，我一再体会科研高峰攀登之不易。本选题跨法学、思想政治教育学、职业教育学等多专业，范围之广，及其法治、依法治国相关问题之深，着实对我是很大的考验。本书写作的难度主要集中于四个方面：一是如何对高职法治教育展开理论的分析？虽然"法治"在西方有着深厚理论渊源，但我国法治教育的理论研究尚处薄弱点。对于这个原本属于社会实践层面的问题，如何深度挖掘其理论根源，奠定其扎实的理论基础？这是我第一个难题。由于多

后　记

年在高职院校从事一线法律教学工作，对高职法治教育虽然有一定的工作经验和基本情况的体验了解，但进行高职法治教育理论研究，需要多学科的扎实的理论功底和严谨的逻辑思维，这是我必须跨越的第一个难关。二是历史资料的收集整理。针对高职法治教育研究缺乏对其发展历程与脉络轨迹的系统把握的科研空白点，在对改革开放以来我国法治教育和高职教育发展历程梳理的基础上，提炼出高职法治教育的基本经验和历史教训。对高职教育相关文献和法治教育历史资料的全面收集系统整理，是我第二个要解决的难关。翻阅浩如烟海的历史资料文献，收集整理数月，体验到历史研究的不易。三是实证调研部分的数据分析。本研究的调研不仅是要面向全国高职院校，力争做到最全面的现状调查，而且要掌握SPSS数据分析技术，结合通过Excel等软件作图表分析。作为一个文科生，从春到暑，从数据输入到数据分析，克服自己对统计技术的恐惧，一步步地学、一关关地闯，整整半年时间跨过了技术难关。四是如何确定改进高职法治教育的对策思路？高职法治教育作为高等教育体系中的一薄弱环节，在这个系统运行的过程中如何促进各环节的积极运作，其改进应遵循怎样的目标和原则，又如何体现其创新？这是一直以来困扰我的又一个问题。在该书的构思和写作的过程中，面对一个个难题，我不止一次地担心自己能否完成这样一个艰巨的写作任务，幸运的是，有导师和亲朋好友一路相伴，终于完成书稿。

　　本书首先系统梳理法治教育的相关理论，为研究高等职业院校法治教育奠定理论基础。其次以职业教育发展的历史考察为经，以新中国改革开放以来法治教育的发展过程研究为纬，探索高职院校法治教育的发展历程和改革的经验教训。并且，通过对高等职业院校的学生、教师、学校管理等多方面的深入实证调研，审视当前我国高等职业院校法治教育的现状、剖析其存在的问题以及深层的原因，以期为我国高等职业院校法治教育改革提供有益的启示。最后以前期研究成果为指导，思索高等职业院校法治教育的根本任务、目标和原则，探寻科学系统的教育路径、丰富和完善与高职院校学生相匹配的、适合其职业发展需要的法治教育内容，构建中国特色的高等职业院校法治教育体系。

鉴于学术能力和时间的有限，本书对高等职业院校大学生法治教育一些理论问题的研究尚不够深入，对改进高职法治教育的实践也尚未全面实践，留有许多缺憾。撰写全书的过程其实就是一个自我认识的过程，挫败中的自我否定，收获后的自信，不断地学习，不停地探索求证，体会到拼搏的艰辛与喜悦，更是感觉到自己的成长与进步。虽然限于科研能力，该书仍有很多的问题和不足，恰是这份对自我的不抛弃、不放弃的坚持，让我自信，我会继续努力，勇敢前行！

此刻，感慨万千。首先，要感谢我最尊敬的导师王树荫教授。能成为老师的弟子，是我的幸运，也是荣耀，更是幸福。短短三年，无论在生活理念上，还是工作学习态度上，老师认真严谨、耐心执着、睿智平和，潜心科研却又热爱生活的品格，对我产生很大的影响，令我终身受益。师恩绵长，永记在心！

其次，感谢身边每一位良师益友的关心帮助。工作多年重拾校园时光，结识新的同学老乡好友，我们一起努力，相互搀扶着走过这段艰难而又美好的岁月。同事们生活中关心帮助，领导鼎力支持工作学习！最后要感谢的是家人的帮助和支持。哪有什么岁月静好，不过是有人替你负重前行，是家人同事朋友们的全力支持，我才得以顺利完成学业以及书稿全文。

衷心感谢所有帮助过我的人！

房玉春
2019 年 3 月于济南